权威·前沿·原创

皮书系列为
"十二五""十三五""十四五"时期国家重点出版物出版专项规划项目

BLUE BOOK

智库成果出版与传播平台

广州教育蓝皮书

BLUE BOOK OF GUANGZHOU EDUCATION

广州教育发展报告（2022~2023）

ANNUAL REPORT ON EDUCATION OF GUANGZHOU (2022-2023)

广州市教育研究院 / 研创

方晓波　林韶春 / 主编

杜新秀　刘　霞 / 执行主编

社会科学文献出版社
SOCIAL SCIENCES ACADEMIC PRESS (CHINA)

图书在版编目（CIP）数据

广州教育发展报告 . 2022~2023 / 广州市教育研究
院研创；方晓波，林韶春主编；杜新秀，刘霞执行主编
. --北京：社会科学文献出版社，2023.9
（广州教育蓝皮书）
ISBN 978-7-5228-2112-2

Ⅰ.①广… Ⅱ.①广… ②方… ③林… ④杜… ⑤刘
… Ⅲ.①教育事业-研究报告-广州-2022-2023 Ⅳ.
①G527.651

中国国家版本馆 CIP 数据核字（2023）第 127223 号

广州教育蓝皮书
广州教育发展报告（2022~2023）

研　　创/广州市教育研究院
主　　编/方晓波　林韶春
执行主编/杜新秀　刘　霞

出 版 人/冀祥德
组稿编辑/陈　颖
责任编辑/侯曦轩　桂　芳
责任印制/王京美

出　　版/社会科学文献出版社·皮书出版分社（010）59367127
　　　　　地址：北京市北三环中路甲 29 号院华龙大厦　邮编：100029
　　　　　网址：www. ssap. com. cn
发　　行/社会科学文献出版社（010）59367028
印　　装/天津千鹤文化传播有限公司

规　　格/开　本：787mm×1092mm　1/16
　　　　　印　张：22.25　字　数：332 千字
版　　次/2023 年 9 月第 1 版　2023 年 9 月第 1 次印刷
书　　号/ISBN 978-7-5228-2112-2
定　　价/168.00 元

读者服务电话：4008918866

广州教育蓝皮书编委会

主编简介

方晓波 法学博士，特级教师，正高级教师，广州市教育研究院党委书记、院长，广东省政府督学，广东教育学会副会长，广州实验教育集团校总校长，《教育导刊》主编，华南师范大学校外博士生导师，院博士后创新基地合作导师。深耕教研领域逾三十载，是全国知名教研专家，原任湖北省教学研究室常务副主任，2017 年作为基础教育高层次人才引进广州。国家社科基金项目主持人，2014 年获首届基础教育国家级教学成果二等奖，2022 年获基础教育国家级教学成果奖一等奖（排名第一）。主编国家课程教材 4 套，撰写论文 60 余篇、学术著作 10 部。近五年来，主持的广州全学科智慧阅读项目获广东省教学成果特等奖（广州基础教育领域唯一奖项）。实施阳光评价转型升级，开展广州实验中学集团化办学实验等一系列开创性专业工作。

林韶春 高级讲师，广州市教育研究院纪委副书记、教育规划与政策研究所书记。长期从事职业教育研究工作。主持省、市教育科学规划课题 3 项，参与国家级、省级课题 2 项，主编地方课程 1 套，主编经审定通过的国家课程教材 1 套，公开发表学术论文 10 余篇（核心期刊 5 篇）。研究成果获得省级教学成果奖 2 项、市级教学成果奖 3 项。

摘　要

2022 年，广州市以习近平新时代中国特色社会主义思想为指引，全面贯彻习近平总书记在全国教育大会上的重要讲话精神，坚持为党育人、为国育才，落实立德树人根本任务，切实推进"双减"工作；加大统筹力度，推进教育事业高质量发展；内育外培，全面加强教师队伍建设；重抓落实，强化教育保障功能；坚持人民至上，着力构建"公平卓越、活力创新、开放包容"的广州教育新体系。

"学前教育篇"聚焦广州市幼儿园园长课程领导力、幼儿园课程方案质量、学前教育环境承载力、幼儿园保教质量家长满意度开展系列调查研究，分析存在的问题并提出有针对性的政策建议，有助于更好地落实教育部印发的《幼儿园保育教育质量评估指南》精神。"'双减'政策篇"聚焦广州市校外培训行业"黑白"名单制度建设、"双减"政策实施现状及家长对政策的认同情况等方面开展调查研究，提炼有益经验并提出后续发展建议，助推"双减"政策在广州的贯彻落实。"调查研究篇"对广州市中小学发展规划编制质量、中小学生出国学习意向、中小学教师职业幸福感、乡村地区基础教育信息化发展、学位紧缺地区识别及教育设施规划实施等开展实证调查研究，阐述取得的有益经验、存在问题及后续发展建议。"区域实践篇"从多角度呈现了广州市各区在教育改革与实践方面的探索，包括天河区高质量推动基础教育教学改革的实践创新、越秀区基于"国测"结果的增值评价机制探索、海珠区小学青年教师成长联盟的实践探索、番禺区社区教育改革创新等。

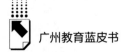
针对学前教育发展区域及园际不均衡、义务教育阶段学位供需区域失衡、普通高中学校多样化发展生态尚未完善、中等职业教育办学条件亟待提高、高等教育研究生层次人才培养规模明显不足等问题，广州市需持续巩固学前教育"5085"成果，统筹推动各类幼儿园均衡发展；继续推动义务教育优质均衡发展，聚焦解决学位供需失衡；统筹规划普通高中学位供给，推进学校多元化发展；继续完善现代职业教育体系建设，推进产教融合"强发展""强治理"；继续扩大高等院校研究生办学规模，打造国际教育科技人才枢纽和创新高地。

关键词： 广州教育　学前教育　"双减"政策　区域教育

目 录 ⟨⟩

I 总报告

II 分报告

III 学前教育篇

Ⅳ　"双减"政策篇

Ⅴ　调查研究篇

Ⅵ 区域实践篇

皮书数据库阅读 **使用指南**

总 报 告

General Report

B.1

2022年广州教育事业发展状况
与2023年展望

陈发军*

摘 要： 2022年，广州市以习近平新时代中国特色社会主义思想为指引，全面贯彻习近平总书记在全国教育大会上的重要讲话精神，坚持为党育人、为国育才，落实立德树人根本任务，切实推进"双减"工作，统筹推进各级各类教育高质量发展，全面加强教师队伍建设，强化教育保障功能，坚持人民至上，着力构建"公平卓越、活力创新、开放包容"的广州教育新体系。针对学前教育发展区域及学校之间不均衡、城市区域义务教育阶段学位供需失衡、普通高中学校多样化发展不足、中等职业教育办学条件不够好、高等教育研究生层次人才培养规模不够大等问题，展望2023年，广州市需统筹推动各类幼儿园均衡发展、聚焦解决义务教育学位供

---

* 陈发军，广州市教育研究院教育规划与政策研究所副所长，研究员，主要研究方向为教育战略规划、教育政策。

需失衡、完善现代职业教育体系建设、扩大高等院校研究生办学规模以及打造国际教育科技人才枢纽和创新高地等。

关键词： 广州教育　学位供给　现代职业教育体系　国际教育科技人才枢纽

2022 年是党的二十大召开之年，广州市教育工作深入贯彻习近平新时代中国特色社会主义思想，全面贯彻党的教育方针，落实立德树人根本任务，坚持人民至上，着力构建"公平卓越、活力创新、开放包容"的广州教育新体系。

一　广州教育发展概况

（一）基础教育规模持续增长，学前和义务教育阶段公办学位逐步增加

2022 年，广州全市基础教育阶段共有学校 3790 所，比 2021 年增加了 78 所，增幅为 2.10%。幼儿园共有 2223 所，比 2021 年增加了 68 所，其中民办幼儿园占比为 55.51%，比 2021 年降低了 0.55 个百分点。小学共有 992 所，比 2021 年增加了 6 所，初中学校共有 429 所，比 2021 年增加了 2 所；义务教育阶段民办学校 302 所，占比为 21.25%，比 2021 年降低了 2.39 个百分点。普通高中学校有 126 所，比 2021 年增加了 2 所。特殊教育学校 19 所。专门学校 1 所。

2022 年，广州全市基础教育阶段共有在校生 247.00 万人，比 2021 年增加了 9.51 万人，增幅为 4.00%；其中，在园幼儿增加了 2.21 万人，增幅为 3.49%；义务教育阶段在校生增加了 6.40 万人，增幅为 4.07%；普通高中在校生增加了 8639 人，增幅为 5.34%。基础教育阶段民办学校（园）在校生共有 67.46 万人，占总数的 27.31%，比 2021 年减少了 5.30 万人，减

幅为 7.28%。其中，民办在园幼儿占比从 46.65% 降至 44.47%，义务教育阶段民办在校生占比从 26.68% 降至 22.52%。普通高中教育阶段民办在校生占比为 8.60%，比 2021 年略有增加（0.72 个百分点）（见表 1）。

表 1　2020～2022 年广州市基础教育阶段学生变化情况

单位：人

年份	学前教育		小学教育		初中教育		普通高中教育		特殊教育（含随班就读）		专门学校
	在校生数	其中：民办	在校生数	其中：民办	在校生数	其中：民办	在校生数	其中：民办	招生数	在校生数	在校生数
2020	574541	316926	1125103	316705	383753	113653	159450	12090	1160	5757	157
2021	633203	295362	1164403	305770	407956	113692	161633	12726	1750	7571	182
2022	655288	291392	1204223	275897	432100	92667	170272	14639	1351	7985	173

资料来源：《广州市教育统计手册》（2020～2022 学年度）。

2022 年，广州全市基础教育阶段教职工共有 23.55 万人，比 2021 年增加了 0.82 万人，增幅为 3.61%；其中专任教师有 16.33 万人，比 2021 年增加了 0.57 万人，增幅为 3.61%。其中幼儿园专任教师为 4.59 万人，比 2021 年增加了 1693 人，增幅为 3.83%；小学专任教师为 6.73 万人，比上年增加了 2297 人，增幅为 3.53%；初中专任教师为 3.38 万人，比 2021 年增加了 1389 人，增幅为 4.28%；普通高中专任教师为 1.49 万人，比 2021 年增加了 172 人，增幅为 1.17%；特殊教育专任教师为 1341 人，比 2021 年增加了 98 人，增幅为 7.88%；专门学校专任教师为 84 人，比 2021 年增加了 4 人，增幅为 5.00%。

（二）中等职业教育规模开始缩减，专任教师比重小幅提高

2022 年，广州市辖中等职业学校（含技工学校）共有 71 所，① 其中民办中等职业学校有 26 所，占中职学校总数的 36.62%。中等职业学校（含技工学校）在校生共有 21.15 万人，比 2021 年减少了 1.44 万人，降幅为 6.39%。

———————

① 不含广州地区的省部属中等职业学校，下同。

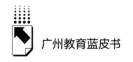

2022年，广州市辖中等职业学校（含技工学校）共有教职工12831人，其中专任教师有9952人，比2021年增加了157人，增幅为1.60%；专任教师占教职工总数的77.56%，比2021年增加了0.62个百分点（见表2）。

表2　2020~2022年广州市、区属中等职业教育阶段师生变化情况

单位：人

年份	中等职业教育				技工学校教育			
	招生数	在校生数	教职工总数	其中:专任教师	招生数	在校生数	教职工总数	其中:专任教师
2020	35107	97367	6967	5325	33624	110706	5690	4227
2021	40102	115152	7091	5367	31923	110744	5640	4428
2022	36048	101061	7037	5465	30184	110409	5794	4487

资料来源：《广州市教育统计手册》（2020~2022学年度）。

（三）高等教育规模持续增长，成人在校生比重逐年降低

2022年，广州市属普通高校增加1所，总数达12所。广州市属普通高校有在校生（含研究生和本专科学生）22.21万人，比2021年增加了4083人，增幅为1.87%。市属成人本专科教育有在校生（含普通高校成人本专科学生和成人高校本专科学生）7.46万人，比2021年减少了3663人，降幅为4.68%。成人本专科在校生数占高等教育总人数的比例由2021年的35.92%降至2022年的33.59%，减少了2.33个百分点（见表3）。

表3　2020~2022年广州市属高等教育学生变化情况

单位：人

年份	研究生		本科及专科生	
	招生数	在校生数	招生数	在校生数
2020	3906	8851	70372	212324
2021	4189	10545	66657	207474
2022	4782	12555	72406	209547

资料来源：《广州市教育统计手册》（2020~2022学年度）。

2022年，广州市属普通高校有教职工10884人，比2021年增加了387人，增幅为3.69%；其中专任教师有7047人，比2021年增加了279人，增幅为4.12%；专任教师占教职工总数的64.75%，比2021年增加了0.27个百分点。

2022年，广州市属成人高校有教职工565人，比2019年减少了1716人，降幅为75.23%。其中专任教师有157人，比2019年减少了1289人，降幅为89.14%。

二 2022年广州教育发展主要举措与经验①

2022年，广州市深入贯彻实施科教兴国战略，坚持教育优先发展、科技自立自强、人才引领驱动，坚持为党育人、为国育才，办人民满意的教育，全面提高人才自主培养质量，着力造就拔尖创新人才，加快建设高质量教育体系。

（一）坚持为党育人、为国育才，落实立德树人根本任务

1.深入推进思政课一体化体系建设

广州市教育局制定《广州市学校思想政治理论课建设行动计划（2022~2024年）》，印发《2022年精神文明建设及德育工作计划》。擦亮思政课品牌"思政讲习堂"，结合学习宣传党的二十大精神，打造"中国特色社会主义好"主题精品课程，编写《纪念建团百年传承红色基因》红色教育故事读本，录制"羊城时政学堂"。组织中学思政课教师培训班，开展第二批红色教育示范校选树、中小学思政课与党史学习融合教育成果征评、中小学思政课学习宣传贯彻党的二十大精神优秀成果征评等活动。推进习近平新时代中国特色社会主义思想进教材、进课堂、进头脑，持续深化"党史进校园"暨红色教育，组织"学习新思想做好接班人"、诵读

① 本部分所用数据来自广州市教育局内部资料。

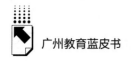

中华经典美文、"新时代好少年走读广州"、延安精神和廉洁文化进校园等德育主题活动。深入推进"党史进校园"活动,红色教育案例"学史知恩跟党走 木棉花红育新人"被省委宣传部评为"广东省基层思想政治工作优秀案例"一等奖。

2. 构建"五育并举"新格局

全面提高学生体质健康水平和艺术、国防、劳动素养,提高学生综合素质,构建具有广州特色的现代教育新格局。为加强体教融合,广州市教育局印发《广州市全面加强和改进新时代学校幼儿园体育工作实施工作方案》《广州市青少年校园足球改革试验区实施方案》,扶持 179 支学校高水平学生体育团队发展,推进"一校一品""一校多品"建设,与市体育部门联合举办"市长杯"系列赛和学校青少年体育赛事等活动。为推动美育教育,市教育局印发《广州市全面加强和改进新时代学校幼儿园美育工作实施工作方案》,组织第七届"羊城学校美育节"系列活动,举办广州市第四届农村和来穗人员子女学校艺术教育成果展示活动等。为深化劳动教育,推进"全国中小学劳动教育实验区"建设,将劳动教育研究纳入教育科研立项项目。贯彻落实劳动教育课程标准,推进中小学校、职业院校独立开设劳动教育必修课,严格落实规定的课程课时。积极拓展劳动实践场所,整合全市优势特色产业,评审出科技、造船、现代农业等 20 个劳动教育基地,对 148 所申报劳动教育试点的学校、特色学校进行初审。市教育局组织 5000 多名学生开展"劳动教育职业体验活动""羊城学校结对共建活动""劳动实践一日体验活动""劳动实践深度体验活动"。

(二)加大统筹力度,推进教育事业高质量发展

1. 推进教育公共服务均等化

广州市教育局印发了《广州市义务教育薄弱环节改善与能力提升工作项目规划（2021-2025 年）》,统筹推进教育公共服务均等化工作,深度参与《广州市人口发展及社会领域公共服务体系建设"十四五"规划》等市重点专项规划编制,配合制定《广州市基本公共服务标准（2021 年版）》,

明确教育服务内容和实施标准。落实各区实施学前教育的主体责任，持续增加公办幼儿园学位供给，深入推进幼小科学衔接，多渠道推进学前教育高质量发展；优先落实教育投入，扎实推进"双减"试点工作，优化区域义务教育资源配置，规范民办义务教育发展，促进义务教育师资均衡发展；大力推进普通高中多样化发展，推进普通高中"强基计划"，深化课程教学、考试招生制度改革，扩大优质学位供给；强化高位统筹引领功能，全力提升职业院校办学能力，深化中高职贯通培养，推进学校内涵式高质量发展，继续优化专业布局，加速产教协同融合。

2.满足人民对基础教育学位的需求

广州市教育局印发实施《广州市中小学校基础设施建设三年行动计划（2022-2024年）》，计划三年内新增20万个公办中小学学位。实施《广州市基础教育公办学位建设专项规划（2021-2025年）》，2022年实现基础教育公办学位扩容14.5万个，其中以新改扩建方式新增学位9.8万个，新投入使用公办中小学、幼儿园共96所（含校区、园区），超额完成市民生实事任务。市教育局统筹协调解决重点项目建设问题，全市11个区均规划建设市属学校新校区。其中，执信中学天河校区、清华附中湾区学校（一期）、执信中学二沙岛校区、广州外国语学校二期校区已投入使用；广州市启明学校新校一期建设项目计划2023年底竣工，艺术中学黄埔校区已正式签约立项。市教育局制定并印发了《规范公办学校举办或者参与举办民办义务教育学校工作方案》《广州市购买民办义务教育学校学位服务实施意见》，加强对区和学校的工作指导。截至2022年8月31日，全市75所"公参民"学校全部理顺体制机制，实现平稳过渡，提前完成规范治理任务。

3.继续推进职业教育产教深度融合

广州市统筹推进职业教育改革发展，着力构建广州职业教育"1+1+N"政策体系。① 市教育局成立职业教育工作领导小组和工作专班，梳理形成

---

① 职业教育"1+1+N"政策体系指的是职教条例+高质量发展实施意见+若干个专项政策。

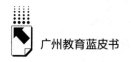

《广州市职业教育改革发展问题清单》。推动实施职业学校办学条件达标工程，印发《广州市职业院校办学条件达标工程行动计划（2022—2025）》。实施《广州市建设国家产教融合城市试点方案》，推动产教融合重大项目落地，2所省高水平中职学校培育单位成功转为建设单位，评审推荐16所中、高职院校的18个项目申报广州市产教融合实训示范基地，鼓励学校合作企业积极做好广州市产教融合型企业入库培育工作。继续打造终身教育品牌，成为联合国教科文组织全球学习型城市网络会员，受邀参加全球学习型城市市长高级别会议，成立国内首个职业院校服务社区教育联盟。完成"双高计划"建设中期考核，加强"创新强校工程"建设，广州番禺职业技术学院、广州铁路职业技术学院分别列全省90所高职院校第2名和第5名。

4. 提升高校服务区域社会经济发展动能

广州市持续推动高等教育内涵发展，2022年广州医科大学被纳入国家第二轮"双一流"建设高校名单，其临床医学进入ESI全球排名前1‰学科，精神病学与心理学学科、材料科学学科进入ESI全球排名前1%；市属高校15个学科进入ESI全球排名前1%。广州市政府积极支持在穗省部属高校的"双一流"建设，设置专项经费，支持中山大学建设世界一流大学，积极配合推进华南理工大学广州国际校区二期建设。推动实施市高等教育教学质量与教学改革工程，制定《广州市高等教育教学质量与教学改革工程实施方案（试行）》，优化高等教育学科专业结构，完善学科专业动态调整机制。不断推动高校创新创业教育，市属高校在第八届中国国际"互联网+"大学生创新创业大赛决赛中获金奖4项。全力做好高校毕业生就业服务，市属高校2022届毕业生就业去向落实率实现年底达到90%。

5. 推进国际及港澳教育交流与合作

2022年，香港科技大学（广州）正式运作并招生，校园一期顺利建成并交付使用，首批开设15个研究生专业，共招收500多名研究生。新增市属高校、普通高中中外合作办学项目5个，新设外籍人员子女学校（港澳子弟学校）4所，新缔结各类姊妹学校44对，新增中美"千校携手"项目学校6所。广州市教育局承接第三届"中外人文交流小使者"西洋器乐类全国展演活动，协助省教育厅举办首届"广东—新加坡中小学校长交流活动"。市教育局组织中小学参与"中外人文交流小使者""中美千校携手""中俄儿童创意节""中外青少年绿色创新活动""中意少儿绘画比赛"等国家级交流项目。广州市积极促进粤港澳大湾区教育融合，牵头成立粤港澳办学团体发展协作会并举办"粤港澳三地政策背景下办学团体的异同"论坛，组织开展第四届"同根同源同心"穗港澳台青少年学习营、穗港澳STEM教育联盟和科技交流等活动。创办港澳子弟学校入选国家全面深化服务贸易创新发展试点"最佳实践案例"。

（三）内育外培，全面加强教师队伍建设

1.加强师德师风建设

广州市教育局印发《2022年师德师风建设工作要点》《广州市中小学师德师风建设优秀学校选树方案》。实施师德必修课10学分管理，参与培训达39.94万人次，较上一年增加39%。开展中小学教师师德师风"应知应会"全员考试，参加考试的教师共152482人。开展2场新时代羊城"师·说"活动，线上线下观看教师达到50万人次。持续开展师德师风建设专项检查工作，通报了6起违反师风师德典型案例。

2.提升教师综合素质

广州市教育局推进"乡村教师学历提升计划"，首批毕业教师达到1023人。推动针对中小学教师的"三类四阶段"和中职教师的"两类四阶段"教师进阶式培训的实施。全员培训课程2900门，培训达到187万人次；市级专项培训项目71项，培训校长、教师共6488人。完善"1+6+11+N"教师发展支持体系，推动并组建了广州市市级教师发展中心联盟，完成八个区级教师发展中心认定工作。教育系统高层次人才培育初见成效，5个基础教育类项目（全省共7个）、1个职业教育类项目（全省中职学校唯一）入选2022年"广东特支计划"教学名师；在第三届广东省青年教师教学能力大赛中获得1个总冠军（特殊教育组）、35个一等奖和优秀组织奖。推动第三届广州市中小学

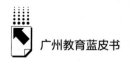

青年教师教学能力大赛纳入 2022 年"羊城工匠杯"劳动和技能竞赛。

3. 持续优化师资队伍结构

广州市进一步充实体育、音乐、美术等紧缺学科教师队伍，配备数较 2019 年分别增长 689 人、342 人、382 人。全市 648 所较大规模学校按要求百分百配备专职心理教师，总人数达 1332 人，较上年增加 44.31%。评审出首批中等职业学校正高级教师 19 人；新增中小学正高级教师 79 人，中小学高级教师 2378 人。

4. 启动人工智能助推教师队伍建设试点

广州市教育局印发了《广州市教育局关于开展广州市人工智能助推教师队伍建设试点区、试点校遴选的通知》，制定了"2+6"试点建设目标，在全市遴选出 4 个广州市首批人工智能助推教师队伍建设实验区和 50 所广州市首批人工智能助推教师队伍建设实验校。与中国教科院、华南师范大学、广东第二师范学院等建立项目推进协作共同体。推进"一屏一网一云一室"一体化智能环境体系搭建，基本完成广州市中小学教师队伍建设大数据平台搭建。

5. 推进教育帮扶工作

广州市高质量完成第十批"组团式"援藏教育人才选派工作，首批"组团式"援疆教师在新疆支教工作广获赞誉。8 名教师被疏附县人民政府授予"疏附县县优秀支教教师"称号，14 人获评"疏附县民族团结好老师"，24 人在新疆顺利通过高一级职称申报。有序推进粤东粤西粤北地区基础教育高质量发展帮扶，共选派 375 位教师到三地开展组团支教；完成帮扶区与受援地结对签约；开办首期优秀骨干校长高端研修班；组织广州市"三名"（名校长、名班主任、名师）工作室宣教讲学活动，累计培训教师 1300 余人。

（四）重抓落实，强化教育保障功能

1. 确保教育经费投入

2022 年，广州市预算安排一般公共预算项目支出 65.91 亿元，同比增长 35.76%，其中部门预算 34.77 亿元，转移支付 31.14 亿元。年中完成民

办义务教育学校购买学位追加资金6.7亿元、托管舒适午休一次性补助专项1.38亿元。市教育局印发了《广州市教育局政府采购负面清单》，落实依法采购和党风廉政建设主体责任，规范使用财政资金。

2. 切实推进"双减"工作

广州市按照"校外治理、校内提质、多方联动、标本兼治"工作思路，坚持"坚定积极、科学稳妥、务实有效"工作原则，着眼于"学生校外培训负担、家庭教育支出和家长相应精力负担1年内有效减轻、3年内成效显著"的工作目标，在全国发挥鲜明的试点市示范带动作用。做好顶层设计与统筹规划，成立市委书记任组长、市长任第一副组长的市"双减"工作领导小组。设立校外教育培训监管部门，24个部门协同建立工作协调、联合执法、维护稳定的协作机制。广州市在全国率先启动校外教育培训监管地方立法，出台党建引领"双减"落地见效实施方案，将"双减"工作纳入教育督导问责范围、纳入对区教育履责评价，建立"双减"督导工作通报制度。扎实推动工作落实落地，明确科技、文化艺术、体育三个非学科分类管理；建成覆盖市、区两级25个类别的163个项目鉴定专家组。广州市率先建立校外教育培训治理研究中心，开展分类管理、执法机制、治理成效评估监测等重点课题研究。配强监管队伍，市本级和11个辖区全部成立监管部门，组建市区两级执法、督查、监督队伍。推动校外培训纳入街（镇）网格化治理体系。全市"双减"工作取得良好成效，义务教育阶段学科类培训机构压减率达98.8%，高中阶段培训规模有效压减；无证机构关门撤点3017址，累计整改问题7154个，发出整改通知书561份，通报或曝光违规培训94起。持证机构100%纳入资金监管，全市监管资金超1.8亿元，有效防范"卷钱跑路"风险；完成从业人员违法犯罪记录、举办者查询、备案和清理；持证机构100%接入全国校外教育培训监管与服务综合平台。

3. 深化教育督导体制机制建设

广州市出台多项政策文件，保障教育优先发展。制定《广州市教育督导问责实施细则（试行）》，推动落实《广州市深化新时代教育督导体制机制改革实施方案》《广州市督学聘任管理办法》《广州市开展专项教育督导

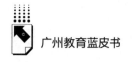

实施办法》《广州市责任督学挂牌督导工作实施办法》。落实2021年广东省对市县级政府履行教育职责评价整改,做好2022年市县级政府履行教育职责评价工作,推动各区政府履行教育职责。开展各类督导专项活动,确保政策落实到位。开展省教育强镇复评,巩固教育"创强"成效。开展示范性普通高中和义务教育标准化学校、规范化幼儿园督导评估。2022年,全市义务教育阶段学校基本达标,规范化幼儿园占比95%以上,南沙区获评全国"义务教育优质均衡先行创建县(市、区)"。组织首批4个市属优质基础教育集团的督导评估。深化教育质量监测,聚焦结果解读与应用。市教育局召开市义务教育质量监测工作会议,全面部署监测结果应用工作。组织样本区南沙、从化参加国家义务教育质量监测;组织各区200所样本校近8400名师生参加广东省义务教育质量监测。组织专家团队指导各区解读监测报告,深化监测结果解读和应用,开展二次解读工作。统筹抓好新冠疫情常态化防控督查。组织开展新冠疫情防控高考、中考考点巡查,为高考、中考顺利开展保驾护航。

4.加强平安校园建设

广州市教育局开展《广州市学校安全管理条例》贯彻实施工作,牵头建立广州市学校安全工作联席会议制度。积极开展校园平安建设工作,先后开展两轮大排查大整治行动,截至2022年底,共排查发现安全隐患759项,已完成整改698项,正在整改61项,均已落实安全管控措施。开展校车专项整治,全面排查整治问题隐患,共排查学校在用校车3509辆,使用校车的学校共881所,校车驾驶员3517名。排查发现使用未取得校车标牌车辆86辆,逾期未检验校车2辆,超龄驾驶员69名,未配备医用药箱和常用药品的校车12辆。开展防范学生溺水专项行动,全面排查全市危险水域,共整改涉水域安全隐患196处,梳理危险水域1855个,举办防溺水宣传活动610场次,受教育群众达30万人次。扎实做好校园加装安全防护设施,2022年7月底全市学校已100%完成。大力推进加大校园应急避险和安全防范疏散演练达标创建工作,积极开展预防学生欺凌综合治理,组织召开广州市中小学生欺凌综合治理联席视频会议,及时处置涉校突发情况。

三 广州教育发展存在的问题与未来展望

（一）广州教育发展中存在的问题

1. 学前教育发展不平衡

（1）区域之间不平衡

学位供给不平衡。广州市 11 个区中，仅南沙、从化、增城 3 个区达到 40 座的千人学位数标准，[①] 另外 8 个区尚未达标，其中越秀、海珠、天河 3 个区均低于 30 座/千人。幼儿园千人学位指标最低的是海珠区，仅为 24.72 座/千人，最高的是增城区，为 54.95 座/千人。师资配备不平衡，所有区的生师比均偏高，超过了 13，从化区、白云区的生师比没有达到国家规定的最低标准，[②] 分别为 16.18 和 15.12。办学条件[③]不平衡，从化区生均占地面积（15.11 平方米）是荔湾区（8.28 平方米）的 1.82 倍，增城区生均运动场地面积（6.74 平方米）是荔湾区（3.81 平方米）的 1.77 倍。整体来说，中心区的幼儿园学位数紧缺，生师比较低，生均占地面积和生均运动场地面积较小；周边区幼儿园生师比较高，生均运动场地面积和生均占地面积等较大。

（2）公、民办幼儿园之间不平衡

师资配备不平衡。广州市公办、民办幼儿园生师比分别为 14.26、14.30，其中普惠性民办幼儿园为 15.03、非普惠性民办幼儿园为 12.89。办学条件不平衡，广州市公办幼儿园生均占地面积、生均运动场地面积优于普惠性民办幼儿园，生均校舍面积、生均图书低于普惠性民办幼儿园。非普惠性民办幼儿园各项办园条件相对最优，其生均校舍面积、生均占地面积、生

---

① 广东省人民政府办公厅：《关于印发广东省促进学前教育普惠健康发展行动方案和广东省推动义务教育优质均衡发展行动方案的通知》（粤府办〔2018〕28 号），2018 年 7 月 19 日。

② 教育部：《幼儿园教职工配备标准（暂行）》（教师〔2013〕1 号），2013 年 1 月 8 日。

③ 本报告中的"办学条件"指狭义的办学条件，包括生均校舍面积、生均占地面积、生均运动场地面积、生均图书等。

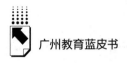

均运动场地面积均较公办幼儿园和普惠性民办幼儿园更优。总体上，公办幼儿园办园条件总体优于普惠性民办幼儿园，非普惠性民办幼儿园办园总体条件优于公办幼儿园。

2. 城市区域人口增长不平衡造成义务教育阶段学位供需失衡

广州市作为超大城市，属于人口流入地区，从2021年到2022年人口数据来看，居住半年以上的人口总量略有增长，户籍人口增长率为2.07%。但是，各区人口增长速度呈现不平衡状态。居于城区中心的荔湾、越秀、海珠、天河、白云5个区居住半年以上的人口呈现负增长态势，城区外围的黄埔、番禺、花都、南沙、从化、增城6区呈现增长态势（见表4）。广州市进城务工人员随迁子女入学体量较大，2022年，广州市义务教育阶段进城务工人员随迁子女总数为34.55万人，占在校生总数的21.11%。其中，在公办学校就读人数为14.45万人，占比41.82%；在民办学校就读人数为20.10万人，占比58.18%。

外来务工人员是各区常住人口增长的主要因素，根据义务教育阶段学生就近入学原则，外来务工人员随迁子女的入学需求会导致各区对义务教育阶段学位的需求增加，呈现供需不平衡状况。城市流入常住人口的增长速度与经济产业布局和调整有很大关系，也与各区产业重点和规模现状及未来发展规划有很强的关联度。因此，义务教育阶段学校的布点和规划需要充分考虑学位供给与现实需求。

表4 2021~2022年广州市人口数据变化情况

单位：万人，%

行政区划	居住半年以上的人口		户籍人口		居住半年以上的人口增长率	户籍人口增长率
	2021年	2022年	2021年	2022年		
广州市	1883.23	1887.07	1013.63	1034.60	0.20	2.07
荔湾区	114.03	106.21	78.40	79.47	-6.86	1.36
越秀区	127.23	125.48	117.36	117.24	-1.38	-0.10
海珠区	191.01	190.65	109.58	110.16	-0.19	0.53

续表

行政区划	居住半年以上的人口		户籍人口		居住半年以上的人口增长率	户籍人口增长率
	2021年	2022年	2021年	2022年		
天河区	233.92	226.36	105.08	107.33	-3.23	2.14
白云区	360.18	355.61	116.71	119.54	-1.27	2.42
黄埔区	116.39	121.51	64.01	67.22	4.40	5.01
番禺区	263.66	269.45	113.20	116.68	2.20	3.07
花都区	167.92	174.08	86.62	88.48	3.67	2.15
南沙区	91.37	92.87	51.99	54.22	1.64	4.29
从化区	66.78	68.99	65.47	65.89	3.31	0.64
增城区	149.87	155.38	105.20	108.38	3.68	3.02
广州市本级	0.87	0.47	0.00	0.00	—	—

资料来源：广州市人口监测大数据平台。

3. 普通高中学校多样化发展生态尚未完善

2022年，广州市通过推进教育集团规范管理提质培优以及优质资源向外围辐射的策略带动普通高中育人质量提升。广州市教育局印发了《市属集团化办学参考性指引》《广州市教育局关于进一步做好市属教育集团与各区合作办学的通知》，新批准广州市增城区实验中学、增城石滩中学纳入市属教育集团，启动建设广州市艺术中学。清华附中湾区学校、广东广雅中学花都校区、广东实验中学云城校区、广州市执信中学天河校区与二沙岛校区、广州外国语学校二期校区建成并投入使用。建设广东实验中学永平校区、华南师范大学附属中学知识城校区、广州市第六中学花都校区与从化校区、广州外国语学校增城校区等。全市基础教育阶段共成立教育集团138个，2022年新增27个；覆盖普通中小学约590所；加入集团化办学的相对薄弱学校和农村学校超过310所，2022年新增70所。36个教育集团被评为广东省优质基础教育集团培育对象。同时加强普通高中内涵式发展，大力实施"强基计划"，18所学校参加"中国教科院拔尖创新人才培养项目实验学校"实验，遴选建立6个普通高中"强基计划"校本课程基地，广州市

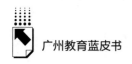

第二中学被清华大学确认为首批"拔尖创新人才大学中学衔接培养基地"，成立了五大学科奥赛教练中心组。与广州地区高等院校、科研院所、科技企业合作，推动共建共享创新实验室、综合实验室、联合培养基地和实践创新基地。

但是，广州市为了全面提升普通高中教育教学质量，实施的示范性高中评估认定推进政策举措，不可避免地出现普通高中同质化倾向。因此，普通高中个性化、特色化、多样化的良好发展生态受到了一定的影响。

4. 中等职业教育办学条件亟待提高

2022 年，广州市中等职业学校在校生 11.52 万人，居全国前列。但与社会经济发展强劲需求不相匹配的是中等质量的师资配备和较为落后的办学条件。广州市中职学校生师比为 16.24，仅仅达到中等职业学校办学条件规定的最低标准，与北京的 10.35 还有较大差距；双师型教师比例达到 70.21%，远超国家标准的 30%，但专任教师中硕士研究生及以上学历占比仅为 13.69%，远落后于上海（24.97%）。广州市中等职业学校生均占地面积、生均建筑面积分别为 23.30 平方米、16.16 平方米，都没有达到国家基本办学标准（分别为 33 平方米和 20 平方米）；生均仪器设备值 1.06 万元、生均纸质图书 33.61 册、生均计算机 0.45 台，虽然达到国家办学条件的最低标准，但和国内领先城市相比还有巨大差距。

广州市中等职业教育在师资数量上的不足，限制了职业教育进一步的规模化发展；师资质量上的不足，阻碍了职业教育在规模化发展基础上向高质量发展的迈进；仪器设备的不足，不利于校企合作模式的深化和培养企业需要的实操型、技能型人才。

5. 高等教育研究生层次人才培养规模明显不足

京沪穗三大中心城市本科院校学生规模差距不大，但广州地区在校研究生数量与北京、上海相比差距较大。以 2021 年为例，从绝对数量来看，北京在校研究生数量为广州的 2.69 倍，上海为广州的 1.59 倍；从比例来看，北京在校研究生占比为 42.61%，上海为 26.62%，而广州仅为 16.46%（见表 5）。

表5　2019~2022年京沪穗本科院校学生数量比较

年份		2019	2020	2021	2022
北京	本科院校数量(所)	68	67	67	67
	研究生在校生数(人)	341717	366470	391854	412030
	普通本科在校生数(人)	511994	517537	527749	535113
	合计(人)	853711	884007	919603	947143
	研究生占在校生比例(%)	40.03	41.46	42.61	43.50
上海	本科院校数量(所)	39	40	40	—
	研究生在校生数(人)	194116	213794	231074	
	普通本科在校生数(人)	585418	613778	636892	
	合计(人)	779534	827572	867966	
	研究生占在校生比例(%)	24.90	25.83	26.62	
广州	本科院校数量(所)	37	37	37	
	研究生在校生数(人)	112064	128434	145695	
	普通本科在校生数(人)	666308	695314	739300	
	合计(人)	778372	823748	884995	
	研究生占在校生比例(%)	14.40	15.59	16.46	

资料来源：《北京统计年鉴2020》《北京统计年鉴2021》《北京统计年鉴2022》《上海统计年鉴2020》《上海统计年鉴2021》《上海统计年鉴2022》《广州统计年鉴2020》《广州统计年鉴2021》《广州统计年鉴2022》《2021-2022学年度北京教育事业发展统计概况》。

广州在校研究生人才培养规模与广州在粤港澳大湾区作为社会经济文化发展的领头羊和火车头的地位很不匹配，会导致广州、广东及大湾区整体科技创新动能乏力。目前，广州面临着新兴产业迭代替换传统产业的关键时期，也是产业发展以技术应用为主体模式向创新驱动为主导模式的转型升级过渡期阶段，高层次人才培养规模偏小不利于广州产业经济结构的优化与转型升级。

（二）广州教育发展建议与未来展望

1. 持续巩固学前教育"5085"成果，统筹推动各类幼儿园均衡发展

建议广州市印发实施《广州市"十四五"学前教育发展提升计划》，继续巩固学前教育"5085"成果，缓解学位供需结构性矛盾，全力推进县域

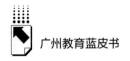

学前教育普及普惠区创建工作。继续开展民办幼儿园年检工作，督促民办学校规范办学，提升质量。规范民办学校办学行为，继续推进未取得办学许可证幼儿园监管和整治工作。加强政府履职评价和幼儿园保教质量监测结果应用，切实发挥质量评价导向作用。提升幼儿园教师队伍素质，继续推进幼儿园专任教师学历提升，深化幼儿园教师职称制度改革。

统筹推动各类幼儿园均衡发展。加大对一般公立幼儿园（如区级幼儿园）的资金投入与政策支持，或进行公立学前教育资源的兼并或重组，从整体上增强公立教育资源的实力，从而促进市场上形成公立与私立幼儿园的竞争机制，最终促使教育消费与教育资源趋于合理。[①] 因此，广州市应该通过项目带动、奖补结合的方式推动区级财政投入，鼓励和支持普通高等院校、政府机关、国有企事业单位举办或参与举办公办幼儿园，鼓励支持社会力量举办普惠性民办幼儿园，从而推进区域、校际、公办和民办平衡发展，实现区域内学前教育公平优质发展。

2.继续推动义务教育优质均衡发展，聚焦解决学位供需失衡

义务教育服务供给由于法律规定而具有非排他性、免费性、平等性，成为事实上的公共产品，其成本应该主要由政府财政负担，且涵盖提供义务教育服务的所有公立和私立学校。[②] 广州市应着力落实基础教育公办学位建设专项规划，根据区域学龄人口变化对中小学校基础设施建设三年行动计划进行中期调整，进一步扩增中小学公办学位、改善中小学（含中职学校）办学条件。继续推进购买民办义务教育学校学位服务工作。推进基础教育强基提质"2+2+1"帮扶行动。统筹推进义务教育新课程新课标实施，指导相关区创建广东省"基础教育高质量发展示范区"。强化国家、省义务教育质量监测的结果运用，发挥教育质量领先区域和市教研机构的引领带动作用，推进区域之间、城乡之间基础教育协同发展。继续落实教育经费投入"两个

① 张凯：《中国城市学前教育资源失衡问题的经济学分析——以大连为例》，《辽宁经济职业技术学院》（辽宁经济管理干部学院学报）2007年第2期，第55~56页。
② 王善迈、崔玉平：《教育资源优化配置：中国教育改革与发展中的经济学课题——王善迈教授专访》，《苏州大学学报》（教育科学版）2014年第4期，第67~72、127~128页。

只增不减"目标,集中财力支持教育高质量发展关键项目。

"21世纪上半叶是我国人口急剧变化的时期,人口的自然变动、人口的迁移变动、城乡结构的变化、经济结构的调整等都将对我国学龄人口变动造成重大影响,对教育资源配置的影响也是广泛而深刻的,迫切需要理论研究上的关注和深化。"[①] 社会经济发展和产业布局主导着区域人口变化趋势,容易引发教育资源供需失衡问题,教育资源浪费与缺乏在不同区域会同时存在。广州市需要根据各区域产业功能定位进行顶层设计与系统谋划,应从学位供给、产业布局、服务配套三个方面进行预判和规划,一是提高学位供给的数量与质量,确保人口净流入区域孩子有学可上,避免义务教育阶段优质教育资源集聚导致的教育挤兑和资源过剩;二是根据区域社会经济发展和产业布局,预判常住人口变化与学校学位匹配,避免学位供不应求;三是加强教育配套设施和相关服务的建设,营造宜居的教育服务新生态。

3.统筹规划普通高中学位供给,推进学校多元化发展

统筹规划普通高中学位建设。建议采取灵活政策,落实教育用地指标,盘活现有用地,增加外围城区教育用地。高起点规划、高标准定位、高质量建设一批优质普通高中,充分利用高校、科研院所及市属优质教育资源,在外围城区学校高起点办学;引进国内外优质教育资源来穗开展多形式办学,加大普通高中公办学位供给。

分层分类推进普通高中多元发展。普通高中学校的过度同质化导致普通高中学校发展平庸,人才培养结构失衡,无法适应社会对人才多样化的需求,以及难以满足学生的个性多样发展诉求,影响了普通高中教育的健康发展。[②] 建议由市政府出台《推进广州市普通高中多样化特色化发展指导意见》,对广州市普通高中采取分类建设的方案。根据普通高中的历史和特色,继续推动特色高中建设。推进专业学术型高中建设,探索普职融通高中

---

① 郭东阳:《学龄人口变动对义务教育资源配置的影响研究》,吉林大学博士学位论文,2022。

② 朱忠琴:《我国普通高中学校同质化现象的新制度主义分析》,《教育科学研究》2015年第4期,第17~22、52页。

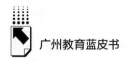

建设。推动高中阶段学校考试招生改革，以培育人文、数理、科技、艺术、体育等课程特色为中心，打造一批具有鲜明特色的科技高中、艺术高中、体育高中、综合高中等。推动《广州市教育局等四部门关于进一步深入推进我市基础教育阶段集团化办学的实施意见》落地实施，完善治理机制，培育优质教育集团，持续扩大优质教育资源供给。

4.继续完善现代职业教育体系建设，推进产教融合"强发展"和"强治理"

增加职业教育经费投入，切实改善职业院校办学条件。着力提高中等职业教育专任教师中硕士研究生及以上学历的占比。进一步扩大市属高职院校和中职学校之间的衔接贯通的专业数量，遴选学校或专业开展中高、中本5年一贯制培养试点，系统构建中高职贯通培养体系。推动有条件的高职院校开展本科层次职业教育试点。大力支持"双高计划"、国家优质中职学校和省高水平职业院校建设。加快实施办学条件达标工程，加快推进广州科教城建设，力争2024年相关中职学校顺利入驻科教城。

推进产教学研深度融合，优化产教融合治理效能。推进职业院校与相关企业、行业、产业园区组建职教集团（或职教联盟），鼓励、支持、推动企业和社会力量与政府和学校共同组建生产性实训基地。推进"产教融合示范区"建设，以产业学院、产业园区建设为重要载体，探索产教深度融合新模式。在职业教育"强发展"的基础上，关注产教融合的"强治理"，统筹协调政府、企业、行业、学校等多方主体利益，提升产教融合治理效能。探索企业参与办学新机制，国家及广东省产教融合型企业参与专业建设，实施校企联合定向培养，鼓励企业分担部分成本。加快出台校企合作资产管理、收益分配等政策制度，探索建立容错、纠错机制和清单，支持探索混合所有制办学，推进紧密型职教集团（联盟）建设。推动共建市级产教融合信息服务平台，及时获取产业发展需求与就业需求信息，完善专业动态调整机制。

5.继续扩大高等院校研究生办学规模，打造国际教育科技人才枢纽和创新高地

"研究生教育规模的适度扩张有力支撑了人力资源强国建设和创新型国

家建设。"① 对于广州地区，研究生培养规模与国家中心城市的地位不相匹配，因此，广州应该逐步扩大高等院校的办学规模，调整优化高等教育结构，重点扩大本科院校研究生招生规模，向专业学位研究生教育倾斜。发挥民办高校聚集优势，探索区域内民办高等院校转为公办高校的方式，创办国内一流应用型大学。以香港科技大学（广州）为载体，积极引进世界一流学科和人才来穗创办科技人文创新学院，打造国际教育科技人才枢纽和创新高地，结合广州地区新兴产业发展布局，逐步形成产教融为一体的产业链条并集聚形成一批创新科技产业园区。充分发挥广州开放窗口的区位优势，鼓励和支持市属高校和共建"一带一路"国家合作办学，大力引进海外高层次人才，以高水平大学和高层次人才助力一流学科建设，不断提升高校引领和服务社会经济发展的能力。

参考文献

许浙川：《学前教育资源承载力研究》，东北师范大学博士学位论文，2020。

梁文艳、孙雨婷：《义务教育资源配置如何适应城乡学龄人口变动——基于第七次全国人口普查数据的测算》，《教育研究》2023 年第 4 期。

罗泽意、宁芳艳：《"双减"背景下社会性义务教育资源配置场域中的集体非理性及其治理》，《教育与经济》2022 年第 4 期。

占德杰：《从生态学视角探寻特色普通高中建设的新思路》，《中国教育学刊》2023年第 5 期。

---

① 唐广军、王晴：《数说 2012—2021 年学位与研究生教育发展——基于供给、规模与结构的视角》，《研究生教育研究》2022 年第 5 期，第 10~19 页。

分 报 告
Topical Reports

B.2
2022年广州学前教育发展状况
与2023年展望

刘 霞*

摘 要: 2022年,广州市采取各种措施落实各区实施学前教育的主体责任、不断增加公办幼儿园学位供给、多渠道提升学前教育质量、深入推进幼小科学衔接,学前教育持续健康发展,但仍存在区域发展差距较大、公办与民办学前教育发展不平衡的问题,与深京沪杭相比也有差距。为促进广州学前教育更加公益普惠优质发展,要系统推进学前教育治理工作、持续巩固学前教育普惠水平、继续提升幼儿园教师队伍素质、统筹推动各类幼儿园均衡发展。

关键词: 学前教育 公益普惠 广州市

---

* 刘霞,广州市教育研究院教育规划与政策研究所教育战略研究室主任,研究员,主要研究方向为学前教育基本理论、学前教育规划与政策等。

2022年，广州市教育局以习近平新时代中国特色社会主义思想为统领，统筹抓好新冠疫情防控和学前教育改革发展工作，加快推进学前教育高质量发展，办好人民满意的学前教育。2022年，广州市共有2223所幼儿园、4.59万名专任教师、65.53万名在园幼儿，学前三年毛入园率为123.68%。广州学前教育供给能力得到进一步提高，学前教育质量持续提升。

一　广州学前教育发展的区域比较

（一）幼儿园学位供给量区域差距大

从学前教育发展的绝对规模来看，在园幼儿数占比居前的三个区分别为白云区（17.64%）、番禺区（15.47%）、增城区（13.03%），说明这三个区实际供给的幼儿园学位相对较多。在园幼儿数占比靠后的三个区分别是从化区（4.98%）、荔湾区（5.04%）、越秀区（5.07%），说明这三个区学前教育发展的绝对规模较小。在园幼儿数最多的区（白云区）是最小区（从化区）的3.54倍（见图1）。

从幼儿园千人学位指标的视角分析，广州市11个区幼儿园千人学位数的现状差距大。《广东省促进学前教育普惠健康发展行动方案》明确规定，"各县（市、区）政府要组织有关部门按照城镇幼儿园千人学位数不低于40座的标准，测算学位需求"。① 按40座的标准，广州市11个区中，有8个区尚未达标。幼儿园千人学位指标最低的是海珠区，仅为25座；最高的是增城区，为55座。由此可见，广州市11个区幼儿园学位供给量存在区域悬殊的问题（见表1）。

---

① 广东省人民政府办公厅：《关于印发广东省促进学前教育普惠健康发展行动方案和广东省推动义务教育优质均衡发展行动方案的通知》（粤府办〔2018〕28号），2018年7月19日。

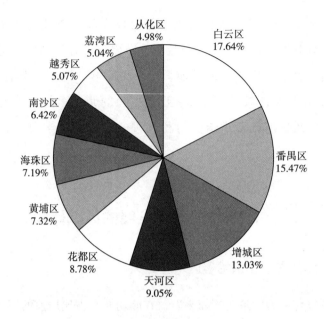

图1 2022年广州市学前教育规模的区域比较

资料来源:《广州市教育统计手册》(2022学年度)。

表1 2022年广州市幼儿园学位供给量的区域比较

区域	在园幼儿数(人)	千人学位数(座)
荔湾区	33035	31
越秀区	33222	26
海珠区	47120	25
天河区	59327	26
白云区	115587	33
黄埔区	47987	39
番禺区	101383	38
花都区	57563	33
南沙区	42038	45
从化区	32639	47
增城区	85387	55

资料来源:《广州市教育统计手册》(2022学年度)、广州市人口监测大数据平台。

（二）幼儿园专任教师配备数区域差距较大

从绝对规模来看，幼儿园专任教师数占比居前的三个区分别是番禺区（16.82%）、白云区（16.67%）、增城区（12.46%），说明这三个区实际配备的幼儿园专任教师数较多。幼儿园专任教师数占比靠后的三个区分别是从化区（4.40%）、荔湾区（4.95%）、越秀区（5.21%），说明这三个区实际配备的幼儿园专任教师数较少。幼儿园专任教师数绝对规模最大的区（番禺区）是绝对规模最小的区（从化区）的 3.82 倍（见图2）。

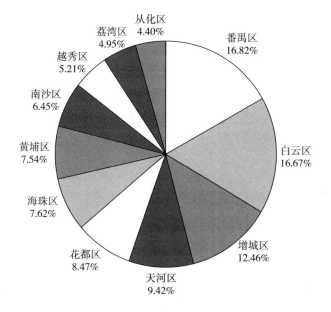

图2　2022年广州市幼儿园专任教师规模的区域比较

资料来源：《广州市教育统计手册》（2022学年度）。

按教育部《幼儿园教职工配备标准（暂行）》规定，生师比应为10~15。作为粤港澳大湾区教育科技中心，广州市应努力按照国家规定的最高标准（生师比为10）配备教师。从生师比的视角分析，从化区、白云区的生师比没有达到国家规定的最低标准，说明这两个区的专任教师配备严重不足。如果按最高标准配备专任教师，各区教师配备均存在缺口。需要注意的是，各区幼儿园专任教师缺口数差距较大,教师缺口数靠前的三个区分别是白云区(缺 3912 人)、增城区(缺 2823 人)、番禺区(缺 2421 人)(见表 2)。

表 2 2022 年广州市幼儿园专任教师配备数的区域比较

区域	专任教师数(人)	在园幼儿数(人)	实际生师比	应配教师数(人)	教师缺口(人)
荔湾区	2273	33035	14.53	3304	-1031
越秀区	2392	33222	13.89	3322	-930
海珠区	3495	47120	13.48	4712	-1217
天河区	4323	59327	13.72	5933	-1610
白云区	7647	115587	15.12	11559	-3912
黄埔区	3460	47987	13.87	4799	-1339
番禺区	7717	101383	13.14	10138	-2421
花都区	3887	57563	14.81	5756	-1869
南沙区	2959	42038	14.21	4204	-1245
从化区	2017	32639	16.18	3264	-1247
增城区	5716	85387	14.94	8539	-2823

资料来源:《广州市教育统计手册》(2022 学年度)。

(三)幼儿园办园条件区域差距较大

极差率(Range Ratio)是指某项指标的最大值与最小值之比,一般该比值越大,说明该项指标方面的差距程度越大。从化区生均占地面积(15.11m^2)是荔湾区(8.28m^2)的 1.82 倍,增城区生均运动场地面积(6.74m^2)是荔湾区(3.81m^2)的 1.77 倍,可见广州市幼儿园办园条件区域差距较大。需要注意的是,2021 年,广州市各区生均校舍面积、生均占地面积、生均运动场地面积、生均图书的极差率分别为 1.47、1.78、1.77、1.66。[1]与 2021 年相比,2022 年广州市幼儿园生均校舍面积和生均图书的区域差距在缩小,生均占地面积的差距在扩大(见表 3)。

---

[1] 刘霞:《2021 年广州学前教育发展状况与 2022 年展望》,载广州市教育研究院编《广州教育发展报告(2021~2022)》,社会科学文献出版社,2022,第 20~34 页。

表3　2022年广州市幼儿园办园条件的区域比较

区域	生均校舍面积（m²）	生均占地面积（m²）	生均运动场地面积（m²）	生均图书（册）
荔湾区	7.86	8.28	3.81	12.87
越秀区	9.83	10.23	4.19	14.27
海珠区	8.54	9.11	4.24	11.30
天河区	8.12	9.79	4.18	10.53
白云区	9.52	10.63	4.75	11.60
黄埔区	9.66	12.93	5.36	10.85
番禺区	11.04	12.83	6.44	12.55
花都区	10.67	12.25	6.04	13.40
南沙区	11.21	14.95	6.43	13.09
从化区	9.83	15.11	6.56	12.36
增城区	11.17	13.89	6.74	12.70
极差率	1.43	1.82	1.77	1.36

资料来源：《广州市教育统计手册》（2022学年度）。

二　广州学前教育发展的公、民办比较

（一）幼儿园学位供给量公、民办不均衡

从幼儿园学位供给的绝对数来看，广州市公办幼儿园提供了55.53%的学位，普惠性幼儿园提供了86.44%的学位，提前实现了教育部等九部门在《"十四五"学前教育发展提升行动计划》中提出的"普惠性幼儿园覆盖率达到85%以上，公办园在园幼儿占比达到50%以上"的目标。[①] 基于在园幼儿数、班数等数据，对照教育部《幼儿园工作规程》中规定的30人/班的班额标准，公办幼儿园班额最高（32.09人），普惠性民办幼儿园次之

[①]　教育部等九部门：《关于印发〈"十四五"学前教育发展提升行动计划〉和〈"十四五"县域普通高中发展提升行动计划〉的通知》（教基〔2021〕8号）。

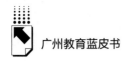

（30.55人），说明这两类幼儿园均存在学位缺口。非普惠性民办幼儿园班额为27.30人，不存在学位缺口（见表4）。上述数据说明，广州市公、民办幼儿园的学位供给量不均衡。

表4 2022年广州市公、民办幼儿园学位供给量比较

办园性质		在园幼儿		班数（个）	班额（人）	应设班数（个）	班数缺口（个）	学位缺口（人）
		人数（人）	占比（%）					
公办幼儿园		363896	55.53	11340	32.09	12130	-790	-23696
民办幼儿园	普惠性民办幼儿园	202568	30.91	6630	30.55	6752	-122	-3668
	非普惠性民办幼儿园	88824	13.56	3254	27.30	2961	293	—
	小计	291392	44.47	9884	29.48	9713	171	—

资料来源：《广州市教育统计手册》（2022学年度）及统计平台。

（二）公、民办幼儿园专任教师配备数不均衡

以2022年在园幼儿数和专任教师数为基准估算，对比国家规定的幼儿园专任教师配备标准，广州市公、民办幼儿园专任教师均存在缺口，且配备数不均衡。三类幼儿园中，公办幼儿园教师缺口数的绝对值最大（缺10875人）；普惠性民办幼儿园生师比最高（15.03），且未达到国家最低标准（15），说明普惠性民办幼儿园专任教师配备还不充足（见表5）。

表5 2022年广州市公、民办幼儿园专任教师配备数比较

办园性质		专任教师		在园幼儿数（人）	生师比	应配教师数（人）	教师缺口（人）
		人数（人）	占比（%）				
公办幼儿园		25515	55.61	363896	14.26	36390	-10875
民办幼儿园	普惠性民办幼儿园	13480	29.37	202568	15.03	20257	-6777
	非普惠性民办幼儿园	6891	15.02	88824	12.89	8882	-1991
	小计	20371	44.39	291392	14.30	29139	-8768

资料来源：《广州市教育统计手册》（2022学年度）及统计平台。

（三）幼儿园办园条件存在公、民办不均衡

从公、民办比较的角度来看，广州市公办幼儿园生均校舍面积、生均占地面积、生均运动场地面积均低于民办幼儿园。从普惠性幼儿园比较的角度，广州市公办幼儿园生均占地面积、生均运动场地面积优于普惠性民办幼儿园，生均校舍面积、生均图书低于普惠性民办幼儿园。非普惠性民办幼儿园各项办园条件相对最优，其生均校舍面积、生均占地面积、生均运动场地面积、生均图书分别是公办幼儿园的 1.51 倍、1.49 倍、1.47 倍、1.18 倍，是普惠性民办幼儿园的 1.49 倍、1.61 倍、1.55 倍、1.10 倍（见表6）。

表6　2022年广州市公、民办幼儿园办园条件比较

办园性质		生均校舍面积（m²）	生均占地面积（m²）	生均运动场地面积(m²)	生均图书（册）
公办幼儿园		9.27	11.39	5.22	11.67
民办幼儿园	普惠性民办幼儿园	9.38	10.54	4.94	12.51
	非普惠性民办幼儿园	13.98	16.95	7.68	13.72
	小计	10.79	12.49	5.77	12.88

资料来源：《广州市教育统计手册》（2022学年度）及统计平台。

三　穗深京沪杭及全国学前教育发展比较

本部分基于幼儿园学位、师资、办园条件、经费投入等方面数据，从穗深京沪杭及全国比较的视角，分析广州学前教育发展情况。

（一）广州幼儿园学位供给量在五市中位居第一，但仍存在学位缺口

从幼儿园学位供给的绝对数来看，广州在穗深京沪杭五市中位居第一，提供了全国 1.32% 的学位。基于在园幼儿数、班数等数据，对照教育部

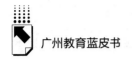

《幼儿园工作规程》中规定的 30 人/班的班额标准，2021 年广州幼儿园班额高于京沪杭及全国，略低于深圳，存在 18683 人的学位缺口（见表 7）。

表 7　2021 年穗深京沪杭及全国幼儿园学位供给量比较

地区	在园幼儿		班数（个）	班额（人）	按 30 人/班设置，学位缺口（人）
	人数（人）	占比（%）			
广州	633203	1.32	20484	30.91	−18683
深圳	597569	1.24	19034	31.39	−26549
北京	566735	1.18	20067	28.24	—
上海	560059	1.17	20895	26.80	—
杭州	384680	0.80	13916	27.64	—
全国	48052063	100.00	1797500	26.73	—

资料来源：广州数据来自《广州市教育统计手册》（2021 学年度），深圳数据来自广东省教育信息平台（深圳市），北京、上海及全国数据来自教育部《2021 年教育统计数据》，杭州数据来自《2022 年杭州统计年鉴》。

（二）广州幼儿园专任教师缺口数在五市中位居第一，教师学历层次低于沪京深、专业技术职称层次低于沪京

本部分比较了穗深京沪杭及全国学前教育专任教师配备数。基于数据的可得性，对穗深京沪及全国学前教育专任教师的学历及专业技术职称进行了比较。

以 2021 年在园幼儿数和专任教师数为基准估算，对比国家规定的幼儿园专任教师配备标准，穗深京沪杭及全国学前教育专任教师均存在缺口。穗深京沪杭五市中，广州幼儿园生师比（14.32）高于其他四个城市，专任教师缺口数值最大，说明广州专任教师配备最为不足（见表 8）。

表 8　2021 年穗深京沪杭及全国学前教育专任教师配备数比较

城市	专任教师数（人）	生师比	应配专任教师数（人）	专任教师缺口（人）
广州	44206	14.32	63320	−19114
深圳	42408	14.09	59757	−17349

城市	专任教师数（人）	生师比	应配专任教师数（人）	专任教师缺口（人）
北京	48407	11.71	56674	-8267
上海	45520	12.30	56006	-10486
杭州	31614	12.17	38468	-6854
全国	3190989	15.06	4805206	-1614217

资料来源：广州数据来自《广州市教育统计手册》（2021学年度），深圳数据来自广东省教育信息平台（深圳市），北京、上海及全国数据来自教育部《2021年教育统计数据》，杭州数据来自《2022年杭州统计年鉴》。

广州学前教育专任教师学历层次明显低于上海、北京和深圳。广州市高学历学前教育专任教师（本科及研究生毕业）占比（33.15%）远远低于上海（82.38%）、北京（52.25%），仅略高于全国平均水平（29.08%）。穗深京沪四市中，低学历学前教育专任教师（高中阶段及以下毕业）占比最高的是广州（6.76%），高于上海（0.96%）、北京（2.99%）、深圳（4.49%）（见表9）。

表9　2021年穗深京沪及全国学前教育专任教师学历比较

城市	专任教师数（人）	本科及研究生毕业教师占比（%）	专科毕业教师占比（%）	高中阶段毕业教师占比（%）	高中阶段以下毕业教师占比（%）
广州	44206	33.15	60.09	6.49	0.27
深圳	42408	37.54	57.97	4.40	0.09
北京	48407	52.25	44.76	2.94	0.05
上海	45520	82.38	16.66	0.94	0.02
全国	3190989	29.08	58.52	11.43	0.97

资料来源：广州数据来自《广州市教育统计手册》（2021学年度），深圳数据来自广东省教育信息平台（深圳市），北京、上海及全国数据来自教育部《2021年教育统计数据》。

广州学前教育专任教师专业技术职称层次明显低于上海、北京，高于深圳。穗深京沪四市中，广州高级职称教师占比居第三（0.18%），低于北京（1.95%）、上海（0.89%），甚至低于全国平均占比（1.16%）。广州中级职称教师占比（4.83%）不仅远远低于上海（28.29%）、北京（13.06%），也低于全国平均占比（7.41%）。广州未定职级教师占比（75.14%）高于上海（28.06%）、北京（49.82%），也高于全国平均占比（73.48%）（见表10）。

表10 2021年穗深京沪及全国学前教育专任教师专业技术职称比较

城市	专任教师数（人）	高级职称教师占比（%）	中级职称教师占比（%）	初级职称教师占比（%）	未定职级教师占比（%）
广州	44206	0.18	4.83	19.85	75.14
深圳	42408	0.04	1.37	2.72	95.87
北京	48407	1.95	13.06	35.17	49.82
上海	45520	0.89	28.29	42.76	28.06
全国	3190989	1.16	7.41	17.95	73.48

资料来源：广州数据来自《广州市教育统计手册》（2021学年度），深圳数据来自广东省教育信息平台（深圳市），北京、上海及全国数据来自教育部《2021年教育统计数据》。

（三）广州学前教育办学条件在穗深京沪四市中居后

从各项具体指标来看，广州生均占地面积（11.61m²）在穗深京沪四市中排第三，低于上海（18.46m²）和北京（15.76m²），也低于全国平均水平（15.83m²）；广州生均室外游戏场地面积（5.30m²）在四市中排第二，低于北京（5.64m²），也低于全国平均水平（5.47m²）；广州生均校舍面积（9.69m²）在四市中排第三，低于上海（13.38m²）和北京（10.92m²），略高于全国平均水平（9.59m²）；广州生均图书（11.95册）在四市中排最后（见表11）。

表11 2021年穗深京沪及全国学前教育办学条件比较

城市	生均占地面积（m²）	生均室外游戏场地面积（m²）	生均校舍面积（m²）	生均图书（册）
广州	11.61	5.30	9.69	11.95
深圳	9.27	4.47	8.70	12.73
北京	15.76	5.64	10.92	15.24
上海	18.46	4.76	13.38	12.16
全国	15.83	5.47	9.59	11.13

资料来源：广州数据来自《广州市教育统计手册》（2021学年度），深圳数据来自广东省教育信息平台（深圳市），北京、上海及全国数据来自教育部《2021年教育统计数据》。

（四）广州学前教育经费在穗深京沪杭五市中位居最后

2021 年，广州幼儿园生均一般公共预算教育经费为 13755.60 元，虽高于全国平均水平（9505.84 元），但远远低于北京、上海、深圳和杭州，分别仅为北京的 33.53%、上海的 42.69%、深圳的 48.96%、杭州的 65.08%（见图 3）。

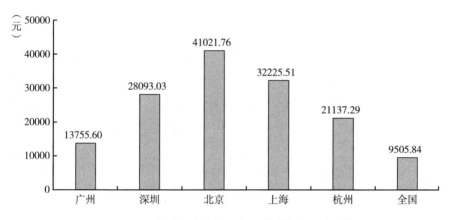

图 3　2021 年穗深京沪杭及全国学前教育经费比较

资料来源：广州、深圳数据来自广东省教育厅、省财政厅、省统计局发布的《2021 年全省教育经费执行情况统计表》，北京、上海和全国数据来自教育部、国家统计局、财政部发布的《2021 年全国教育经费执行情况统计表》，杭州数据来自杭州市教育局发布的《2021 年杭州市教育经费统计分析报告》。

四　广州学前教育发展的举措与经验

（一）落实各区实施学前教育的主体责任

2021 年 11 月，广州市教育局、广州市财政局印发《广州市教育领域市级与区级财政事权和支出责任划分改革实施方案》，明确"学前教育财政事权总体按幼儿园隶属关系分级负担，其中公办幼儿园学位保障、普惠性民办幼儿园财政补助为区财政事权，区财政统筹上级转移支付资金和本级财力保障经费"。① 2022 年 6 月，广州市教育局、广州市财政局印发《广州市普惠性幼儿园生均定额补助实施办法》（以下简称《实施办法》）。一方面，市级财政按标准对各类普惠性幼儿园进行生均定额补助，市级财政对国有企业和事业单位办园的生均定额补助标准分别提高 200 元、100 元每生每年，加大对普惠性幼儿园的财政保障力度。另一方面，《实施办法》明确规定了区配套补助的责任，要求"各区要立足普惠优质发展、结合本区实际，对各类普惠性幼儿园均进行配套补助，各类普惠性幼儿园具体补助标准由各区确定；同时，各区配套补助总金额不低于按市补助标准的指定比例确定的各类普惠性幼儿园补助总金额。区配套补助办法由教育部门联合财政部门发文明确，如未足额配套补助，则市在下一年度将不安排该区生均定额补助资金"。② 按照《实施办法》，各区按市级补助的 20%～100%确定区配套补助。长期以来，存在部分经济水平相对薄弱、区级财政较困难的欠发达区域，区级政府无力或无心承担学前教育财政投入，而是基本依靠市级政府专项补助的现象。③ 上述政策的出台，保障了市、区两级学前教育财政投入的责任和总量，强化了各区落实实施学前教育的主体责任。

（二）持续增加公办幼儿园学位供给

2022 年，广州市各区扎实推进公办幼儿园项目建设，持续增加公办幼儿园学位供给。番禺区顺利开办 10 所公办幼儿园，并通过改扩建挖潜学位等方式，增加公办幼儿园学位 5460 个，有效缓解了公办优质学位供需矛盾。海珠区通过整体规划新建公办幼儿园、加快建设接收小区配套幼儿园、利用街道事业单位资源开办公办幼儿园、园舍改造等措施，推进公办幼儿园扩容增量，全区新增公办幼儿园 23 所，新增公办学位 5175 个（含民转公）。花

---

① 广州市教育局、广州市财政局：《关于印发广州市教育领域市级与区级财政事权和支出责任划分改革实施方案的通知》（穗教发〔2021〕48 号）。

② 广州市教育局、广州市财政局：《关于印发广州市普惠性幼儿园生均定额补助实施办法的通知》（穗教发〔2022〕26 号）。

③ 刘霞：《学前教育政府财政投入问题的实证研究——基于幼儿家长视角的调查》，《现代教育论丛》2019 年第 1 期，第 72~83 页。

都区推进学前教育扩容提质，广州万达文化旅游城 C2 区配套幼儿园，广州北站安置区 A 地块、D 地块配套幼儿园等 6 所列入"2022 年花都区民生实事"的幼儿园顺利开办，新增 2520 个公办学位。①

（三）多渠道推进学前教育质量提升

一是加强幼儿园课程建设及质量管理。广州市修订了《广州市幼儿园课程指南（试行）》《广州市幼儿园园长课程管理指导意见（试行）》。天河区学前教育指导中心出台了《天河区幼儿园园本课程方案编制指引》《天河区幼儿园课程方案质量评价标准（试用）》《天河区幼儿园课程视导方案》，为幼儿园完善园本课程方案提供清晰指引，引导幼儿园明确课程发展方向，推动幼儿园不断提升课程建设水平。二是积极培育广东省学前教育高质量发展项目。2022 年 11 月，广东省教育厅公布学前教育高质量发展实验区阶段性检查结果和学前教育"新课程"科学保教示范项目中期检查优秀项目。广州市 2 个区（县）项目、17 个幼儿园项目获得省学前教育"新课程"科学保教示范项目中期检查优秀项目。花都区、南沙区被评为省第二批学前教育高质量发展实验区，越秀区、海珠区、南沙区顺利通过省学前教育高质量发展实验区阶段性检查并获优秀等次。三是加强幼儿园保教质量评估监测。2022 年 6 月，根据教育部《幼儿园保育教育质量评估指南》并结合广州市学前教育发展实际，广州市教育局组织修订了《广州市幼儿园保教质量评估监测方案》（穗教发〔2018〕23 号），新增 4 项指标，对全市幼儿园开展了第三轮保教质量评估监测工作。各区积极推进幼儿园保教质量考核工作。2022 年 4 月，天河区教育局印发《天河区幼儿园保教质量考核实施方案》（穗天教〔2022〕5 号），每两年对全区幼儿园进行全覆盖考核；越秀区制定了《越秀区幼儿园保教质量评价体系》，聚焦师幼互动，通过"评价—反馈—研训—再评价"的模式，促进评价体系动态完善和幼儿园保教质量提升。四是以教育集团或幼教联盟为抓手，促进区域内学前教育优质

---

① 广州市教育局：《2022 年广州市教育局工作总结材料汇编》（内部资料），2023 年 1 月。

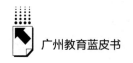

均衡发展。番禺区成立了直属机关、北城、东城、市桥街等9个幼儿教育集团，覆盖辖内60多所幼儿园，以优质园带动潜力园发展，全面提高幼儿园管理水平和保教质量。越秀区全区分为9个幼教联盟，由省一级园担任联盟主任园，负责组织联盟内教研、培训、观摩交流、保教互检，发挥示范引领作用。

（四）深入推进幼小科学衔接

2022年，广州市举办了多场幼儿园与小学科学衔接项目实验区专场研讨会。2022年5月，越秀区教育局出台《关于建立越秀区幼小联合教研机制的指导意见》，通过区级层面建立幼小联合教研制度，学区、联盟层面促进幼小联合教研经验交流，园、校层面开展幼小联合教研实践探索等举措，努力建立幼儿园与小学科学衔接的长效机制，打造幼小科学衔接的教育生态。2022年10月，番禺区教育局全面推行幼小双向衔接攻坚行动，通过"结对子"工程、"一日轮岗"活动、"研资源"项目、"微改造"行动、推进家校（园）社协同育儿行动等，推动区内幼小双向衔接22组试点单位总结探索经验，制定相关衔接课程指引，减缓衔接坡度，帮助儿童顺利实现从幼儿园到小学的过渡。2022年11月，广东省教育厅公布幼小衔接优秀案例名单，广州市有4个幼儿园与小学科学衔接案例获得优秀等次。

五　广州学前教育发展的展望与建议

（一）系统推进学前教育治理工作

一是要强化区级政府履行发展学前教育职责。数据显示，广州市学前教育存在区域发展不平衡问题。区级政府是发展学前教育的责任主体，广州市要进一步明确并落实区级政府在人、财、物、事等方面的管理职责，强化区级政府对学前教育的管理效能，促进学前教育区域均衡发展。二是要继续开展民办幼儿园年检工作，督促民办幼儿园规范办学，继续推进对未取得办学许可证幼儿园的监管和整治工作，提升民办学前教育质量。三是要加强政府履职评价和幼儿园保教质量监测结果应用，切实发挥评价的导向、改进作用。

（二）持续巩固学前教育普惠水平

一是要继续巩固学前教育"5085"① 成果。数据显示，广州市学前教育已经提前实现了国家提出的"5085"目标，但普惠性学位供给存在区域不平衡的问题。2023 年，广州市要尽快实施《广州市"十四五"学前教育发展提升计划》，着力缓解学位供需结构性矛盾，确保学前教育普惠水平的区域均衡。二是要全力推进县域学前教育普及普惠区创建工作。《教育部关于印发〈县域学前教育普及普惠督导评估办法〉的通知》中明确提出，"学前教育普及普惠督导评估结果是对县级人民政府及其主要负责人履行教育职责评价和教育发展水平综合评估的重要依据。国家将省（区、市）学前教育普及普惠情况纳入对省级人民政府履行教育职责评价的重要内容"。② 广州市要以推进县域学前教育普及普惠区创建为契机，压实政府责任，持续巩固全市学前教育普惠水平。

（三）继续提升幼儿园教师队伍素质

广东省教育厅、中共广东省委机构编制委员会办公室、广东省财政厅、广东省人力资源和社会保障厅联合印发的《广东省新时代教师发展体系建设实施方案》中明确提出，到 2025 年，珠三角地区幼儿园专任教师大专以上学历比例达到 98%。③ 2022 年，广州市 45886 名幼儿园专任教师中，大专

---

① "5085"指的是"公办园在园幼儿占比达到 50% 以上，普惠性幼儿园覆盖率达到 85%以上"。

② 教育部：《教育部关于印发〈县域学前教育普及普惠督导评估办法〉的通知》（教督〔2020〕1 号），2020 年 2 月 18 日。

③ 广东省教育厅、中共广东省委机构编制委员会办公室、广东省财政厅、广东省人力资源和社会保障厅：《关于印发〈广东省新时代教师发展体系建设实施方案〉的通知》（粤教师〔2020〕11 号），2020 年 11 月 11 日。

以上学历专任教师为 43885 人，占比为 95.64%，与广东省提出的目标尚有差距。广州幼儿园专任教师学历层次明显低于上海、北京和深圳，专业技术职称层次明显低于上海、北京，这提示广州要继续提升幼儿园教师队伍素质。一方面要继续推进幼儿园专任教师学历提升，另一方面要深化幼儿园教师职称制度改革。广州市教育局、广州市委机构编制委员会办公室、广州市财政局、广州市人力资源和社会保障局印发的《广州市中小学教师"区管校聘"管理改革的指导意见》中提出，"完善岗位设置管理。实行'区管岗位结构，学校按岗定员'。人社部门根据有关规定和中小学编制总量，结合全省中小学教师职称制度改革要求，核定区域内中小学各类岗位总量，实行总量控制。教育部门按照学校办学规模、教职员编制、师资结构，将岗位具体分配到各学校，并根据教师交流轮岗实际情况及时进行合理调配"。[①] 越秀区教育局结合全省中小学教师职称制度改革要求，按照办园规模、教职员编制、师资结构和岗位标准，制定各园岗位分配方案，并根据实际情况动态调整。2022 年全区幼儿园新增了 2 名正高级教师、12 名副高级教师、46 名一级教师。越秀区的做法值得其他区借鉴。

（四）统筹推动各类幼儿园均衡发展

各类幼儿园均衡发展是在学前教育阶段实现教育公平的有效途径。2022年广州市教育统计数据显示，广州市公办幼儿园班额和普惠性民办幼儿园班额均超标，普惠性民办幼儿园专任教师配备不达标，公办幼儿园生均校舍面积、生均占地面积、生均运动场地面积均低于民办幼儿园，说明广州市各类幼儿园发展不均衡，要特别关注普惠性幼儿园的建设与发展。统筹推动广州市各类幼儿园均衡发展，一是要特别关注并解决公办幼儿园超班额现象。要求公办幼儿园必须严格按照教育部门规定的入园计划数制定入园工作方案，控制班额。二是要着力解决普惠性民办幼儿园专任教师配备不充足的问题。

---

① 广州市教育局、广州市委机构编制委员会办公室、广州市财政局、广州市人力资源和社会保障局：《关于印发〈广州市中小学教师"区管校聘"管理改革的指导意见〉的通知》（穗教发〔2018〕77 号），2018 年 8 月 9 日。

建议在对普惠性民办幼儿园进行年检时特别关注其专任教师配备问题，发现问题要求幼儿园及时整改。

参考文献

傅维利、刘磊：《构建政府统一资助管理的新型普惠性学前教育体系》，《教育研究》2021年第3期。

姜勇、赵颖、刘鑫鑫等：《普惠有多远？——中国学前教育发展报告（2018—2019）》，华东师范大学出版社，2021。

雷万鹏、李贞义：《财政学视野中普惠性公共学前教育服务体系构建》，《中国教育学刊》2022年第7期。

任慧娟、边霞：《普惠性学前教育公共服务体系构建困境及政府治理对策研究——以普惠性民办幼儿园为例》，《教育理论与实践》2021年第10期。

王艺芳、姜勇：《我国普惠性学前教育公共服务发展水平的测评与分析》，《湖南师范大学教育科学学报》2022年第6期。

B.3

2022年广州义务教育发展状况
与2023年展望

张　丹[*]

摘　要： 2022年，广州市通过增加义务教育学位供给，规范民办义务教育发展，深化校外培训机构治理，切实推进"双减"工作，推动义务教育稳步发展。针对义务教育学位阶段性、区域性不足，优质教育资源供给依然不能完全满足人民群众日益增长需求等问题，广州市需继续加大统筹协调力度，推动义务教育优质均衡发展，不断促进广州教育高质量发展。

关键词： 义务教育　优质均衡　广州市

广州市围绕打造"公平卓越、活力创新、开放包容"教育新体系的建构目标，加快推进义务教育高质量发展，办好人民满意的教育。2022年，全市共有义务教育阶段学校1421所，其中小学992所、初中429所；在校生有163.63万人；专任教师有10.11万人，其中小学教师有6.73万人，具有本科及以上学历教师占比为89.93%，初中教师有3.38万人，具有本科及以上学历教师占比为97.55%。义务教育阶段学校办学条件中，小学、初中学校生均占地面积分别为13.11平方米和31.59平方米，生均建筑面积分别为6.96平方米和19.31平方米，生均藏书分别为23.52册和42.88册。

---

* 张丹，广州市教育研究院教育规划与政策研究所助理研究员，主要研究方向为教育政策、中小学教育等。

一 发展概况

（一）广州市义务教育发展的区域比较

1.义务教育阶段办学规模区域发展不均衡

2022年，全市小学学校数量最多的区是白云区（174所），最少的区是越秀区（46所）；小学班数最多的区是番禺区（4322个），最少的区是南沙区（1513个）；小学在校生数最多的区是白云区（174659人），最少的区是南沙区（62965人）。全市小学校均规模为1213.93人，其中校均规模最大的是越秀区（1635.43人），最小的是从化区（985.87人）。全市小学总体班均规模为40.25人，其中最多的是越秀区（42.15人），最少的是荔湾区（38.72人）。

2022年，全市初中学校数量最多的区是花都区（73所），最少的区是越秀区（17所）；初中班数最多的区是番禺区（1346个），最少的区是南沙区（550个）；初中在校生数最多的区是番禺区（58224人），最少的区是南沙区（23843人）。全市初中校均规模为1007.23人，其中校均规模最大的是越秀区（2319.18人），最小的是花都区（678.78人）。全市初中总体班均规模为42.92人，其中最多的是从化区（45.27人），最少的是荔湾区（40.76人）（见表1）。

表1 2022年广州市义务教育学校办学规模区域比较情况

区域	学校数（所）		在校生数（人）		校均规模（人）		班均规模（人）	
	小学	初中	小学	初中	小学	初中	小学	初中
荔湾区	48	26	70899	29956	1477.06	1152.15	38.72	40.76
越秀区	46	17	75230	39426	1635.43	2319.18	42.15	44.60
海珠区	84	24	94043	34599	1119.56	1441.63	40.05	42.98
天河区	75	37	120339	40248	1604.52	1087.78	41.00	42.06
白云区	174	58	174659	53037	1003.79	914.43	41.41	43.65
黄埔区	66	33	85776	32706	1299.64	991.09	39.35	41.04

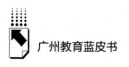
续表

区域	学校数（所）		在校生数（人）		校均规模（人）		班均规模（人）	
	小学	初中	小学	初中	小学	初中	小学	初中
番禺区	142	65	171940	58224	1210.85	895.75	39.78	43.26
花都区	104	73	146072	49551	1404.54	678.78	39.73	42.94
南沙区	62	24	62965	23843	1015.56	993.46	41.62	43.35
从化区	68	19	67039	25399	985.87	1336.79	39.74	45.27
增城区	123	53	135261	45111	1099.68	851.15	39.52	42.40

资料来源：《广州市教育统计手册》（2022学年度）及广东省教育信息平台。

2. 义务教育阶段师资队伍配备水平区域差距较大

2022年，全市小学专任教师数量最多的区是番禺区（9692人），最少的区是从化区（3414人）；全市小学生师比为17.90，其中生师比最高的是从化区（19.64），最低的是黄埔区（16.33）；全市小学专任教师中具有本科及以上学历占比为89.93%，其中比例最高的是番禺区（94.77%），最低的是荔湾区（82.32%）。全市初中专任教师数量最多的区是番禺区（4585人），最少的区是南沙区（1881人）；全市初中生师比为12.77，其中最高的是越秀区（13.19），最低的是黄埔区（12.12）；全市初中专任教师中具有本科及以上学历的占比为97.55%，其中比例最高的是越秀区（99.56%），最低的是荔湾区（95.37%）（见表2）。

表2　2022年广州市义务教育学校师资队伍区域比较情况

区域	小学			初中		
	专任教师数（人）	生师比	具有本科及以上学历占比（%）	专任教师数（人）	生师比	具有本科及以上学历占比（%）
荔湾区	3790	18.71	82.32	2442	12.27	95.37
越秀区	4167	18.05	90.69	2988	13.19	99.56
海珠区	5125	18.35	91.24	2630	13.16	98.63
天河区	6827	17.63	94.26	3164	12.72	98.29
白云区	9481	18.42	82.99	4173	12.71	96.09
黄埔区	5253	16.33	92.54	2698	12.12	98.22

区域	小学			初中		
	专任教师数（人）	生师比	具有本科及以上学历占比（%）	专任教师数（人）	生师比	具有本科及以上学历占比（%）
番禺区	9692	17.74	94.77	4585	12.70	98.10
花都区	8216	17.78	87.33	3783	13.10	96.75
南沙区	3438	18.31	92.90	1881	12.68	97.71
从化区	3414	19.64	88.46	1928	13.17	95.85
增城区	7887	17.15	91.29	3571	12.63	98.10

资料来源：《广州市教育统计手册》（2022学年度）及广东省教育信息平台。

3. 初中学校办学条件区域差距大

办学条件的极差率（Range Ratio）是指某项指标的最大值与最小值之比，一般该比值越大，说明该项指标方面的差距程度越大。2022年，小学阶段生均占地面积最大的是从化区（22.14平方米），最小的是越秀区（4.86平方米）；生均建筑面积最大的是南沙区（8.34平方米），最小的是天河区（5.16平方米）；生均藏书最多的是南沙区（29.38册），最少的是黄埔区（18.12册）。初中阶段生均占地面积最大的是增城区（56.37平方米），最小的是越秀区（5.29平方米）；生均建筑面积最大的是增城区（32.01平方米），最小的是越秀区（4.90平方米）；生均藏书最多的是花都区（67.60册），最少的是越秀区（24.91册）。全市初中生均占地面积极差率值最大，达到10.66；初中生均建筑面积极差率值也较高，为6.53（见表3）。

表3　2022年广州市义务教育学校办学条件区域比较情况

区域	小学			初中		
	生均占地面积（平方米）	生均建筑面积（平方米）	生均藏书（册）	生均占地面积（平方米）	生均建筑面积（平方米）	生均藏书（册）
荔湾区	6.84	5.69	21.65	14.69	11.61	34.89
越秀区	4.86	5.31	28.27	5.29	4.90	24.91
海珠区	7.98	6.43	27.64	12.01	9.32	30.59

续表

区域	小学			初中		
	生均占地面积（平方米）	生均建筑面积（平方米）	生均藏书（册）	生均占地面积（平方米）	生均建筑面积（平方米）	生均藏书（册）
天河区	7.21	5.16	19.96	13.82	9.13	31.04
白云区	13.69	8.06	27.71	30.75	24.68	39.54
黄埔区	14.02	7.73	18.12	36.32	25.04	42.42
番禺区	15.01	7.28	24.79	42.02	24.66	54.09
花都区	12.53	6.89	19.02	42.27	24.45	67.60
南沙区	21.50	8.34	29.38	49.65	24.81	39.30
从化区	22.14	7.72	27.15	37.20	11.93	35.53
增城区	18.28	7.29	18.92	56.37	32.01	52.52
极差	17.28	3.18	11.26	51.08	27.11	42.69
极差率	4.56	1.62	1.62	10.66	6.53	2.71

资料来源：《广州市教育统计手册》（2022学年度）及广东省教育信息平台。

（二）广州市义务教育发展的公、民办比较

2022年，广州市义务教育学校共有1421所，其中公办学校总数为1119所，占比78.75%；民办学校总数为302所，占比21.25%。在校生总数为163.63万人，其中公办学校在校生总数为126.78万人，占比77.48%；民办学校在校生总数为36.86万人，占比22.52%。义务教育阶段专任教师总数为10.11万人，其中公办学校专任教师总数为7.78万人，占比76.94%；民办学校专任教师总数为2.33万人，占比23.06%（见表4）。

表4　2022年广州市义务教育学校发展公、民办情况

办学性质	学校		在校生		专任教师	
	数量（所）	占比（%）	人数（人）	占比（%）	人数（人）	占比（%）
总计	1421	100.00	1636323	100.00	101133	100.00
公办	1119	78.75	1267759	77.48	77808	76.94
民办	302	21.25	368564	22.52	23325	23.06

资料来源：《广州市教育统计手册》（2022学年度）。

（三）义务教育进城务工人员随迁子女入读公办学校情况

2022年，广州市义务教育阶段进城务工人员随迁子女总数为34.55万人，占在校生总数的21.11%。其中，在公办学校就读的进城务工人员随迁子女总数为14.45万人，占比41.83%；在民办学校就读的进城务工人员随迁子女总数为20.10万人，占比58.17%（见图1）。

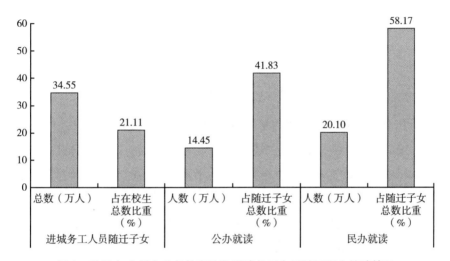

图1 2022年广州市义务教育阶段进城务工人员随迁子女就读情况

资料来源：《广州市教育统计手册》（2022学年度）及广东省教育信息平台。

二 穗深京沪杭及全国义务教育发展比较

（一）广州市义务教育规模位居前列

由于数据获得的有限性，本部分只比较2021年穗深京沪杭义务教育发展规模。2021年，广州市义务教育学校规模与京沪深杭相比，义务教育学校数量最多，班级数量仅次于北京，在校生总数也最多，义务教育总体规模位居全国前列（见表5）。

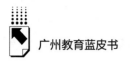

表5　2021年穗深京沪杭及全国义务教育规模比较

城市	学校数(所)	班数(万个)	在校生数(万人)	校均规模(人)	班均规模(人)
广州	1413	3.85	157.24	1112.78	40.88
深圳	713	3.35	152.67	2141.21	45.54
北京	1172	4.09	138.62	1182.76	33.89
上海	1285	3.82	139.03	1081.98	36.43
杭州	789	—	94.49	1197.58	—
全国	207150	396.95	15798.37	762.65	39.80

资料来源：《广州市教育统计手册》（2022学年度）及教育部网站统计数据。

（二）广州市义务教育师资配备处于中等水平

2021年，广州市义务教育专任教师规模与京沪深杭相比，专任教师总数仅次于北京和上海。其中在专任教师学历层次方面，广州市具有研究生学历的专任教师总数比较少，位居最后；具有本科学历的专任教师总数高于深圳市，仅次于北京和上海；具有专科学历的专任教师总数居首位。在专任教师职称层次方面，具有高级职称的专任教师总数比较多，仅次于北京；具有中级职称的专任教师总数和占比高于深圳，仅次于上海和北京。由此可见，广州市义务教育专任教师总数较大，但整体学历水平还有待进一步提高（见表6）。

表6　2021年穗深京沪杭及全国义务教育专任教师情况比较

城市	专任教师数（万人）	生师比	研究生毕业占比（%）	本科毕业占比（%）	中级职称及以上占比（%）
广州	9.74	16.14	7.59	86.60	48.02
深圳	9.52	16.04	17.86	75.87	39.10
北京	11.38	12.18	16.68	79.82	56.54
上海	10.94	12.71	14.14	79.22	53.28
杭州	6.48	14.58	—	—	—
全国	1057.19	14.94	2.90	74.82	54.11

资料来源：《广州市教育统计手册》（2022学年度）及教育部网站统计数据。

（三）广州市义务教育办学条件处于中等水平

2021年，广州市义务教育办学条件与京沪深相比，生均校舍面积位居首位；生均占地面积高于深圳市，仅次于上海和北京；百生均计算机数量最少，位居最后；生均图书数量仅次于上海（见表7）。

表7　2021年穗深京沪及全国义务教育办学条件比较

城市	生均校舍面积（平方米）	生均占地面积（平方米）	百生均计算机(台)	生均图书（册）
广州	14.02	15.34	10.28	29.80
深圳	9.29	10.48	11.62	27.64
北京	9.17	17.68	13.67	27.94
上海	11.64	19.47	13.79	40.05
全国	10.30	26.02	10.61	28.74

资料来源：《广州市教育统计手册》（2022学年度）及教育部网站统计数据。

（四）广州市义务教育生均一般公共预算经费居后

2021年，广州市义务教育经费与京沪深相比，在生均一般公共预算教育经费方面，广州小学和初中的经费数量都最少，位居最后（见表8）。

表8　2021年穗深京沪及全国义务教育经费比较

单位：元

城市	生均一般公共预算教育经费	
	小学	初中
广州	21815.00	39528.71
深圳	37478.37	52066.68
北京	35473.59	64124.46
上海	30841.64	45043.36
全国	12380.73	17772.06

资料来源：广州、深圳数据来自广东省教育厅、省财政厅、省统计局发布的《2021年全省教育经费执行情况统计表》，北京、上海和全国数据来自教育部、国家统计局、财政部发布的《2021年全国教育经费执行情况统计表》。

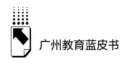

三 广州市义务教育发展的举措与经验

2022 年，在广州市委市政府领导下，全市教育系统深入贯彻习近平新时代中国特色社会主义思想，加强党对教育工作的全面领导，全面贯彻党的教育方针，落实立德树人根本任务，义务教育保持稳定长足发展。

（一）加大义务教育公办学校建设力度和公办学位供给

2022 年，广州市教育局联合市发改委、市财政局印发《广州市义务教育薄弱环节改善与能力提升工作项目规划（2021-2025 年）》，印发实施《广州市中小学校基础设施建设三年行动计划（2022-2024 年）》《广州市基础教育公办学位建设专项规划（2021-2025 年）》，着力提升公办学位供给力度。2022 年，全市累计新增基础教育公办学位 14.5 万个，其中以新改扩建方式新增学位 9.8 万个，新投入使用的公办中小学、幼儿园共 96 所（含校区、园区）。市财政投入 9.7 亿元购买学位服务，受惠学生约 36.8 万人。

广州市各区义务教育结构进一步得到优化。越秀区通过名校托管初级中学、就近整合小规模学校、实现学校间发展特色对接延伸等方式，实施区属中小学新一轮布局调整八大项目，区内公办义务教育学校在校学生占比达 95%以上，2022 年新增基础教育公办学位 6582 个。荔湾区发布《荔湾区城中村改造公共服务设施综合布点规划》落实布点占地，建立区公办中小学布局调整"一校一策"工作机制，推进优质教育资源向区内薄弱片区和薄弱学校延伸。海珠区制定《广州市海珠区义务教育发展专项行动方案（2022-2026 年）》，加大区内资源调配力度，增加公办学位供给，提前部署"一校一案"应对学位供需矛盾。天河区按照"开办一所、优质一所"的标准，通过组团发展、名校带动等方式，新增义务教育优质公办学位 8790 个。2022 年 4 月，南沙区被教育部确定为全国义务教育优质均衡先行创建区，成立优质教育项目引进局际联席会议制度，为引进项目提供"一站式"服务，成为广州市集聚最多优质基础教育资源的区域。

（二）扎实推进"双减"试点工作

2022年，广州市在全国率先启动校外教育培训监管地方立法，累计出台1份市级"双减"主体文件、54份配套政策文件和7项工作指引；作为试点城市唯一代表在全国"双减"工作会作经验介绍，八个典型案例获教育部推广。截至2022年10月底，实现"平躺睡"学生数为79.21万人，占午休托管学生人数的94.12%；持证机构100%纳入预收费监管，全市监管资金提升至2.44亿元，实现义务教育阶段学科类培训机构总量、培训课时、参培人数、招生规模和预收费五个"极大减少"，减少比例均超98%。

广州市各区采取各种举措积极推进"双减"工作。越秀区义务教育阶段公、民办学校100%开展校内课后托管和午休服务，实现两个"全覆盖"，小学午休"平躺睡"人数占比达100%，优化引进第三方非学科类机构入校提供课后服务的工作机制，加强规范监管，保障家校权益。荔湾区严格落实"5+1"项管理，推进全区义务教育阶段学校落实校内课后服务两个"全覆盖"，启动义务教育阶段学生暑期托管服务试点工作。海珠区建立全方位、立体化的校内课后服务新模式，校内课后服务实现"两个全覆盖"，建成"1+X+Y"课后服务模式，全区近八成义务教育学校提供特色托管课程，开设素质特色课程1543门。花都区全面贯彻落实国家"双减"政策，大力推进校外培训机构治理，健全作业管理机制，做好作业设计与实施的研究，采取"听、看、调、问、研"的方式，加强学校作业管理，100%准确监测全区落实作业管理情况，实现课后服务全覆盖和有需求学生全覆盖。建立健全了课后托管服务的保障机制，积极做好"平躺睡"工作，将学生校内午休"平躺睡"优质计划列入区政府2022年"十大民生实事"，区财政下拨了800万元专项资金予以推进落实。增城区瞄准定位，将校内减负提质作为"双减"工作的治本之策，强化学校教育主阵地作用，使学生更好地回归校园。坚持"减负"和"提质"两手抓，两手都要硬，优化校内课后服务，

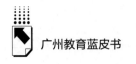

结合新开办学校和薄弱学校改造，因地制宜改善学生午休环境，实现学生午休"平躺睡"占比100%，其中"躺床睡"占比63%，居全市第一位。

（三）规范民办义务教育发展

2022年，全市平稳有序地完成了75所"公参民"学校规范治理，完成数量居全省第一位；完成66所民办学校更名、351所民办学校资金来源核查等工作。其中，越秀区、荔湾区100%完成"公参民"治理工作，进一步规范民办义务教育发展。荔湾区出台《广州市荔湾区关于规范民办义务教育发展的工作方案》，进一步规范民办义务教育发展。印发《关于印发荔湾区关于规范"公参民"学校治理工作方案的通知》，制定"一校一案"、教职工安置方案、转制期间应急处置预案、过渡期教师工资分配方案等，完成了规范"公参民"学校治理工作。海珠区完成了"公参民"学校规范治理，制定《广州市海珠区购买民办义务教育学校学位服务实施方案》，面向全区民办中学印发《海珠区关于规范民办义务教育发展工作方案》，推动4所公办学校举办或参与举办的民办义务教育学校转制为公办学校。番禺区向区内所有民办义务教育学校购买学位，义务教育阶段学生入读公办学位（含向民办学校购买学位）占比为100%，全区7所"公参民"民办学校全部完成更名工作，基本理顺体制机制，实现平稳过渡。花都区核减民办义务学校招生计划，2022年区民办学校一年级、七年级核定招生计划数较2021年降幅达17%；民办义务教育在校生较2021年降幅达6.59%。从化区确保区民办义务教育在校生占比控制在5%。

（四）促进义务教育师资均衡发展

2022年，全市区域内义务教育校长教师交流轮岗工作形成常态，交流轮岗比例逐年上升，实际参与交流的城镇学校、优质学校教师占比为11.32%；交流轮岗人员中，城镇学校、优质学校的教师以及骨干校长教师占比不断提高，从2018年的11.18%上升到2022年的42.05%。2022年全市新增1488名乡村教师在职参加学历提升，首批1023名乡村教师顺利毕业。全市教师发展体系逐步完善，成立了市级教师发展中心联盟，完成8个区级教师发展中心认定，高质量落实中小学教师"三类四阶段"进阶式培训，义务教育阶段专任教师结构逐步优化。全市新招聘公办中小学教师均为本科及以上学历人员，高中阶段研究生学历人员比例持续提升，义务教育阶段专任教师高一层次学历占比增幅在珠三角地区排名第一。

四 广州义务教育发展的展望与建议

2023年，广州继续坚持以习近平新时代中国特色社会主义思想为指导，全面贯彻党的二十大精神，按照市政府的决策部署，围绕科教兴市、人才强市的战略部署，持续把高质量发展作为义务教育发展的主旋律，贯彻到义务教育改革发展的全过程，为促进广州义务教育高质量发展提出如下建议。

（一）持续加大义务教育优质学位供给

高质量推进《广州市教育事业发展"十四五"规划》中期评估工作，通过中期评估落实基础教育公办学位建设专项规划，开展中小学校基础设施建设三年行动计划中期调整，进一步扩增中小学公办学位、改善中小学（含中职学校）办学条件，持续优化区域教育资源配置。

（二）推动义务教育优质均衡发展

统筹推进义务教育新课程新课标实施，指导相关区创建广东省"基础教育高质量发展示范区"。继续推进购买民办义务教育学校学位服务工作。推进基础教育强基提质"2+2+1"帮扶行动。强化国家、省义务教育质量监测的结果运用，发挥教育质量领先区域和市教研机构的引领带动作用，推进区域之间、城乡之间基础教育协同发展。

（三）继续扎实推进"双减"试点工作

健全校外培训长效监管机制，加快出台《广州市校外培训机构管理条

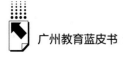

例》，深入推进非学科类培训分类规范管理，开展学科类隐形变异培训综合治理，完善违规培训和风险隐患预防、发现和处置机制，依托行业协会搭建培训机构转型发展平台。

（四）继续落实教育经费投入"两个只增不减"目标

适度集中财力支持教育高质量发展大事要事，突出"项目储备"因素的分配权重，把资金落实到具体可执行项目上。突出工作推进与资金使用同步"跟踪问效"，扎实加快推进2023年预算执行，定期掌握分析研判，对项目推进不力、不具备支出条件的资金及时提出收回调整，优先使用上级直达资金。

参考文献

陈燕萍、赵茜茜：《义务教育均衡发展政策变迁——基于Nvivo11.0的政策文本分析》，《连云港师范高等专科学校学报》2022年第4期。

王建：《规范民办义务教育发展的政府责任与政策导向》，《教育研究》2022年第11期。

吴开俊、胡阳光、周丽萍：《义务教育经费投入省级统筹改革实施效果分析——基于广东省县级面板数据的实证研究》，《教育发展研究》2023年第4期。

B.4
2022年广州普通高中教育发展状况与2023年展望

郭海清*

摘　要： 2022年，广州市普通高中的总体规模、师资队伍、办学条件等均保持稳定的增长，通过深化课程教学改革和拔尖创新人才培养，探索普通高中育人方式改革。针对普通高中发展存在的一些问题，提出加强规划统筹和学位建设、推动普通高中分层分类建设、加强集团化办学内涵建设、深化人才培养改革、建设优质民办普通高中等建议。

关键词： 普通高中　特色多元　广州市

2022年，广州市全面贯彻党的教育方针，落实立德树人根本任务，加快推进普通高中多样化特色化发展。2022年，广州市普通高中学校共计126所，其中高级中学23所、完全中学89所、十二年制学校14所；民办高中21所；示范性普通高中学校74所。普通高中在校学生170272人，教学班级3923个，校均规模1351.37人，平均班额43.40人。广州市普通高中专任教师共计14885人，高中毕业生数量为52616人，毕业率为99.43%，毕业生升（大）学率为98.42%。普通高中生均占地面积61.01平方米，生均建筑面积44.17平方米，生均藏书（不含音像）84.64册，百生均计算机数为47.65台。

* 郭海清，广州市教育研究院教育规划与政策研究所教育政策研究室副主任，副研究员，主要研究方向为基础教育政策、教育史。

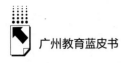
一 广州市普通高中教育发展概况

（一）广州市普通高中教育发展的区域比较

1.普通高中教育办学规模区域发展不均衡

2022 年，全市普通高中学校数量最多的区是增城区（16 所），最少的区是荔湾区、花都区、从化区（8 所）；班数最多的区是越秀区（594 个），最少的区是南沙区（216 个）；在校生数最多的区是越秀区（27014 人），最少的区是黄埔区（8839 人）。全市校均规模为 1351.37 人，其中校均规模最大的是越秀区（2078.00 人），最小的是南沙区（806.00 人）。全市总体班均规模为 43.40 人，其中最多的是花都区（46.17 人），最少的是天河区（36.53 人）（见表 1）。

表 1　2022 年广州市普通高中教育学校办学规模区域比较情况

区域	学校数（所）	班数（个）	在校生数（人）	校均规模（人）	班均规模（人）
全市合计	126	3923	170272	1351.37	43.40
荔湾区	8	319	14651	1046.50	45.93
越秀区	15	594	27014	2078.00	45.48
海珠区	11	308	13471	1224.64	43.74
天河区	13	414	15215	1008.33	36.53
白云区	13	385	16503	1269.46	42.86
黄埔区	9	219	8839	982.11	40.36
番禺区	14	556	24625	1758.93	44.29
花都区	8	281	12975	1621.88	46.17
南沙区	11	216	8866	806.00	41.05
从化区	8	249	11242	1405.25	45.15
增城区	16	382	16871	1054.44	44.16

资料来源：《广州市教育统计手册》（2022 学年度）及广东省教育信息平台。

2. 普通高中教育师资队伍配备水平区域差距较大

2022 年，全市普通高中专任教师数量最多的区是越秀区（2246 人），最少的区是南沙区（832 人）；全市普通高中生师比为 11.44，其中生师比最高的是从化区（12.95），最低的是天河区（10.08）；全市普通高中专任教师中具有研究生学历的占比为 26.43%，其中比例最高的是越秀区（38.60%），最低的是从化区（12.56%）（见表 2）。

表 2　2022 年广州市普通高中教育学校师资队伍区域比较情况

区域	专任教师数（人）	生师比	研究生学历占比（%）
全市合计	14885	11.44	26.43
荔湾区	1205	12.16	30.29
越秀区	2246	12.03	38.60
海珠区	1135	11.87	26.96
天河区	1509	10.08	33.60
白云区	1433	11.52	20.24
黄埔区	837	10.56	27.60
番禺区	2106	11.69	22.70
花都区	1121	11.57	20.52
南沙区	832	10.66	27.28
从化区	868	12.95	12.56
增城区	1593	10.59	20.34

资料来源：《广州市教育统计手册》（2022 学年度）及广东省教育信息平台。

3. 普通高中办学条件区域差距大

办学条件的极差率（Range Ratio）是指某项指标的最大值与最小值之比，一般该比值越大，说明该项指标方面的差距程度越大。2022 年，普通高中生均占地面积最大的是南沙区（137.93 平方米），最小的是海珠区（32.24 平方米）；生均建筑面积最大的是南沙区（84.80 平方米），最小的是海珠区（29.29 平方米）；生均藏书最多的是南沙区（115.08 册），最少的是花都区（66.26 册）（见表 3）。

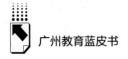

表3 2022年广州市普通高中教育学校办学条件区域比较情况

区域	生均占地面积(平方米)	生均建筑面积(平方米)	生均藏书(册)
全市合计	61.01	44.17	86.64
荔湾区	52.75	41.97	98.72
越秀区	50.58	40.78	89.53
海珠区	32.24	29.29	92.68
天河区	62.44	54.79	78.48
白云区	56.66	35.83	86.99
黄埔区	80.04	76.17	85.06
番禺区	45.43	32.45	75.52
花都区	56.42	33.97	66.26
南沙区	137.93	84.80	115.08
从化区	50.61	32.05	78.91
增城区	93.67	32.01	76.41
极差	105.69	55.51	48.82
极差率	4.28	2.90	1.74

资料来源:《广州市教育统计手册》(2022学年度)及广东省教育信息平台。

(二)广州市普通高中教育发展的公、民办比较

2022年,广州市普通高中教育学校共有126所,其中公办学校总数为105所,占比83.33%;民办学校总数为21所,占比16.67%。在校生总数为170272人,其中公办学校在校生总数155633人,占比91.40%;民办学校在校生总数为14639人,占比8.60%。普通高中教育阶段专任教师总数为14885人,其中公办学校专任教师总数为13528人,占比90.88%;民办学校专任教师总数为1357人,占比9.12%(见表4)。

表4 2022年广州市普通高中教育学校发展公、民办情况

办学性质	学校		在校生		专任教师	
	数量(所)	占比(%)	人数(人)	占比(%)	人数(人)	占比(%)
总计	126	100.00	170272	100.00	14885	100.00
公办	105	83.33	155633	91.40	13528	90.88
民办	21	16.67	14639	8.60	1357	9.12

资料来源:《广州市教育统计手册》(2022学年度)。

二 广州市普通高中教育发展的城市比较

（一）广州市普通高中班均规模偏大

从穗深京沪杭比较来看，2021 年，广州市普通高中在校学生数为 161633 人，在五市中处于第四位，仅比杭州多，低于北京、上海、深圳。2021 年，广州市普通高中班均规模为 42.56 人，远高于北京（32.79 人）、上海（35.69 人），略低于深圳（44.85 人）（见表 5）。

表 5　2021 年穗深京沪杭及全国普通高中教育规模比较

地区	学生数（人）	班数（个）	学校数（所）	校均规模（人）	班均规模（人）
广州	161633	3798	126	1282.80	42.56
深圳	169533	3780	——	——	44.85
北京	176095	5370	332	530.41	32.79
上海	174454	4888	262	665.85	35.69
杭州	130873	——	95	1377.61	——
全国	26050291	532318	14585	1786.10	48.94

（二）广州市普通高中专任教师研究生占比偏低

从穗深京沪杭比较来看，2021 年，广州市普通高中专任教师数为 14713 人，在五市中处于第三位，高于杭州、深圳，低于北京、上海。广州普通高中专任教师研究生学历占比低于北京、上海、深圳（见表 6）。

表 6　2021 年穗深京沪杭及全国普通高中专任教师学历比较

地区	专任教师数（人）	研究生毕业教师数（人）	本科毕业教师数（人）	专科毕业教师数（人）
广州	14713	3595	11096	22
深圳	14344	5599	8709	36

续表

地区	专任教师数 （人）	研究生毕业 教师数（人）	本科毕业 教师数（人）	专科毕业 教师数（人）
北京	21798	8195	13581	22
上海	19391	6064	13326	1
杭州	12444	—	—	—
全国	2028341	251269	1753185	23370

（三）广州市普通高中专任教师高级职称占比低于北京

从穗深京沪杭比较来看，2021 年，广州市普通高中专任教师高级职称占比为 35.81%，高于上海、深圳，低于北京；广州市普通高中专任教师中级职称及以上占比为 75.63%，居首位（见表 7）。

表 7　2021 年穗深京沪杭及全国普通高中专任教师职称比较

地区	专任教师数（人）	高级职称教师数（人）	中级职称教师数（人）	中级职称及以上占比（%）
广州	14713	5269	5858	75.63
深圳	14344	3600	4367	55.54
北京	21798	8626	6541	69.58
上海	19391	5623	8169	71.13
杭州	12444	—	—	—
全国	2028341	551406	714834	62.43

（四）广州市普通高中办学条件处于前列

从穗深京沪比较来看，2021 年，广州市普通高中生均校舍面积低于北京、上海、深圳；广州市普通高中生均占地面积低于北京、上海；生均运动场地面积居第三位，高于上海；百生均计算机居第二位，比北京略低；生均图书居第二位，低于北京（见表 8）。

表8　2021年穗深京沪及全国普通高中办学条件比较

地区	生均校舍面积（平方米）	生均占地面积（平方米）	生均运动场地面积（平方米）	百生均计算机（台）	生均图书（册）
广州	41.77	61.41	16.01	68.73	87.93
深圳	42.38	45.80	17.94	35.85	67.90
北京	71.94	96.13	28.51	69.97	121.53
上海	44.86	62.99	15.56	41.00	87.02
全国	24.71	44.78	10.90	15.38	41.34

（五）广州市普通高中生均经费偏低

从穗深京沪杭比较来看，广州生均一般公共预算教育事业费支出为47119.37元，低于北京、杭州、深圳，略高于上海（见表9）。

表9　2021年穗深京沪杭普通高中教育经费比较

地区	生均一般公共预算教育经费（元）	生均一般公共预算教育事业费支出（元）	生均一般公共预算公用经费支出（元）
广州	—	47119.37	—
深圳	—	118507.39	—
北京	72612.47	66433.98	19545.35
上海	58864.12	45315.55	12847.97
杭州	—	48300.10	—
全国	18808.71	17236.78	4276.76

三　广州市普通高中教育发展的举措与经验

2022年，广州市大力深化改革，促进普通高中多样化发展。

（一）推动高中新课程新教材实施省级示范区建设

2022年，广州市推进普通高中新课程新教材实施省级示范区建设，广

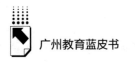
州市教育局印发了《广州市普通高中新课程新教材实施示范区、示范校和学科基地建设管理办法（试行）》《广州市普通高中新课程新教材实施省级示范区建设工作三年规划》。推进天河区、荔湾区两个市级示范区和27所示范校及学科基地建设，10所学校被评为第二批省级示范校。

（二）积极稳妥推进考试招生制度改革

广州市统筹推进高中阶段考试招生制度改革，加快研制2024年中考改革文件，加强普通高中招生管理，改进完善中考招生录取机制。自主招生普通高中从22所增加到29所，自主招生名额增加到1725个，33个教育集团核心校面向集团内79所农村初中和薄弱初中分配计划名额418个。全市共提供名额分配计划23513个，较2021年增加1668个，约占全市普通高中招生总计划的38%。2022年广州市下达招生计划62870人，比2021年增加近7000人，近年来首次超过省下达任务。全面开展广州市违规招生行为整治专项行动，切实维护良好的教育生态。录取批次由原来7个减少简化到4个，将中高职贯通培养五年一贯制、中高职贯通培养三二分段试点招生计划等安排在第一批次，减少普通高中的招生批次，体现了促进普职协同发展和基础教育优质均衡发展，使录取批次更加科学合理。

（三）推进教育集团内涵建设

广州市进一步推进教育集团规范管理和提质培优。广州市教育局印发《市属集团化办学参考性指引》《广州市教育局关于进一步做好市属教育集团与各区合作办学的通知》，新批准广州市增城区实验中学、增城石滩中学纳入市属教育集团。全市基础教育阶段共成立教育集团138个，2022年增加27个；覆盖普通中小学约590所；加入集团化办学的相对薄弱学校和农村学校超过310所，增加70所。36个教育集团被评为广东省优质基础教育集团培育对象。顺利举办集团化城市论坛和省集团化办学交流活动。番禺区各教育集团以"优质教育资源"为辐射中心，以点带线推动核心校与成员学校的互助发展。同时，以线促面带动区域周边学校共同发展。

（四）扩大优质学位供给

2022年，广州市继续推进优质教育资源的建设。广州市启动建设广州市艺术中学。清华附中湾区学校、广东广雅中学花都校区、广东实验中学云城校区、广州市执信中学天河校区与二沙岛校区、广州外国语学校二期校区建成并投入使用。建设广东实验中学永平校区、华南师范大学附属中学知识城校区、广州市第六中学花都校区与从化校区、广州外国语学校增城校区等。各区大力增加优质学位供给。例如，增城区大力引进广州大学附属中学、广州市第二中学、广州市执信中学、华南师范大学附属中学等优质资源合作举办公办中小学校，提供了一大批优质学位。另外，还通过合作举办新学校或委托管理现有学校的方式，增加优质学位。

（五）推进普通高中"强基计划"

广州市加大拔尖创新人才培养力度，18所学校参加"中国教科院拔尖创新人才培养项目实验学校"实验，遴选建立6个普通高中"强基计划"校本课程基地，全市学科竞赛成绩屡创新高，广州市第二中学被清华大学确认为首批"拔尖创新人才大学中学衔接培养基地"。2022年5月18日，由广州市教育研究院主办的"'强基计划'校本课程学科基地三年规划论证与分享会暨广州市五大学科奥赛教练中心组成立大会"在广东广雅中学召开。2022年，广州市共获得五大学科竞赛金牌22块。越秀区推进跨学科项目式学习，实施普通高中"强基计划"和"英才计划"课程，推动建设拔尖创新人才培养基地试点校。

（六）推动共建共享创新实验室、综合实验室、联合培养基地和实践创新基地

广州市与广州地区高等院校、科研院所、科技企业合作，举办广州市中学生"英才计划"科技特训营，选拔具备科学研究潜力的优秀高中生，进入大学、科研院所实验室接受科学研究的专项教育培训。选拔近500名具有

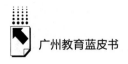

科技创新潜力的高中学生参加科技特训营活动。鼓励支持全市高中学校积极与科研院所、高校合作，联合开展科技教育活动，培育科技创新项目成果。组织具有科技特色的20多所普通高中学校，面向中学生举办科技特色夏令营，为全市中学生打造具有科技特色的暑期活动基地。广州市学生参加第36届、第37届广东省青少年科技创新大赛，创新成果竞赛项目继续保持第一；在第七届、第八届中国国际"互联网+"大学生创新创业大赛全国总决赛萌芽赛道表现突出，分别夺得该赛道最高奖——创新潜力奖5项和6项，两年均居全国前列。

四 广州普通高中教育发展的展望和建议

（一）加强规划统筹和学位建设

开展《广州市教育事业发展"十四五"规划》中期评估，落实基础教育公办学位建设专项规划，开展中小学校基础设施建设三年行动计划中期调整，进一步扩增中小学公办学位、改善中小学（含中职学校）办学条件；加快推进广东实验中学东平校区、华南师范大学中新知识城校区、清华附中湾区学校二期、广州市第六中学从化校区和花都校区、广州外国语学校增城校区、广州市艺术中学黄埔校区等重点项目建设，不断满足人民群众的教育需求。

建议市政府采取灵活政策，落实教育用地指标，盘活现有用地，在外围城区增加教育用地。高起点规划、高标准定位、高质量建设一批优质普通高中，充分利用高校、科研院所及市属优质教育资源，在外围城区学校高起点办学。引进国内外优质教育资源来穗开展多形式办学，加大普通高中公办学位供给。

（二）推动普通高中分层分类建设

建议由市政府出台《推进广州市普通高中多样化特色化发展指导意

见》，对广州市普通高中采取分类建设的方案。根据普通高中的历史和特色，继续推动特色高中建设，推进专业学术型高中建设，探索普职融通高中建设。推动高中阶段学校考试招生改革，以培育人文、数理、科技、艺术、体育等课程特色为中心，打造一批具有鲜明特色的科技高中、艺术高中、体育高中、综合高中等。

（三）加强集团化办学内涵建设

深化集团化办学。推动《广州市教育局等四部门关于进一步深入推进我市基础教育阶段集团化办学的实施意见》落地实施，完善治理机制，培育优质教育集团，持续扩大优质教育资源供给。

（四）深化人才培养改革

建立健全学生发展指导制度，开设学生学涯、生涯教育课程，搭建平台。建议市政府统筹协调广州地区高校和科研机构资源，加强高中与大学、职业院校、社会机构合作，推动特色学校特色活动基地建设，为学生提供个性化职业生涯教育和高质量职业体验经历。

积极探索十二年整体育人模式，根据拔尖创新人才成长规律，提供更有力的基础教育拔尖创新人才培养政策支持。依托高等院校、科研院所和高科技企业，重点建设若干普通高中创新实践基地和创新实践体验中心，打造若干具有引领示范作用的拔尖创新人才培养基地，运用现代信息技术，探索开展学生各年级学习情况全过程纵向评价、德智体美劳全要素横向评价。

（五）建设优质民办普通高中

推进民办教育分类改革。对非营利性民办高中，建立财政扶持长效机制；对营利性民办高中，鼓励高标准建设优质普通高中。建议由政府规划建设民办教育园，以挂牌出让的方式出售土地，鼓励社会力量建设高端格局特色学校，满足市民多样化的教育需求。

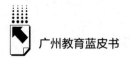
参考文献

杜新秀：《普通高中教育资源配置校际差距及对策建议——以 G 市为例》，《现代中小学教育》2022 年第 12 期。

王亚丽：《普通高中职业生涯规划教育存在的问题和解决措施探讨》，《考试周刊》2022 年第 10 期。

严传业：《县域普通高中教育质量的困境及破解思路》，《教育科学论坛》2022 年第 1 期。

张熙：《普通高中分类发展框架设计和实施路径》，《教育科学研究》2021 年第 10 期。

B.5
2022年广州中等职业教育发展状况 与2023年展望

摘　要： 2022年，广州市坚持以提升职业学校人才培养质量为核心，强化高位统筹引领、深化中高职贯通培养、继续优化专业布局、加速产教协同融合、扎实推进"三教"改革，中等职业学校规模略有缩小，教师队伍结构更加优化，办学条件进一步提升。与京沪杭蓉深五市相比，广州市中等职业学校在校生规模居于前列，师资配备处于中等水平，办学条件居后。推动广州市中等职业教育高质量发展，需要继续完善现代职业教育体系建设、着力提升中职学校关键办学能力、优化职业教育产教融合治理效能。

关键词： 中等职业教育　人才培养　广州市

一　广州市中等职业教育发展概况

2022年，广州市中等职业学校规模略有缩小，教师队伍结构更加优化，办学条件进一步提升。

---

* 李媛，教育学博士，广州市教育研究院教育规划与政策研究所综合研究室主任，副研究员，主要研究方向为职业教育政策研究。

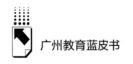

（一）中等职业学校办学规模略有缩小

2022 年，广州市、区属中等职业学校（不含技工学校）共有 45 所。其中，公办学校（含高校办学）有 36 所、民办学校有 9 所。2022 年广州市中等职业学校（不包括技工学校）共有 101061 名在校生，与 2020 年相比，增长了 3.79%；招生数为 36048 人，与 2020 年相比，增长了 2.68%；中等职业教育（包括技工学校）与普通高中招生比为 0.52∶0.48，与 2020 年相比，职普招生比有所降低（见表1）。

表1　2020~2022 年广州市中等职业学校办学规模及变化情况*

年份	学校数（所）	在校生（人）	招生数（人）	职普招生比
2020	45	97367	35107	0.56∶0.44
2021	48	115152	40102	0.57∶0.43
2022	45	101061	36048	0.52∶0.48

*广州市中职学校在校生大部分为市外省内生源。

资料来源：根据《广州市教育统计手册》（2020~2022 学年度）数据计算得出，其中除"职普招生比"外，均未统计市、区属技工学校数据。

（二）中等职业学校教师队伍结构更加优化

2022 年，广州市中等职业学校专任教师数为 5465 人，占教职工总数的比例为 77.66%；生师比为 18.49，与 2020 年相比有所提高，但保持优于《中等职业学校设置标准》规定的 20∶1 的合格标准。专任教师中，本科及以上学历教师占比为 97.73%，其中研究生学历教师 856 人，占比为 15.66%，与 2020 年相比有所提升。专任教师中，具有高级职称的教师有 1362 人，占比为 24.92%，与 2020 年相比略有提升。专业课教师中"双师型"教师占比为 71.40%，比 2020 年提升了 8.36 个百分点。兼职教师 298 人，占比为 5.45%，与 2020 年相比略有提升（见表2）。

表2 2020~2022年广州市中等职业学校教师队伍及变化情况

年份	生师比	专业课教师中"双师型"教师占比(%)	专任教师中兼职教师占比(%)	专任教师中本科及以上学历占比(%)	专任教师中研究生学历占比(%)	专任教师中高级职称占比(%)
2020	18.24	63.04	5.22	97.15	13.90	24.79
2021	16.24	70.21	5.29	97.67	13.69	24.29
2022	18.49	71.40	5.45	97.73	15.66	24.92

资料来源：根据《广州市教育统计手册》（2020~2022学年度）数据计算得出。

（三）中等职业学校办学条件得到进一步提升

2022年，广州市中职学校生均学校占地面积、生均仪器设备值情况较2020年略有改善。与2020年相比，广州市中职学校生均学校占地面积提升9.33%；生均仪器设备值提升5.22%。生均校舍建筑面积和生均纸质图书均有下降，分别降低3.60%和17.75%（见表3）。

表3 2020~2022年广州市中等职业学校办学条件及变化情况

年份	生均学校占地面积（平方米）	生均校舍建筑面积（平方米）	生均仪器设备值（万元）	生均纸质图书（册）
2020	27.98	19.73	1.34	41.87
2021	23.30	16.16	1.06	33.61
2022	30.59	19.02	1.41	34.44

资料来源：根据《广州市教育统计手册》（2020~2022学年度）数据计算得出。

二 穗京沪杭蓉深中等职业教育发展情况比较

中等职业教育是我国城市高质量教育体系建设的重要组成部分，分析梳理不同城市中等职业教育发展状况可为广州提升中等职业教育发展水平提供借鉴。通过与北京、上海、杭州、成都、深圳的中等职业教育发展现状对比

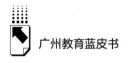

发现，广州市中等职业学校在校生规模居于前列，师资配备处于中等水平，办学条件居后。

（一）广州中职学校在校生数在六市中居于前列

中等职业教育办学规模是中等职业教育发展情况的直观表现，反映了所在城市中等职业教育学位供给能力。鉴于数据的可获得性与标准一致性，各城市均选取2021年中等职业教育数据。首先，从学校数量来看，广州市有市、区属中职学校48所，略高于杭州市，在六市中位列第四；其中，广州市有民办学校9所，占中职学校总数的18.75%，民办学校所占比例位列第二，仅次于北京市，上海市中职学校中民办学校占比最低。其次，从在校生数量来看，广州市中等职业学校在校生规模仅低于成都市，在六市中位列第二。深圳市中职学校数和在校生数最少。最后，从高中阶段招生数的职普比例来看，广州市的职普比最高，达到0.57∶0.43。广州是唯一一座高中阶段职业教育招生规模大于普通高中的城市，其余各市普通高中招生规模均大于中等职业教育招生规模，其中，北京市职普比例最低，深圳市次之，成都市职普比例相对均衡（见表4）。

表4　2021年穗京沪杭蓉深中职学校办学规模情况比较

城市	学校数（所）	民办学校数（所）	在校生数（万人）	职普比
广州	48	9	11.52	0.57∶0.43
北京	75	19	4.80	0.29∶0.71
上海	85	3	10.89	0.39∶0.61
杭州	43	—	10.59	0.40∶0.60
成都	55	—	12.32	0.48∶0.52
深圳	17	2	4.02	0.34∶0.66

资料来源：北京市、上海市数据来自教育部网站《2021年教育数据统计》，其余城市数据均来自各市《2022年中等职业教育质量年度报告》。

（二）广州中职学校师资配备在六市中处于中等水平

教师是第一资源，建设高水平"双师型"教师队伍是职业院校高质量、可持续发展的基本保障条件之一。第一，从生师比来看，2021年广州市中职学校生师比仅低于成都市，在六市中位列第二，虽已达到中等职业学校办学条件规定的最低标准，但与其他四市中职教师配备规模相比，还有一定的差距。第二，从专任教师规模来看，各城市中职学校教职工中专任教师占比相差较大，其中，广州市中职学校教职工中专任教师占比为75.69%，仅低于杭州市。第三，从教师队伍结构来看，各城市中职学校专任教师中高级职称教师占比都高于20%，符合国家标准，其中杭州市该项指标最高，其次是北京市，广州市排名第三；上海市专任教师中硕士研究生及以上学历占比最高，其次是深圳市，广州市位列第五，仅高于成都。第四，从"双师型"教师结构来看，各市专业课教师中"双师型"教师占比普遍较高，均超过了中职学校设置标准规定的30%的要求。广州市专业课教师中"双师型"教师占比仅低于深圳市、杭州市，在六市中位列第三（见表5）。

表5 2021年穗京沪杭深中职学校教师队伍建设情况比较*

城市	教职工中专任教师占比（%）	生师比	专业课教师中"双师型"教师占比（%）	专任教师中高级职称教师占比（%）	专任教师中硕士研究生及以上学历占比（%）
广州	75.69	16.24	70.21	24.29	13.69
北京	64.93	10.35	64.64	33.41	19.89
上海	69.23	13.48	59.07	22.26	24.97
杭州	90.35	12.55	89.02	35.16	19.46
成都	—	17.42	44.58	23.60	13.32
深圳	75.20	13.39	76.36	22.05	22.49

*教育部印发《中等职业学校设置标准》（教职成〔2010〕12号）中规定，中职学校师生比需达到1∶20，专任教师中，具有高级专业技术职务人数不低于20%。《国家职业教育改革实施方案》（国发〔2019〕4号）中规定，到2022年，职业学校"双师型"教师（同时具备理论教学和实践教学能力的教师）占专业课教师总数超过一半。

资料来源：北京市、上海市数据来自教育部网站《2021年教育数据统计》，其余城市数据均来自各市《2022年中等职业教育质量年度报告》。

（三）广州中职学校办学条件在六市中居后

提升办学条件，实施中等职业学校办学条件达标工程，已经成为各地中职教育改革的重要内容之一。首先,在生均占地面积、生均校舍建筑面积两项指标方面,2021年广州市分别为23.30平方米、16.16平方米,均没有达到国家基本办学标准,且在六市中排名最末。其次,生均仪器设备值、生均纸质图书以及生均计算机三项指标,虽然广州市达到国家标准,但生均仪器设备值和生均计算机两项指标在六市中均排名最末,生均纸质图书仅高于深圳(见表6)。

表6　2021年穗京沪杭深中职学校基本办学条件情况比较*

城市	生均占地面积(平方米)	生均校舍建筑面积(平方米)	生均仪器设备值(万元)	生均纸质图书(册)	生均计算机(台)
广州	23.30	16.16	1.06	33.61	0.45
北京	75.14	47.20	7.09	74.05	1.11
上海	31.30	25.34	5.54	52.01	—
杭州	37.58	26.35	1.61	49.72	0.48
成都	36.32	26.51	1.08	38.97	—
深圳	30.68	30.40	2.51	32.81	0.72

　*教育部印发《中等职业学校设置标准》(教职成〔2010〕12号)中规定,中职学校生均占地面积指标不少于33平方米;生均校舍建筑面积指标不少于20平方米;生均仪器设备价值不低于2500元;生均纸质图书不少于30册;计算机拥有数量不少于每百生15台。

　资料来源:北京市、上海市数据来自教育部网站《2021年教育数据统计》,其余城市数据均来自各市《2022年中等职业教育质量年度报告》。

三　广州市中等职业教育发展的举措与经验

2022年,广州市围绕"制造业立市"城市发展战略,坚持服务全国全省发展大局,以提升人才培养质量为核心,强化高位统筹引领,深化中高职贯通培养,继续优化专业布局,加速产教协同融合,扎实推进"三教"改革,着力推进中等职业教育提质培优。

(一)强化高位统筹引领,全力提高学校办学能力

一是由分管市领导担任市职业教育发展联席会议召集人,成立由主要领

导担任组长的市教育局职业教育工作领导小组和工作专班，定期研究职业教育改革发展工作，着力构建广州职业教育"1+1+N"政策体系。二是系统推动办学条件达标工程。为贯彻落实教育部、省教育厅关于职业院校办学条件达标工程工作要求，进一步优化广州市职业教育布局结构，全面改善职业学校办学条件，提高办学质量、提升办学形象，2022年7月29日，广州市教育局制订并发布了《广州市职业院校办学条件达标工程行动计划（2022—2025年）》。其中，包括推进科教城建设，做好入驻科教城学校旧校区统筹使用方案，改善市属学校办学条件；加强督导考核，推动各区推进区属职业学校达标工作等内容。三是高水平建设职业院校。广州市共有10所学校入选省高水平中职学校建设（培育）单位，建设省高水平专业群20个。2022年，其中2所省高水平中职学校培育单位以省第一名、第三名的成绩转为建设单位。2022年又新增省重点中职学校5所，以"优秀"等次顺利通过"创建广东省现代职业教育综合改革示范市"项目验收。

（二）深化中高职贯通培养，不断健全人才培养体系

一是持续推进中高职贯通培养工作，不断扩大"三二分段"试点范围和招生规模。截至2022年底，广州市共有28所中等职业学校91个专业对接37所高职院校94个专业开展"三二分段"试点工作，"三二分段"招生占比不断扩大，纵向贯通的人才培养体系不断健全。二是鼓励中职学校开展职普融通试点，其中广州市旅游商务职业学校充分利用学校优质教育资源，畅通就业与升学双通道，积极推动高质量升学改革，主动探索育人新模式。学校吸取普通高中体艺特长班育人经验，推动职业学校特长生培养改革，助力有体育、艺术特长的中职学子实现优质升学。2022年，广州市中等职业学校升入高校的学生占毕业生总数的53.4%，其中，升入本科院校的学生有225人，升学质量大幅提升。

（三）继续优化专业布局，着力提升学校服务水平

为进一步加强广州市中等职业学校专业开发和专业建设，培养适应本市

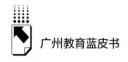

产业发展需求的高素质劳动者和技术技能人才，广州市教育局依据服务经济社会发展、适应技术技能人才成长、特色鲜明与错位发展的原则，开展了中职学校新设专业（专业方向）评审工作，12所中职学校共计新设21个专业，包括大数据技术应用、智能化生产线安装与运维、新能源汽车制造与检测等21个新专业或方向，主要集中在电子信息、财经商贸、装备制造等大类。专业与产业动态调整机制进一步完善，专业服务经济产业发展和贡献能力不断提升。截至2022年底，广州市中等职业学校专业布点共387个，其中对接制造业的专业占比达到42%，较好适应了制造业立市的城市发展战略；广州市中等职业学校共建有省高水平专业群20个、省"双精准"示范专业43个（其中第一批立项的16个专业已全部通过验收）。

（四）加速产教协同融合，打造校企命运共同体

广州市以入选首批国家产教融合试点城市为契机，着力推动产教融合重大项目落地，在混合所有制办学、应用型人才评价、共建实训基地和协同创新平台等方面先行先试。其中，8所市属中等职业学校共12个项目被纳入《广州市建设国家产教融合城市试点方案》重大建设项目清单。为深挖市属各中高职院校在专业建设、师生培养、校企合作等方面的创新成就，积极打造广州职业教育特色品牌，在广州市教育局指导下，广州市职业教育与终身教育学会与广州日报大洋网共同设立"职业教育金睿奖"。其中，2022年第七届职业教育金睿奖评出19家最佳校企合作企业。2021学年，广州市校企合作的企业数量达1640家。全市入选省第一、二批产教融合型企业储备库的企业492家，占全省的40.2%；入选国家产教融合型企业4家，入选数量在全国排名第三。

（五）扎实推进"三教"改革，深化学校高质量发展内涵

广州市持续深化教师、教材、教法改革，推动示范性教学，推进高水平、结构化教师教学团队建设；坚持"以赛促教、以赛促研，以赛促建、以赛促改"，打造"校级—市级—省级—国家级"竞赛机制，以竞赛为引

领，推进教师的师德践行能力、专业教学能力、综合育人能力和自主发展能力提升；加强对优秀教师的宣传表彰，在职业教育活动周评选出一批新时代"工匠之师"，向社会展示"追求卓越、精益求精"的中职专业教师形象。2022年全市中职学校获全国职业院校技能大赛教学能力大赛国赛一等奖3个、二等奖2个，省赛一等奖11个、二等奖17个、三等奖35个。与此同时，广州市坚持项目引领，以教学研究促进教学改革，从教育思想、质量标准、技术方法等人才培养范式方面推进全方位改革。一是4所学校成为广州市中等职业学校思政课新结构教学评范式研究实验校，开展对标中职思政课程标准、以核心素养为导向的教学设计、教学实施和学习方式研究，推进实践探索。二是8所学校成为广州市中职人工智能通识课程试点校，打造中职人工智能通识课程试点基地。三是广州市中等职业学校入选省中职教育教学质量与教学改革工程项目128个，入选数全省第一。

四 广州市中等职业教育发展的展望与建议

2023年是我国全面贯彻落实党的二十大精神开局之年，也是广州市落实"十四五"教育发展规划、提升职业教育适应性、彰显类型特色、全力推动职业教育高质量发展的关键节点。为此，基于国家政策引导、发达城市比较以及广州市中职教育发展当前所面临的困境，为广州市中等职业教育未来发展提出如下建议。

（一）继续完善现代职业教育体系建设

现代职业教育体系建设是牢固确立职业教育在国家人才培养体系中的重要位置、强化类型特色的基础条件。广州市在职业教育体量上具有一定的规模优势，为区域社会经济发展输送了大量技术技能人才。但在结构方面，中等职业教育体量偏大，高层次技能人才培养不足。为此，建议广州市进一步扩大市属高职院校和中职学校之间的衔接贯通专业规模，遴选学校或专业开展中高、中本5年一贯制培养试点，系统构建中高职贯通培养体系。推动有

条件的高职院校开展本科层次职业教育试点。大力支持"双高计划"、国家优质中职学校和省高水平职业院校建设。

（二）着力提升中职学校关键办学能力

中职学校的关键办学能力与其人才培养质量直接相关，其中包括学校的基础办学条件以及专业建设、教师队伍建设、课程、教材、教学等深化内涵式发展的相关内容。广州市需要加快实施办学条件达标工程。加快推进广州科教城建设，力争2024年相关中职学校顺利入驻科教城，切实改善中职学校办学条件。将办学条件达标情况纳入区级政府落实教育重点工作专项督导指标体系和区年度质量工作评价要点，督促各区切实履行职业教育改革和发展职责。着力加强师资队伍建设，推动广州市"双师型"教师认证标准尽快落地；强化师资引进和培育工作，确保新招聘教师的能力素质，做好现有师资队伍素质提升工作。对接现代产业体系，推进专业升级和数字化改造，高水平建设教学资源库、精品在线开放课程，及时把新方法、新技术、新工艺、新标准引入教育教学实践。

（三）优化职业教育产教融合治理效能

2022年12月，中共中央办公厅、国务院办公厅印发《关于深化现代职业教育体系建设改革的意见》，要求地方打造市域产教联合体、行业产教联合共同体。[①] 广州市在产教融合方面有着一定的基础优势，如较早在职业学校开展校企深度合作，职教集团（联盟）全覆盖，中职学校"订单班"就业率保持高位等。在今后发展中，建议广州市在职业教育产教融合方面不仅要"强"发展，更要"强治理"，在协调政府、企业、行业、学校等多方主体利益，提升产教融合治理效力方面做文章。探索企业参与办学新机制，推动国家及广东省产教融合型企业积极参与专业建设，实施校企联合定向培

---

① 中共中央办公厅、国务院办公厅：《关于深化现代职业教育体系建设改革的意见》，http://www.gov.cn/zhengce/2022-12/21/content_5732986.htm，最后检索时间：2023年4月1日。

养，由企业分担部分成本。加快出台校企合作资产管理、收益分配等政策制度，探索建立容错纠错清单，支持探索混合所有制办学，推进紧密型职教集团（联盟）建设。推动共建市级产教融合信息服务平台，及时获取产业发展需求与就业需求信息，以此完善专业动态调整机制。

参考文献

柳劲松、潘紫晴、柳中奇：《中国式现代化语境下职业教育产教融合：本土探索与实践反思》，《教育发展研究》2023年第7期。

徐胤莉、王丹中：《职业教育人才贯通培养的逻辑起点与实施策略》，《中国职业技术教育》2021年第13期。

学前教育篇

Preschool Education Topics

B.6
广州市幼儿园园长课程领导力
现状调查报告*

刘　霞**

摘　要： 幼儿园园长课程领导力由课程文化领导力、课程专业领导力、课程团队领导力、课程资源领导力构成。对广州市 1077 名园长的问卷调查显示，园长课程领导力整体上处于中等水平，各维度发展水平不均衡；园长课程领导力在编制、最高学历、职称方面存在显著差异；不同办园性质、不同评估等级、不同规模的幼儿园园长课程领导力存在显著差异；园长自主学习、参加专题培训、教师课程能力、课程自主权力、专家支持引领能显著预测园长课程领导力。建议要全面并均衡地提升幼儿园园长课程领导力，促进幼儿园园长的自主学习与持续发展，强化幼儿园外各种支持因

---

* 本文系广州市教育科学规划2020年度课题"创生取向的区域幼儿园课程建设研究"（项目编号：202012725）的研究成果之一。

** 刘霞，广州市教育研究院教育规划与政策研究所教育战略研究室主任，研究员，主要研究方向为学前教育基本理论、学前教育规划与政策等。

素的协同作用，立足园本提高教师课程能力和专业素养。

关键词： 课程领导力　学前教育　广州市

一　问题提出

课程是实现育人目标的重要载体，体现着国家意志，在落实立德树人根本任务中发挥着重大作用。教育部印发的《幼儿园园长专业标准》指出，"园长是履行幼儿园领导与管理工作职责的专业人员"，园长要"具备较强的课程领导和管理能力"等。[①] 在幼儿园课程改革的深化阶段，国家现行的基础教育课程管理体制要求幼儿园园长承担起课程领导的职责，不断提升自身的课程领导力。全面认识并有效提升园长的课程领导力，既是当前幼儿园课程改革实践的呼唤，也是回应新时期我国课程管理政策的需要。

幼儿园园长课程领导力的现有相关研究主要集中在如下方面。一是从不同视域对园长课程领导力的构成进行研究。如从教育领导的角度，将园长课程领导力划分为课程组织结构领导力、课程专业技术领导力、课程师资力量领导力、课程组织文化领导力和课程公共关系领导力五个维度。[②] 从变革型领导理论的角度，将园长课程领导力划分为愿景激励、领导魅力、智能激发、个性化关怀等四个维度。[③] 从课程构成要素的角度，将园长课程领导力

---

① 中华人民共和国教育部：《关于印发〈普通高中校长专业标准〉〈中等职业学校校长专业标准〉〈幼儿园园长专业标准〉的通知》，http://www.moe.gov.cn/srcsite/A10/s7151/201501/t20150112_189307.html，最后检索时间：2023 年 3 月 20 日。

② 王段霞：《园长课程领导的现状与策略研究》，华东师范大学硕士学位论文，2008，第 15 页；邹鲁峰：《幼儿园园长课程领导力的个案研究》，南京师范大学硕士学位论文，2011，第 24~30 页。

③ 张运超、袁娇：《幼儿园园长课程领导力的结构与测量》，《教师教育学报》2018 年第 6 期，第 67~75 页。

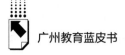

分为课程决策力、课程规划力、课程设计力、课程实施力、课程评价力等，[①] 或分为课程思想力、课程设计力、课程执行力和课程评价力等要素。[②] 二是采用问卷法、访谈法等实证研究方法，调查园长课程领导力的现状并提出对策建议。如高敬等对上海市 28 所课改基地幼儿园园长进行了问卷调查，分析了幼儿园课程领导力的认识和实践现状，提出了提高幼儿园课程规划力、执行力、监控力与评价力等建议。[③] 陈雪对上海市 69 名园长进行了问卷调查，分析了园长课程领导力认识和实践现状、园长课程领导力发挥的阻碍因素，提出了健全课程领导力观念、均衡发展课程领导力等建议。[④] 花雪婷对 D 市 211 名园长和 3613 名教师进行了问卷调查并对部分调查对象进行了访谈，分析了园长课程领导力的现状及影响原因；提出了加强督导评估、利用专家资源、增加培训等建议。[⑤] 总体上看，现有研究对园长课程领导力这一核心概念的内涵界定还不够清晰，对其构成维度的理论分析与教育实践存在部分脱节，对影响园长课程领导力原因的分析大多出于主观经验推测，也缺乏对广州市等一线城市园长课程领导力的最新实证研究数据。

基于此，本研究对广州市幼儿园园长课程领导力现状及影响因素进行问卷调查，通过对调查数据的深入挖掘及多角度分析，了解园长课程领导力发展的现状，客观剖析园长课程领导力存在的问题和影响因素，进而提出提升广州市园长课程领导力的可行性建议，促进广州市幼儿园课程质量的整体提升。

① 向小英：《园长领导力的反思与重构》，华东师范大学硕士学位论文，2007，第 17 页。
② 贺蓉：《幼儿园课程领导力评价指标体系的构建》，《上海课程教学研究》2019 年第 Z1 期，第 105~109 页。
③ 高敬、周洪飞、陈雪：《上海市幼儿园课程领导力的现状与思考》，《上海教育科研》2014 年第 11 期，第 47~50 页。
④ 陈雪：《园长课程领导力现状调查研究——以上海市 Y 区为例》，上海师范大学硕士学位论文，2015，第 17~51 页。
⑤ 花雪婷：《幼儿园园长课程领导力现状调查——以 D 市为例》，沈阳师范大学硕士学位论文，2019，第 28~62 页。

二　研究设计

（一）研究对象

2023 年 3 月，以问卷星在线填写的方式，面向广州市幼儿园正园长发放电子问卷，共收到 1177 份问卷。通过反向计分题检测、设定无效回答时间等方式，最后得到有效问卷 1077 份，问卷有效率为 91.50%。调查对象涵盖不同个人特征、不同类型幼儿园园长。研究对象具体分布情况见"研究结果与分析"部分。

（二）研究工具

1. 自编《幼儿园园长课程领导力水平自评问卷》

基于现有相关理论研究共识及对部分园长的访谈结果，本研究将"园长课程领导力"界定为园长作为课程领导者的能力，指的是园长依据培养目标和办学定位，领导团队创造性地规划与实施幼儿园课程、实现本园预设课程愿景和目标的能力，由课程文化领导力、课程专业领导力、课程团队领导力、课程资源领导力构成。其中，课程文化领导力指的是园长领导建构并实现幼儿园课程文化的能力；课程专业领导力指的是园长直接对幼儿园课程的专业影响力，主要表现在园长领导团队在教育实践过程中对课程进行规划、实施、评价和管理的能力；课程团队领导力指的是园长组建课程团队，培养、提升团队专业和业务水平的能力；课程资源领导力指的是园长开发并整合幼儿园内外课程资源的能力，包括争取上级、专家等各类群体的课程合作和支持。

以上述理论为基本框架编制了初始问卷。随机抽取了 30 名园长进行初始问卷试测，对试测数据进行了显著性检验，删除了区分度较低的题项，最后形成了正式问卷——《广州市幼儿园园长课程领导力水平自评问卷》。各题项采用了正向陈述的方式，请园长根据实际情况选择相符程度。使用 Likert 5 点记分法，每个题项选项从"完全不符合"到"完全符合"分为五个等级，分

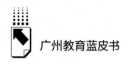

值依次从"1"到"5"分，得分越高则表明园长该方面的课程领导力越强。

2. 完善调查问卷结构

调查问卷包括三大部分：第一部分是园长的基本信息；第二部分是对园长课程领导力水平的调查，包括课程文化领导力、课程专业领导力、课程团队领导力、课程资源领导力四个维度，每个维度包括5~9道题，合计26道题；第三部分是对园长自主学习、参加专题培训、教师课程能力、专家支持引领、课程自主权力的调查。本研究中，园长自主学习指的是园长经常自学幼儿园课程发展的相关政策及理论等，参加专题培训指的是园长每学期都参加了各类课程专题培训或进修活动等，教师课程能力指的是教师参与幼儿园课程规划建设工作的能力，专家支持引领指的是幼儿园每学期邀请专家来园进行课程规划与建设指导，课程自主权力指的是幼儿园有课程开发自主权。这是本研究预设的影响幼儿园园长课程领导力水平的五个重要因素，以这五个因素为自变量对幼儿园园长课程领导力水平进行多元回归分析。

3. 对自评问卷做信效度分析

对《广州市幼儿园园长课程领导力水平自评问卷》进行了内在信度分析，自评问卷的信度系数（Cronbach's Alpha）为0.981，四个维度的内在信度为0.930~0.973，说明自评问卷具有较高的信度。

通过四个维度与自评问卷的相关系数矩阵分析结构效度。各维度之间在0.01水平上显著相关，Pearson相关系数为0.728~0.824；各维度与自评问卷之间在0.01水平上显著相关，Pearson相关系数为0.884~0.950。自评问卷与各维度之间的相关系数高于问卷各维度之间的相关系数，说明自评问卷四个维度之间既有一定的独立性，又能较好地反映问卷要测查的内容，问卷具有较高的结构效度。

（三）数据分析

采用SPSS 25.0软件对问卷数据进行统计分析，具体运用了描述统计分析、独立样本T检验、单因素方差分析、多元回归分析等方法。

三 研究结果与分析

（一）广州市幼儿园园长课程领导力整体上处于中等水平

从总体上看，园长课程领导力的总得分均值为 3.91 分（满分为 5 分），标准差①为 0.53。对数据的进一步分析发现，总得分高于 4.00 分的园长有 248 人，占比为 23.03%；总得分低于 3.00 分的园长有 96 人，占比为 8.91%。由此可以推断出广州市园长课程领导力整体上处于中等水平。从四个维度上看，园长各维度课程领导力发展水平不均衡。园长课程资源领导力得分均值最低（3.84 分），课程专业领导力是园长课程领导力的核心能力，数据显示园长在此项上的得分仅为 3.91 分，这两个维度需要特别关注（见表 1）。

表 1　广州市园长课程领导力总体水平的描述统计

单位：分

维度	均值	标准差	排序
课程文化领导力	3.99	0.57	1
课程专业领导力	3.91	0.56	2
课程团队领导力	3.91	0.59	2
课程资源领导力	3.84	0.58	4
领导力总得分	3.91	0.53	—

（二）广州市幼儿园园长各维度课程领导力水平分析

1. 园长课程制度文化领导力相对较低

从课程物质文化、课程制度文化、课程行为文化、课程精神文化四个方面评价园长的课程文化领导力。"园长领导教职工制定课程规划、实施、评

---

① 标准差（Standard Deviation）是总体内各单位标准值与其平均数离差平方的算术平均数的平方根，主要用于反映一个数据集的离散程度。

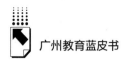
价等方面的制度"项得分居后,说明园长的课程制度文化领导力处于相对较低水平(见表2)。

表2 广州市园长课程文化领导力各题项得分情况分析

单位:分

题项	均值	标准差	排序
(1)我能领导教职工从幼儿园建筑、环境、设备设施、园徽、园旗、园服等方面进行课程文化建设	3.97	0.64	3
(2)我能领导教职工制定课程规划、实施、评价、管理、资源开发等方面的制度	3.94	0.61	4
(3)我能从教职工及幼儿行为、教育活动、人际关系等方面进行课程文化建设	3.98	0.60	2
(4)我能从知识观、教育观、儿童观、园训、园风等方面进行课程文化建设	4.00	0.60	1
课程文化领导力	3.99	0.57	—

2. 园长领导课程评价的能力相对较低

从课程规划、课程内容、课程实施、课程评价、课程管理等方面评价园长的课程专业领导力。第5、6、7题均指向园长领导课程评价的能力,此三道题的得分相对居后,说明园长领导课程评价的能力处于较低水平(见表3)。

表3 广州市园长课程专业领导力各题项得分情况分析

单位:分

题项	均值	标准差	排序
(1)我能领导制定符合幼儿园特点、满足幼儿需求的幼儿园课程	3.95	0.63	4
(2)我能将课程愿景和目标转化为具体可行的课程计划	3.90	0.64	5
(3)我能指导教师选择班级课程内容,并与教师讨论其利弊	3.97	0.60	2
(4)我能帮助教师解决课程实施过程中遇到的问题和困难	3.97	0.59	2
(5)我能评估课程实施是否达到预设的课程目标	3.89	0.62	6
(6)我能领导讨论并制定课程评价项目和标准	3.85	0.63	8
(7)我能推动课程评价来引导教师进行课程改革	3.83	0.66	9
(8)我能定期召开会议讨论课程开发或质量监控等问题	3.87	0.63	7
(9)我能保障课程的正常组织与运行	3.98	0.60	1
课程专业领导力	3.91	0.56	—

3.园长组建并指导课程研究团队的能力相对较低

园长相对重视教师的培训及学习，鼓励教师团队持续性的专业发展（第5、6题得分均值靠前）。第1、2题指向园长对团队的管理及指导，此两题得分均值相对靠后，说明园长在课程研究团队的组建及运行方面的领导能力相对较低（见表4）。

表4　广州市园长课程团队领导力各题项得分情况分析

单位：分

题项	均值	标准差	排序
（1）我能召集教师组建课程研究团队	3.83	0.71	5
（2）我能指导确定课程研究团队的焦点,并确定实施细则	3.76	0.71	6
（3）我能鼓励教师组建专业教学社团或小组	3.89	0.67	4
（4）我能定期举办课程和教学研讨活动	3.94	0.66	3
（5）我能支持教师参与课程培训、进修	4.03	0.63	1
（6）我能根据教师需要组织外出学习、教学观摩等	4.00	0.61	2
课程团队领导力	3.91	0.59	—

4.园长从专家和上级领导部门获取课程资源的能力相对较低

本研究从园内、上级、专家、家长、社区、同行等六个方面分析了园长课程资源领导力。园长获取专家资源题项得分最低（3.65分），且标准差数值最大（0.77），说明园长在获取、协调专家资源方面的能力相对最低，且园长之间差异较大。此外，园长从上级领导部门获得课程资源的能力也相对较低，且园长间差异较大（见表5）。

表5　广州市园长课程资源领导力各题项得分情况分析

单位：分

题项	均值	标准差	排序
（1）我能提供满足教师实施课程需要的环境材料、人力等各种资源	3.88	0.65	4
（2）我能从上级领导部门获取课程资源	3.70	0.74	5
（3）我能获取专家资源,为幼儿园课程建设提供支持与帮助	3.65	0.77	6
（4）我能领导建立幼儿园和家长之间沟通合作的渠道	3.99	0.61	1

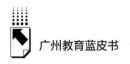

续表

题项	均值	标准差	排序
(5)我能领导建立幼儿园和社区之间沟通合作的渠道	3.92	0.63	3
(6)我能领导建立幼儿园和同行之间沟通合作的渠道	3.93	0.62	2
课程资源领导力	3.84	0.58	—

（三）广州市园长课程领导力水平的个体差异分析

分析园长课程领导力在性别、学历等方面的个体差异表现，有助于多角度认识广州市园长课程领导力的现状。本研究采用独立样本 T 检验分析园长课程领导力在性别、专业、是否取得岗位培训合格证书等方面是否存在差异，采用单因素方差分析（ANOVA）[①] 方法分析园长课程领导力在年龄、教龄、园级领导任期、教师资格证等方面是否存在差异，结果显示园长课程领导力在上述各项上均无显著差异。显著性检验结果显示，园长课程领导力在编制、最高学历、职称等方面存在显著差异。

1. 编制内园长课程领导力得分均值显著高于编制外园长

编制内园长课程领导力得分均值为 4.12 分，高于编制外园长（3.85 分）。独立样本 T 检验结果显示，t = 6.837，p = 0.000 < 0.001，说明编制内外园长课程领导力得分均值存在极其显著差异，编制内园长课程领导力得分均值显著高于编制外园长。

2. 最高学历为研究生的园长课程领导力得分均值显著高于其他三种学历类型的园长

按课程领导力得分均值高低排序，最高学历为研究生的园长课程领导力水平最高（4.27 分），其次为本科（3.91 分），高中及以下阶段的最低（3.71 分）。

采用单因素方差分析方法对四种学历园长课程领导力水平进行差异性检

---

① 方差分析（Analysis of Variance），简称 ANOVA，又称"变异数分析"，主要用于两个及以上样本均数差别的显著性检验。在本研究中，运用方差分析（ANOVA）检验不同个体、不同类型幼儿园园长课程领导力得分均值之间的显著性差异。

验，检验方差是否齐性，结果显示 p = 0. 822>0. 05，判断方差齐性。采用 LSD① 进行配对比较，结果显示 F = 4. 393，p = 0. 004<0. 01，说明不同学历幼儿园园长课程领导力得分均值存在非常显著差异。LSD 事后检验结果表明，最高学历为研究生的园长课程领导力得分均值显著高于其他三种学历类型的园长，其他组间无显著差异。

3. 职称为幼儿园高级教师及以上的园长课程领导力得分均值显著高于其他三种职称类型的园长，职称为幼儿园一级教师的园长显著高于职称为幼儿园初级教师的园长

按课程领导力得分均值高低排序，职称为幼儿园高级教师及以上的园长课程领导力水平最高（4. 18 分），其次为幼儿园一级教师职称的园长（3. 93分），幼儿园初级教师职称的园长课程领导力水平相对最低（3. 81 分）。

采用单因素方差分析方法对四种职称园长课程领导力水平进行差异性检验，检验方差是否齐性，结果显示 p = 0. 005<0. 05，判断方差不齐。采用 Tamhane's T2② 进行配对比较，结果显示 F = 18. 347，p = 0. 000<0. 01，说明不同职称类型的园长课程领导力得分均值存在极其显著差异。Tamhane's T2 事后检验结果表明，职称为幼儿园高级教师及以上的园长课程领导力得分均值显著高于其他三种职称类型的园长，职称为幼儿园一级教师的园长显著高于职称为幼儿园初级教师的园长，其他组间无显著差异（见表6）。

表6 广州市园长课程领导力水平的个体差异分析

类别	内容	人数（人）	均值（分）	标准差（分）	t/F	差异性检验
编制	①编制内	226	4. 12	0. 53	6. 837	①>②
	②编制外	851	3. 85	0. 51		
最高学历	①研究生	22	4. 27	0. 52	4. 393	①>②③④
	②本科	875	3. 91	0. 53		
	③专科	174	3. 85	0. 53		
	④高中及以下阶段	6	3. 71	0. 37		

① LSD 是事后检验的一种方法，主要在方差齐性的情况下对两两之间的均值做进一步比较。

② Tamhane's T2 是事后检验的一种方法，主要在方差不齐的情况下对两两之间的均值做进一步比较。

类别	内容	人数(人)	均值(分)	标准差(分)	t/F	差异性检验
职称	①幼儿园高级教师及以上	142	4.18	0.58	18.347	①>②③④；②>③
	②幼儿园一级教师	361	3.93	0.53		
	③幼儿园初级教师	421	3.81	0.48		
	④未评职称	153	3.90	0.53		

（四）广州市园长课程领导力水平的园际差异分析

采用单因素方差分析方法分析不同办园性质、不同评估等级、不同规模幼儿园园长课程领导力是否存在差异。

1. 不同办园性质幼儿园园长课程领导力水平存在显著差异

按课程领导力得分均值高低排序，教育部门办园园长课程领导力水平最高（4.15分），其次为非普惠性民办幼儿园园长（3.99分），普惠性民办幼儿园园长最低（3.80分）。四类幼儿园园长课程领导力得分均值的标准差均较小，说明同类幼儿园中园长课程领导力水平差异不大。

采用单因素方差分析方法对四类幼儿园园长课程领导力水平进行差异性检验，检验方差是否齐性，结果显示 p=0.121>0.05，判断方差齐性。采用LSD进行配对比较，结果显示 F=18.380，p=0.000<0.001，说明不同办园性质幼儿园园长课程领导力得分均值存在极其显著差异。LSD 事后检验结果表明，教育部门办园园长课程领导力得分均值显著高于其他三类幼儿园园长，非普惠性民办幼儿园园长显著高于其他类型公办性质幼儿园和普惠性民办幼儿园园长，其他类型公办性质幼儿园园长显著高于普惠性民办幼儿园园长。

2. 不同评估等级幼儿园园长课程领导力水平存在显著差异

按课程领导力得分均值高低排序，省一级幼儿园园长课程领导力水平最高（4.26分），其次为市一级幼儿园园长（4.09分），未评级幼儿园园长最低（3.82分）。四类幼儿园园长课程领导力得分均值的标准差均较小，说明同类幼儿园中园长课程领导力水平差异不大。

采用单因素方差分析方法对四类幼儿园园长课程领导力水平进行差异性

检验，检验方差是否齐性，结果显示 p = 0.218 > 0.05，判断方差齐性。采用 LSD 进行配对比较，结果显示 F = 16.883，p = 0.000 < 0.001，说明不同评估等级幼儿园园长课程领导力得分均值存在极其显著差异。LSD 事后检验结果表明，省一级幼儿园园长课程领导力得分均值显著高于其他三类幼儿园，市一级幼儿园园长显著高于区一级幼儿园和未评级幼儿园园长，区一级幼儿园园长显著高于未评级幼儿园园长。

3. 不同规模幼儿园园长课程领导力水平存在显著差异

按规模将幼儿园分为小规模幼儿园（5 个幼儿班及以下）、中等规模幼儿园（6~12 个幼儿班）、大规模幼儿园（13 个幼儿班及以上）三类。按课程领导力得分均值高低排序，大规模幼儿园园长课程领导力水平最高（4.13 分），小规模幼儿园园长课程领导力水平最低（3.77 分）。三类幼儿园园长课程领导力得分均值的标准差均较小，说明同类幼儿园中园长课程领导力水平差异不大。

采用单因素方差分析方法对三类幼儿园园长课程领导力水平进行差异性检验，检验方差是否齐性，结果显示 p = 0.074 > 0.05，判断方差齐性。采用 LSD 进行配对比较，结果显示 F = 28.943，p = 0.000 < 0.001，说明不同规模幼儿园园长课程领导力得分均值存在极其显著差异。LSD 事后检验结果表明，大规模幼儿园园长课程领导力得分均值显著高于其他两类幼儿园园长，中等规模幼儿园园长显著高于小规模幼儿园园长（见表 7）。

表 7　广州市园长课程领导力水平的园际差异分析

类别	内容	人数（人）	均值（分）	标准差（分）	F	AVONA
办园性质	①教育部门办园	154	4.15	0.50	18.380	①>④>②>③
	②其他类型公办性质幼儿园	390	3.89	0.50		
	③普惠性民办幼儿园	388	3.80	0.53		
	④非普惠性民办幼儿园	145	3.99	0.53		
评估等级	①省一级幼儿园	51	4.26	0.45	16.883	①>②>③>④
	②市一级幼儿园	97	4.09	0.55		
	③区一级幼儿园	465	3.93	0.50		
	④未评级幼儿园	464	3.82	0.53		

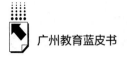
续表

类别	内容	人数(人)	均值(分)	标准差(分)	F	AVONA
办园规模	①小规模幼儿园	121	3.77	0.53	28.943	③>②>①
	②中等规模幼儿园	727	3.86	0.51		
	③大规模幼儿园	229	4.13	0.53		

（五）广州市园长课程领导力水平的回归分析

相关研究和对园长的访谈结果表明，园长自主学习、参加专题培训、教师课程能力、课程自主权力、专家支持引领等因素可能影响到园长课程领导力水平。[1][2] 本研究以园长课程领导力为因变量，园长自主学习、参加专题培训、教师课程能力、课程自主权力、专家支持引领等因素为自变量进行多元线性回归分析。方差膨胀因子（VIF）的值均小于5，表示模型不存在严重的多重共线性。多元线性回归模型具有统计学意义 [$F_{(5, 1071)}$ = 674.502，$p<0.001$]，可以解释园长课程领导力变异的75.8%（调整 R^2 = 0.758）。其中，园长自主学习对其课程领导力的影响最大（$\beta = 0.422$，$p<0.001$），能够在很大程度上显著预测园长课程领导力。参加专题培训对园长课程领导力的影响次之（$\beta = 0.287$，$p<0.001$），能够在较大程度上显著预测园长课程领导力。教师课程能力对园长课程领导力的回归系数为 $\beta = 0.181$，$p<0.001$，能够在一定程度上显著预测园长课程领导力。课程自主权力对园长课程领导力的影响较小（$\beta = 0.107$，$p<0.001$），能够在较小程度上显著预测园长课程领导力。专家支持引领对园长课程领导力的影响最小（$\beta = 0.073$，$p<0.001$），能够在较小程度上显著预测园长课程领导力。比较而言，园长自主学习和参加专题培训对园长课程领导力的影响程度较高，教

---

① 花雪婷：《幼儿园园长课程领导力现状调查——以D市为例》，沈阳师范大学硕士学位论文，2019，第47页。

② 陈雪：《园长课程领导力现状调查研究——以上海市Y区为例》，上海师范大学硕士学位论文，2015，第35~36页。

师课程能力、课程自主权力和专家支持引领对园长课程领导力的影响相对较低（见表8）。

表 8　广州市园长课程领导力水平的多元线性回归分析

变量	非标准化系数		标准化系数	t	p	VIF	R^2	调整 R^2	F
	B	标准误	β						
常数	0.767	0.055		13.947	0.000				
园长自主学习	0.362	0.022	0.422	16.395	0.000	2.950			
参加专题培训	0.236	0.021	0.287	11.331	0.000	2.860	0.759	0.758	$F(5,1071)=$ 674.502; $p<0.001$
教师课程能力	0.124	0.013	0.181	9.374	0.000	1.654			
课程自主权力	0.060	0.009	0.107	6.405	0.000	1.230			
专家支持引领	0.040	0.010	0.073	4.059	0.000	1.445			

四　讨论与建议

园长作为幼儿园课程的灵魂人物，其课程领导力水平在极大程度上影响着幼儿园课程质量。结合本次调查结果，本研究对提升广州市幼儿园园长课程领导力提出如下建议。

（一）全面并均衡提升幼儿园园长课程领导力

本研究发现，广州市幼儿园园长课程领导力整体水平不高（总得分均值为3.91分），课程领导力各维度发展水平不均衡，且存在显著的园际差异，亟须从全面均衡的视角去促进幼儿园园长课程领导力的整体提升。

调查结果显示，教育部门办园园长课程领导力得分均值显著高于其他三类幼儿园园长，省一级幼儿园园长课程领导力得分均值显著高于其他三类幼儿园园长，大规模幼儿园园长课程领导力得分均值显著高于其他两类幼儿园园长。建议应充分发挥教育部门办园、省一级幼儿园、大规模幼儿园园长的示范引领作用。各地可以创新机制，如以教育部门办园、省一级幼儿园、大规模幼儿园为当地园长课程领导力提升基地，通过"影子园长"、跟岗实践

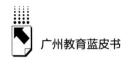

等形式组织其他类型幼儿园园长到这些幼儿园跟岗学习。普惠性民办幼儿园、未评级幼儿园和小规模幼儿园园长课程领导力相对处于更低水平，建议相关教研、培训部门深入分析上述幼儿园园长课程领导存在的问题及需求，按照"对症下药、投其所需"的原则，提供有针对性的帮助和培训。

从课程领导力的具体维度上看，园长各维度课程领导力发展水平不均衡，课程资源领导力得分相对最低（得分均值为 3.84），作为课程领导力核心能力的课程专业领导力得分均值也仅为 3.91 分，这提示要关注园长课程领导力的均衡提升。四个维度的课程领导力共同构成了园长课程领导力系统，四个维度领导力要素之间是相互支撑、相互促进的关系，任何一个维度课程领导力的缺失或水平低下，都会使得园长课程领导力出现"木桶效应"的"短板"问题。这提醒相关教研、培训部门要坚持长善救失的原则，从实际问题出发，精准施策全面均衡提升园长的课程领导力。要引导园长厘清四个维度领导力各自的核心内涵及所要求的行为规范，由关注课程领导力中容易实施的部分转变到关注课程领导力的整体发挥，尤其要重视课程领导力的短板，如重视课程文化领导力中的课程制度文化领导力、课程专业领导力中的课程评价领导力、课程团队领导力中的组建并指导课程研究团队的能力、课程资源领导力中的专家和上级资源协调力等。

（二）促进幼儿园园长的自主学习与持续发展

本研究发现，园长自主学习对园长课程领导力的影响程度较高，自主学习对园长课程领导力的回归显著，能够在很大程度上显著预测园长课程领导力。从学历的角度，园长课程领导力得分均值在初始学历项上无显著差异，在最高学历项上存在显著差异，最高学历为研究生的园长课程领导力得分均值显著高于其他三种学历类型的园长。从职称的角度，不同职称类型的园长课程领导力得分均值存在极其显著差异，职称为幼儿园高级教师及以上的园长课程领导力得分均值显著高于其他三种职称类型的园长。上述调查结果说明园长的自主学习与持续发展特别重要。

"如果校长不能不厌其烦地多多展开校内校外的学习，那么无论系统如何运作，他们都不能成为推进改革的中流砥柱。"[1] 自主学习是促进园长自我完善、提升园长课程领导力的重要途径。建议相关管理部门要关注园长的学习与发展，鼓励并提供各种机会组织园长全面学习课程及课程领导力的相关知识，在认知层面形成较为全面系统的课程及课程领导知识体系。此外，园长自身也要立足幼儿园教育情境中的具体课程问题，在实践中不断进行自主学习、自主实践、自主反思。

学历是园长专业知识素养的重要指标，专业技术职称是调动专业技术人才积极性和创造性的重要制度保障。本调查发现，相对于初始学历，最高学历对园长课程领导力的影响作用更为明显；职称越高，园长的课程领导力水平相对越高。说明园长入职后的持续专业成长非常重要。2022 年，广州市4161 名园长中，研究生学历的园长为 73 人，占比仅为 1.75%。[2] 建议要关注园长学历层次的不断提升，通过报销学费、保障学习时间等措施鼓励园长参加在职学历教育。建议由各区教育局定期结合全省中小学教师职称制度改革要求，按照办园规模、教职员编制、师资结构和岗位标准，制定各园岗位分配方案，并根据实际情况动态调整，积极提升幼儿园高级岗位比例，为园长的职称晋升提供制度保障。

（三）强化幼儿园外各种支持因素的协同作用

本研究发现，参加专题培训对园长课程领导力的影响程度较高，能够在很大程度上显著预测园长课程领导力，但 23.67% 的园长表示未能"每学期都参加各类课程专题培训或进修活动等"。专家支持引领对园长课程领导力的回归显著，能够在一定程度上显著预测园长课程领导力，但园长在获取、协调专家资源方面的能力相对较低（得分均值仅为 3.65 分）。此外，园长从上级领导部门获得课程资源的能力也相对较低（得分均值仅为 3.70 分）。这提示要强化幼儿园外各种支持因素的协同作用，以更有效地提升园长的课

---

① 〔加拿大〕迈克尔·富兰：《学校领导的道德使命》，中央教育科学研究所、加拿大多伦多国际学院组织翻译，教育科学出版社，2005，第 21 页。

② 广州市教育局、广州市教育研究院：《广州市教育统计数据（2022 学年度）》，内部资料。

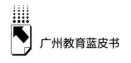

程领导力。

各级师资培训部门要有计划地增加有关园长课程领导的专题培训。在培训对象上，可根据幼儿园及园长的不同类别进行培训，尤其要有针对性地加强对普惠性民办幼儿园、未评级幼儿园和小规模幼儿园园长课程领导力的培训，加强对编制外、最高学历为专科及以下、初级职称及未评职称园长的培训。在培训内容上，要适度加大课程资源领导、课程技术领导等板块的比重。在培训形式上，要避免知识灌输型的培训，建议以教育部门办园、省一级幼儿园、大规模幼儿园等为培训基地，引导园长在实践中学习、提升。

对幼儿园的发展来说，高校专家和上级领导部门的教科研人员对幼儿园课程有着深入研究和丰富经验，是宝贵且不可或缺的资源。一方面，园长自身要积极主动地寻求专家和上级领导部门的帮助，适时向专家和上级领导部门交流幼儿园课程建设情况及遇到的困难，争取形成长期持续的有效互动，在专家和上级领导部门的帮助和支持下，不断提升自身课程领导力和幼儿园课程质量。另一方面，相关部门可组建市、区教科研部门专家+高校理论专家的团队，开展有针对性的指导及培训；也可以创新相关机制引导高校理论专家采取"蹲点"的方式深入幼儿园，定期对幼儿园课程建设及园长课程领导力进行从理论到实践的全方位指导。

（四）立足园本提高教师课程能力和专业素养

本研究发现，教师课程能力对园长课程领导力的影响程度较高，能够在一定程度上显著预测园长课程领导力，但仅有57.57%园长认同"我园教师有能力参与我园课程规划与建设工作"。斯坦豪斯曾经说过，"没有教师发展，就没有课程发展"。[1] 美国著名课程论专家舒伯特也提出，"课程改进的关键在于教师的专业发展。在现实的意义上，教师的专业发展就是课程发展"。[2]

---

[1] Lawrence Stenhouse, *An Introduction to Curriculum Research and Development* (London: Heinemann Educational Books Ltd, 1975), pp. 129-149.

[2] Schubert, W. H., *Curriculum: Perspective, Paradigm, and Possibility* (New York: Macmillan, 1986), pp. 126-127.

要提升园长课程领导力，就必须立足园本提高教师的课程能力和专业素养。

实践证明，教师的课程能力和专业素养直接制约着园长课程领导力的发挥。在幼儿园教育实践中，园长对教师课程能力和专业素养不足的担心，可能会导致园长极少与教师团队讨论幼儿园课程建设及团队专业发展问题，这种情况转而会更加阻碍园长课程领导的落地实施。建议幼儿园要特别重视教师课程能力和专业素养的提升，定期为教师组织课程规划与建设专题的园本培训。园本培训的对象要涵盖幼儿园全部教师；培训内容要全面，对应园长课程领导力的四个维度，培训内容可涉及对班级课程文化、专业、团队、资源领导等方面；培训形式要多样化，要结合教师的教育实践工作，通过集中研修、老带新、工作坊等方式，鼓励教师在园本实践中不断学习、成长。园长也可以召集教师组建课程研究团队，指导确定课程研究团队的焦点并确定实施细则；鼓励教师组建各种专业教学社团或小组，定期举办课程和教学研讨活动，在提升每一名教师课程能力和专业素养的同时，园长的课程领导力也将得以不断提升。

从教育行政的角度，园长主要履行管理职责，如管理教师、管理幼儿园各种事务等。在幼儿园课程改革深入推进的今天，园长除了要发挥管理职能外，更要发挥其课程领导的能力。园长要有能力领导团队创造性地规划与实施幼儿园课程、实现本园预设课程愿景和目标，从"行政权威"走向"专业权威"。

参考文献

戴双翔、刘霞：《幼儿园课程规划及建设：现状、问题与改进——基于 G 市幼儿园园长的调查》，《辽宁师范大学学报》（社会科学版）2022 年第 1 期。

金京泽：《课程领导的上海探索》，华东师范大学出版社，2020。

吕立杰、丁奕然：《中小学校长课程领导力构成要素及作用机制研究——基于 PLS-SEM 的实证研究》，《华东师范大学学报》（教育科学版）2022 年第 3 期。

上海市教育委员会教学研究室：《幼儿园课程图景——课程实施方案编制指南》，华

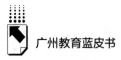

东师范大学出版社，2013。

　　刘峰峰、成勇主编《为教育涂色：园长课程领导力的提升》，北京师范大学出版社，2017。

　　吴晓玲：《课程领导研究的本土化建构：类型、过程与话语》，《南京师大学报》（社会科学版）2023年第1期。

　　余进利：《课程领导研究》，上海教育出版社，2009。

B.7
幼儿园课程方案质量现状调查报告

——以广州市天河区为例*

田美萍**

摘　要： 幼儿园课程方案是课程实施的主要依据，其质量直接影响着幼儿园课程实践的质量。依据《天河区幼儿园课程方案质量评价标准》，天河区对 176 份幼儿园课程方案质量进行了评价，发现幼儿园课程方案整体质量较低，课程方案各维度质量不高，不同性质、评估等级、规模幼儿园之间的课程方案质量存在显著差异。为此，未来天河区应以《天河区幼儿园课程方案质量评价标准》为引领，整体提高区域幼儿园课程方案质量；以教师为主体，细化幼儿园课程方案的具体内容；加强针对性，分类指导幼儿园不断完善课程方案。

关键词： 课程方案　课程质量　学前教育　广州市

一　问题提出

《中国教育现代化 2035》提出学前教育的现代化发展目标是"普及有质

＊ 本文系广东省学前教育"新课程"科学保教示范项目"区域幼儿园保教质量系统提升的实践研究"（项目编号：2020XQXKCA06）和广东省教育科学规划 2022 年度中小学教育科研能力提升计划重点项目"基于标准的幼儿园课程方案设计和实施研究"（项目编号：2022ZQJK011）的研究成果。

＊＊ 田美萍，广州市天河区学前教育指导中心幼教教研员，幼儿教育小学高级教师（副高级），主要研究方向为园本教研、学前教育质量评价、幼儿园课程等。

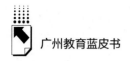
量的学前教育"。① 课程是学前教育质量提升的关键指标，是支持儿童可持续发展的重要载体。② 幼儿园课程方案是教师设计和实施课程的主要依据，直接影响着幼儿园课程实践的质量。对幼儿园课程方案质量进行评价，是优化幼儿园课程方案乃至课程实施、强化课程管理、提升课程质量的有效抓手。③

自 2001 年教育部颁发《幼儿园教育指导纲要（试行）》起，我国幼儿园课程改革实践进入多元化、自主化发展阶段，多种多样的课程实践模式不断涌现。国家先后出台相关政策规范幼儿园课程，推进幼儿园课程实施向符合幼儿身心发展规律和学习特点的方向发展，促进幼儿健康快乐成长。④ 广州市天河区积极推进幼儿园课程改革，2018 年开始将幼儿园课程建设纳入区内幼儿园保教质量考核范围，2020 年制定《天河区幼儿园园本课程方案编制指引》，支持区内幼儿园实现课程方案"从无到有"的跨越。与此同时，幼儿园普遍面临着课程方案质量提升的新挑战，开展幼儿园课程方案质量的现状调查研究显得日益重要。

二 研究设计

（一）研究对象

本研究收集各级各类幼儿园的课程方案 190 份，剔除活动计划等无关文本后，共获得有效方案 176 份。其中，教育部门办园的课程方案 39 份，其他类型公办园的课程方案 21 份，普惠性民办园的课程方案 82 份，其他民办园课程方案 34 份；省一级园的课程方案 9 份（5.11%），市一级园的课程方案 22 份（12.50%），区一级园的课程方案 45 份（25.57%），未评级园的课程方案 100

---

① 《中共中央、国务院印发〈中国教育现代化 2035〉》，http：//www.gov.cn/xinwen/2019 - 02/23/content_ 5367987. htm，最后检索时间：2023 年 5 月 10 日。

② 黄瑾：《高质量视域下幼儿园课程实施路向再析》，《上海托幼》2022 年第 Z1 期，第 18~21 页。

③ 上海市教育委员会教学研究室主编《幼儿园课程图景：课程实施方案编制指南》，华东师范大学出版社，2013，第 203~204 页。

④ 虞永平、张帅：《从模仿借鉴到规范创新——新中国成立 70 年来幼儿园课程的发展》，《南京师大学报》（社会科学版）2019 年第 6 期，第 34~48 页。

份（56.82%）；小规模幼儿园（5 个班及以下）的课程方案 22 份（12.50%），中等规模幼儿园（6~12 个班）的课程方案 108 份（61.36%），大规模幼儿园（13 个班及以上）的课程方案 46 份（26.14%）。

（二）研究工具

1. 工具介绍

本研究使用自主研发的评价工具《天河区幼儿园课程方案质量评价标准》（以下简称《标准》）。《标准》中的幼儿园课程方案，指的是幼儿园在科学理念的统领下，按照国家和地方课程文件精神，以幼儿园实际的课程及资源条件为基础，对幼儿园的课程背景、课程目标、课程内容、课程实施、课程评价、课程管理等进行整体全面的规划和设计，逐步形成并不断完善科学合理、系统完整、具有可操作性的方案。[①] 评价标准包括课程方案要素、课程背景分析、课程理念、课程目标、课程内容、课程实施、课程评价与课程管理 8 个维度、20 个二级指标。二级指标采取 Likert 5 分评价法，分值从"1"到"5"分，得分越高表明该项的质量越高。

2. 信效度分析

对《标准》进行验证性因子分析，其因子载荷为 0.507~0.955，表明 20 个指标能够很好地评价其所在维度的内容，与其所在维度有很好的对应关系。《标准》的信度系数（Cronbach's Alpha）为 0.890，课程背景分析、课程目标、课程内容、课程实施、课程评价和课程管理等 6 个维度的信度系数分别是 0.868、0.871、0.855、0.608、0.736、0.632，说明《标准》及其各维度具有较高的信度。

（三）研究步骤

1. 预评价

为保证评价的信度，首先培训评价者，要求评价人员熟练掌握《标准》

---

① 广州市天河区教育局：《天河区教育局关于申报广东省〈指南〉实验区项目深化研究实验园的通知》，天河区教育系统内部 OA 发文（2020 年 6 月 24 日）。

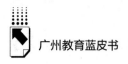

的具体内容及评分方式，确定评价人员对该指标各项目具体内容有非常清楚的了解。评价者两人为一组，对课程方案进行预评价，在评价者一致性系数达到0.90以上时，进行正式评价。

2. 正式评价

评价者两人为一组进行评价，当连续5份课程方案的评价者一致性系数都在0.90以上后，评价者独立进行评价。

3. 数据分析

本研究使用SPSS 23.0软件对数据进行统计分析，具体运用了描述性统计分析和单因素方差分析等方法。

三　结果与分析

（一）幼儿园课程方案总体质量分析

总体来看，在课程方案文本撰写方面，幼儿园课程方案文本结构普遍比较完整，能体现课程方案的基本要素；且撰写思路具有基本连贯性，一定程度上都能结合幼儿园实际、基于幼儿园课程基础进行编写，较好地呈现了幼儿园的课程实践、课程理想和课程困惑。但总得分均值偏低，为1.59分，标准差为0.37分，8个维度的得分均值均在2分以下（见表1）。说明幼儿园课程方案编制仍处于起步阶段，整体质量有待提高。

表1　幼儿园课程方案质量得分总体情况

单位：分

项目	最小值	最大值	均值	标准差
课程方案要素	1.00	4.00	1.70	0.65
课程背景分析	1.00	4.00	1.62	0.60
课程理念	1.00	4.00	1.66	0.70
课程目标	1.00	3.33	1.59	0.53
课程内容	1.00	3.80	1.90	0.61

项目	最小值	最大值	均值	标准差
课程实施	1.00	3.00	1.41	0.40
课程评价	1.00	4.00	1.41	0.50
课程管理	1.00	4.00	1.37	0.45
总得分均值	1.00	2.90	1.59	0.37

（二）幼儿园课程方案各维度质量分析

1. 课程方案基本要素不齐全，各要素之间逻辑性不强

如表1所示，课程方案要素维度整体得分不理想，得分均值为1.70分，标准差为0.65分。从该项目的具体得分看，39.80%的幼儿园课程方案得分为1分，51.10%的幼儿园课程方案得分为2分，仅有0.60%的幼儿园课程方案得分为4分。具体而言，《标准》指出课程方案要素应具备三个方面的质量标准，一是基本要素要齐全，二是要素之间要有较强的逻辑性，三是表述要清晰、适切可行，对实践有较强的指导性。但结合幼儿园课程方案文本来看，大部分课程方案基本要素不太齐全，如缺少课程评价部分或课程理念部分；各要素之间的逻辑一致性一般，如课程目标未能回应课程理念，课程理念脱离课程背景等；部分课程方案的表述不清晰，可行性欠佳，实际操作性较低，或者课程内容空泛，课程实施表述笼统，教师很难通过课程方案的表述了解课程全貌和实施路径；仅有少部分课程方案行文较清晰，对课程实践的指导性较好。

2. 课程背景分析不够全面客观、准确深入

课程背景分析维度整体得分不理想，得分均值为1.62分，标准差为0.60分。从背景分析全面客观、背景分析准确深入2个二级指标的得分看，有93.20%的幼儿园课程方案得分在2分及以下，仅有1.10%的幼儿园课程方案得分为4分（见表2）。具体表现为，绝大部分课程方案的课程背景分析不够全面，只有少部分幼儿园能从国家及地方对幼儿园课程的规定与要

求、本园课程发展历史、本园幼儿发展需求、教师队伍特点、家长特点、教育资源等方面进行全面客观分析；大部分幼儿园未能对本园课程建设的基础与优势、存在的问题与面临的挑战进行准确深入的分析；课程方案背景分析与课程目标、内容和实施等的关联度低，如课程方案中前文阐述了教师队伍教龄较短、流动性大的问题，后文却并无或极少看到回应教师能力水平的相关课程计划或课程管理措施。

表2　幼儿园课程方案课程背景分析维度得分情况

单位：分

课程背景分析	最小值	最大值	均值	标准差
背景分析全面客观	1.00	4.00	1.71	0.61
背景分析准确深入	1.00	4.00	1.53	0.68
总得分均值	1.00	4.00	1.62	0.60

3. 课程理念缺乏理论支撑，在课程方案中得不到充分体现

如表1所示，课程理念维度得分均值为1.66分，标准差为0.70分。从课程理念的具体得分看，有45.50%的幼儿园课程方案得分仅为1分，44.90%的幼儿园课程方案得分仅为2分，仅有1.70%的幼儿园课程方案得分为4分。具体表现为，大部分课程方案都阐述了幼儿园的课程理念，且课程理念与国家及地方文件精神相符；同时大部分幼儿园能结合园本实际制定课程方案，但多数课程方案未能清晰地表述课程理念的内涵，难以发挥引领课程实践的作用；仅有少部分课程方案的课程理念体现了理论支撑，但在科学明确方面仍待加强；课程理念在课程目标、课程内容、课程实施以及课程评价中的体现整体不足，存在理念和其他内容"各自为政"的普遍现象。

4. 课程目标不够全面适宜、层次不够清晰

课程目标整体得分仍不理想，得分均值为1.59分，标准差为0.53分。从目标全面适宜、目标层次清晰两个二级指标的得分来看，有43.20%的幼儿园课程方案得分在2分及以下，仅有3.90%的幼儿园课程方案得分在4分及以上（见表3）。主要问题表现为，能以《幼儿园教育指导纲要（试行）》（以下简称《纲要》）和《3~6岁儿童学习与发展指南》（以下简称《指南》）为基础和依据制定幼儿园课程目标体系，但照搬文件，未回应本园幼儿学习与发展需求；未能提供依据《纲要》和《指南》制定具体学期或月计划的操作指引；将《指南》目标与幼儿园特色活动目标直接简单组合，逻辑性不足；一些课程方案只有五大领域总目标，没有形成课程目标体系；个别课程方案的目标体系未能结合《纲要》《指南》，直接照搬国内外其他幼儿园课程目标体系。

表3 幼儿园课程方案课程目标维度得分情况

单位：分

课程目标	最小值	最大值	均值	标准差
目标全面适宜	1.00	4.00	1.79	0.77
目标层次清晰	1.00	5.00	1.93	0.86
总得分均值	1.00	3.33	1.59	0.53

5. 课程内容选用指引不够明确

课程内容整体得分均值为1.90分，标准差为0.61分。该维度有5个二级指标，包括内容选用指引明确、内容贴近幼儿生活、内容全面均衡、内容科学准确、内容开放丰富。其中，内容科学准确指标的得分均值最高，达到2.28分。对该项目的进一步分析发现，有64.80%的幼儿园课程方案得分在2分及以下，仅有0.60%的幼儿园课程方案得分在4分及以上（见表4）。具体而言，大部分课程方案中的课程内容都与幼儿生活相关，且能利用当地人文、自然等资源作为课程内容的支撑，但普遍缺乏选择和使用课程内容的基本要求和指引；大部分课程方案中的课程内容能做到五大领域基本均衡，且未涉及小学化教育内容，能考虑幼儿身心发展规律与年龄特点，但内容开放程度普遍较低，生成性内容和可灵活调整的内容较少，少有方案提及挖掘幼儿、家庭与社区资源。

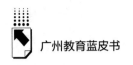
表4　幼儿园课程方案课程内容维度得分情况

单位：分

课程内容	最小值	最大值	均值	标准差
内容选用指引明确	1.00	3.00	1.41	0.63
内容贴近幼儿生活	1.00	5.00	2.02	0.81
内容全面均衡	1.00	4.00	2.03	0.80
内容科学准确	1.00	5.00	2.28	0.84
内容开放丰富	1.00	4.00	1.76	0.75
总得分均值	1.00	3.80	1.90	0.61

6. 课程实施的活动界定不清晰，指引不明确

课程实施整体得分偏低，总得分均值为1.41分，标准差为0.40分。该维度有4个二级指标，包括计划编制有指引、一日作息安排清晰、各类活动界定清晰、各类活动实施有指引，4个二级指标的得分均值都在2分以下。对该项目的进一步分析发现，有93.80%的幼儿园课程方案得分在2分及以下，仅有0.60%的幼儿园课程方案得分为3分及以上（见表5）。具体而言，从课程方案文本可见，大部分方案对于课程中各类活动的界定不清晰，且活动分类界定缺乏理论或政策依据，如幼儿园游戏、学习、体育、生活活动和主题活动、亲子活动、节日活动等并列，存在相互交叉的情况；大部分课程方案对班级教师制订各类计划（学年/学期工作计划、主题/月计划、周/日计划）没有指引，或指引不够明确；部分课程方案表述笼统，对教师课程实施的指引性不强，如"充分利用教学资源，抓住一日生活中的教育契机，发挥主题墙饰的作用"；多数方案未呈现幼儿一日作息安排，或作息安排仅说明了各类活动占一日生活的时间比例。

表5　幼儿园课程方案课程实施维度得分情况

单位：分

课程实施	最小值	最大值	均值	标准差
计划编制有指引	1.00	4.00	1.16	0.42
一日作息安排清晰	1.00	4.00	1.62	0.88

课程实施	最小值	最大值	均值	标准差
各类活动界定清晰	1.00	5.00	1.48	0.67
各类活动实施有指引	1.00	3.00	1.36	0.54
总得分均值	1.00	3.00	1.41	0.40

7. 课程评价内容不全面，评价实施指引不具体

课程评价维度整体得分也不理想，得分均值为 1.41 分，标准差为 0.50 分。从课程评价维度的 2 个二级指标，即评价内容全面、评价指引清晰的得分来看，有 95.50% 的幼儿园课程方案得分在 2 分及以下，仅有 0.60% 的幼儿园课程方案得分为 4 分（见表 6）。具体表现为，课程方案呈现的评价内容多样，但普遍缺乏全面和系统的思考；评价实施缺少清晰具体的实施指引，如有幼儿园提出教师评价——"以各类文字性教案、动态的师幼互动现场、班级环境创设与材料投放、教师专业发展目标检核等形式进行评价"，但未再具体阐述每一项评价的内容和实施指引。

表 6 幼儿园课程方案课程评价维度得分情况

单位：分

课程评价	最小值	最大值	均值	标准差
评价内容全面	1.00	4.00	1.57	0.60
评价指引清晰	1.00	4.00	1.26	0.52
总得分均值	1.00	4.00	1.41	0.50

8. 课程管理的体系不完善，制度不健全

课程管理维度整体得分更不理想，整体得分均值为 1.37 分，标准差为 0.45 分。从课程管理维度的 3 个二级指标，即课程研发建设制度完善、课程质量监控体系完善、课程资源管理制度完善的得分来看，有 94.90% 的幼儿园课程方案得分在 2 分及以下，仅有 0.60% 的幼儿园课程方案得分为 3 分及以上（见表 7）。具体而言，大部分课程方案未呈现园长、教师和家长共

同参与的课程方案编制、实施以及完善的管理机制，只有少部分课程方案展示了幼儿园的课程管理分工及工作流程；大部分课程方案未体现幼儿园课程质量监控的工作流程和课程资源收集、整理、更新、运用的制度。值得一提的是，个别幼儿园在这部分的内容雷同，未体现本园在幼儿园课程管理方面的工作思考和实际做法，说明幼儿园在这部分还处于互相借鉴学习的阶段，未实际开展或未梳理本园的做法。

表7　幼儿园课程方案课程管理维度得分情况

单位：分

课程管理	最小值	最大值	均值	标准差
课程研发建设制度完善	1.00	4.00	1.57	0.70
课程质量监控体系完善	1.00	5.00	1.35	0.62
课程资源管理制度完善	1.00	3.00	1.20	0.43
总得分均值	1.00	4.00	1.37	0.45

（三）幼儿园课程方案质量的园际差异分析

1. 教育部门办园课程方案质量得分均值显著高于其他三类幼儿园，普惠性民办园课程方案质量得分均值最低

按课程方案质量得分均值高低排序，教育部门办园课程方案得分均值最高（1.91分），其次为其他公办园（1.67分）、非普惠性民办园（1.48分），普惠性民办园最低（1.47分）。四类幼儿园课程方案质量得分均值的标准差均较小，说明同类幼儿园中课程方案质量差异不大。

采取单因素方差分析方法对四类不同性质幼儿园课程方案质量进行差异性检验，检验方差是否齐性，结果显示 $p = 0.307 > 0.05$，因此判断方差齐性。鉴于方差齐性，在做单因素方差分析时，用 LSD 对不同性质幼儿园均值进行配对比较，结果显示 $F = 17.564$，$p = 0.000 < 0.001$，说明不同性质幼儿园课程方案得分均值存在极其显著差异。

LSD 事后检验结果表明，教育部门办园课程方案质量得分均值与其他三类幼儿园都存在极其显著性差异；其他公办园得分均值与教育部门办、普惠性民办、非普惠性民办园的课程方案质量之间存在显著差异；普惠性民办和非普惠性民办园之间没有显著性差异。

2. 省一级幼儿园课程方案质量的得分均值显著高于其他三类幼儿园，未评级幼儿园的课程方案质量得分均值明显低于已评级幼儿园

省、市、区一级和未评级幼儿园课程方案质量的得分均值呈递减趋势，省一级幼儿园课程方案质量的得分均值最高（2.02 分），其次为市一级幼儿园（1.90 分）、区一级幼儿园（1.65 分），未评级幼儿园最低（1.46 分）。四类幼儿园课程方案质量得分均值的标准差均较小，说明同类幼儿园中课程方案质量差异不大。

采取单因素方差分析方法对不同等级幼儿园课程方案质量进行差异性检验，检验方差是否齐性，结果显示 p = 0.476>0.05，因此判断方差齐性。鉴于方差齐性，在做单因素方差分析时，用 LSD 对不同等级幼儿园均值进行配对比较，结果显示 F = 17.722，p = 0.000<0.001，说明不同等级幼儿园课程方案得分均值存在极其显著差异。

LSD 事后检验结果表明，省一级幼儿园与市一级幼儿园的课程方案质量得分均值没有显著性差异；省一级、市一级幼儿园与区一级、未评级幼儿园的课程方案质量得分均值之间存在极其显著差异；区一级和未评级幼儿园的课程方案质量得分均值之间存在极其显著差异。

3. 大规模幼儿园课程方案质量的得分均值显著高于小规模和中等规模幼儿园，小规模幼儿园课程方案质量的得分均值最低

大规模、中等规模和小规模幼儿园课程方案质量的得分均值呈递减趋势，大规模幼儿园课程方案得分均值最高（1.80 分），其次为中等规模幼儿园（1.54 分），小规模幼儿园最低（1.39 分）。三类幼儿园课程方案质量得分均值的标准差均较小，说明同类幼儿园中课程方案质量差异不大。

采取单因素方差分析方法对不同规模幼儿园课程方案质量进行差异性检验，检验方差是否齐性，结果显示 p = 0.001<0.05，因此判断方差不齐。鉴于方差不齐，在做单因素方差分析时，用 Tamhane's T2 对各组均值进行配对

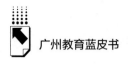

比较，结果显示 F=13.236，p=0.000<0.001，说明不同规模幼儿园课程方案总得分均值存在极其显著差异。

Tamhane's T2 事后检验结果表明，大规模幼儿园与中等规模幼儿园、小规模幼儿园的课程方案质量得分均值存在极其显著性差异；小规模幼儿园与中等规模幼儿园的课程方案质量得分均值没有显著性差异（见表8）。

表8　天河区幼儿园课程方案质量的园际差异分析

类别	内　容	数量(个)	均值(分)	标准差(分)	F	p	ANOVA
办园性质	①教育部门办园	39	1.91	0.39	17.564	0.000	①>②>④③
	②其他公办园	21	1.67	0.34			
	③普惠性民办园	82	1.47	0.28			
	④非普惠性民办园	34	1.48	0.33			
评估等级	①未评级幼儿园	100	1.46	0.31	17.722	0.000	④③>②>①
	②区一级幼儿园	45	1.65	0.33			
	③市一级幼儿园	22	1.90	0.36			
	④省一级幼儿园	9	2.02	0.43			
办园规模	①小规模幼儿园	22	1.39	0.27	13.236	0.000	③>②①
	②中等规模幼儿园	108	1.54	0.30			
	③大规模幼儿园	46	1.80	0.46			

四　讨论与建议

（一）以《标准》为引领，整体提高区域幼儿园课程方案质量

调查结果显示，幼儿园课程方案质量的总体得分偏低，8个维度的得分均值均在2分以下。可见，由于缺乏课程方案质量标准，区内幼儿园的课程探索缺乏发展规划性，对课程方案设计与实施等缺乏理性思考与经验总结，课程评价存在较强主观性，缺乏统一、规范的评价标准，因此虽做了很多努力但收效甚微。

从国家学前教育课程文件到幼儿园课程的形成，需要经历一个复杂的研究和探索过程，其中特别需要有质量标准做引领。建议充分发挥幼儿园课程方案质量标准对幼儿园课程方案质量提升的导向、调控和改进等作用。《标准》引领作用的最大化发挥，一方面可应用于幼儿园开展的课程方案审议或自评，另一方面可应用于教研部门组织的课程研讨，以及教育行政部门的课程评价及指导。

从幼儿园角度来说，幼儿园应对标《标准》，对本园的课程方案和实施情况进行审议或自评，寻找差距并分析原因，有针对性地开展课程方案的完善工作。针对课程方案要素或课程方案内容不完整的，做好查漏补缺。要特别注意课程要素之间的相互联系，课程方案作为一个整体，要素之间需要互为印证。针对与国家或地方课程规定不符的课程方案，幼儿园要端正思想、提高认识、加强学习并贯彻落实。

教研部门可以对优秀的课程方案案例进行深入分析，将好的经验和做法进行交流分享。调查中发现，有个别幼儿园能很好地分析幼儿园的课程历史，凝练幼儿园的课程成果，系统梳理课程实践，形成了质量较高的课程方案文本，这对课程实践发挥了重要的指导作用。一些幼儿园的课程理念的相关文本表述详细，且都能与国家学前教育政策精神相符。从优秀课程方案文本的每个部分都能感受到编写团队的用心，留有精心梳理和反复推敲的痕迹，可见，用心和精心既是质量意识的体现，也是质量提升的关键。

区域幼儿园课程方案质量的整体提升，还需继续将课程方案质量作为幼儿园保教质量考核的内容，以评促建促提升，并在《标准》指引下开展更系统、更深入的实践研究和提供专业支持，针对共性问题进行深入剖析和策略研讨，形成积极向上的研究氛围。

（二）以教师为主体，细化幼儿园课程方案的具体内容

从幼儿园课程方案文本结构来看，多数幼儿园能从课程背景分析、课程理念、课程目标、课程内容、课程实施、课程评价、课程管理等方面组织课程方案文本的结构，文本结构比较完整。从课程方案的文本内容来看，多数

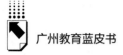

幼儿园能根据园所实际情况开展课程实践探索，课程内容丰富，课程实施形式多样，为课程方案文本的进一步完善奠定了基础。但是调查结果表明，幼儿园课程方案普遍存在逻辑一致性一般、表述不甚清晰、可行性欠佳、实操性较低的问题。

教师是实现幼儿园课程由理想的课程到领悟的课程、经验的课程的关键人物。[①] 幼儿园要以让老师"看得懂、做得到、做得好"为标准编制和修改完善课程方案，才能提升课程方案的易读程度和可操作性，才能真正将课程方案内容落地、做实，真正让课程落实在儿童的学习和发展上。因此在课程方案的表述上要力求清晰，让老师看得懂。同时在目标制定、课程内容选择、课程实施和课程评价等方面要有明确、清晰的指引，让老师知道怎么做。

与此同时，作为幼儿园课程发展的重要影响因素，教师也是课程编制的一个重要层级，没有教师参与的课程就不可能有活力和生机。[②] 教师一定是幼儿园课程建设的主体，幼儿园要形成管理者、教师、家长共同参与的课程方案编制、实施、评价以及完善的管理机制，支持教师参与到课程方案的编写、审议和修订中来。

（三）加强针对性，分类指导幼儿园不断完善课程方案质量

调查结果表明，不同性质、不同等级、不同规模幼儿园的课程方案质量存在显著差异，普惠性民办幼儿园、未评级幼儿园和小规模幼儿园的课程方案质量得分均值明显低于其他类型幼儿园，应予以重视。从样本数量来看，本次接受课程方案评价的幼儿园以普惠性民办幼儿园和未评级幼儿园居多，占比分别为46.59%、56.82%，这两类幼儿园数量大、自身课程能力较弱，但课程质量提升问题最为迫切。

建议分类指导幼儿园课程方案的优化工作。例如，可针对不同类型幼儿

① 施良方：《课程理论——课程的基础、原理与问题》，教育科学出版社，2020，第8~9页。

② 虞永平：《幼儿园课程发展与教师成长》，《学前教育研究》2007年第12期，第41~44页。

园的问题和特点组织开展相关的学习交流活动；可开展入园视导活动，根据《标准》对幼儿园课程方案及其实施进行现场评价，用案例剖析式方法帮助幼儿园理解质量指标；可在视导过程中组织同类型幼儿园进行学习，在更大范围内促进区域幼儿园课程方案质量的提升。基于多数普惠性民办幼儿园和未评级幼儿园自身无法完成高质量的课程方案编写，建议相关部门在各类型幼儿园群体中选择相对优秀的案例进行一对一指导，形成相对规范与完善的样本，培育典型案例，以典型案例带动同类幼儿园从模仿和借鉴开始，不断完善本园课程方案。

参考文献

黄小莲：《园本课程方案编制三问》，《中国教育学刊》2021 年第 4 期。

秦光兰、杨春燕：《从典型课程方案看 21 世纪以来我国幼儿园课程发展的特点》，《学前教育研究》2013 年第 12 期。

张晓辉主编《幼儿园课程（第 2 版）》，北京师范大学出版社，2021。

朱家雄、华爱华、李慰宜：《基于师幼共同成长的幼儿园课程开发与实践——上海市学前教育二期课程改革的探索》，北京师范大学出版社，2019。

朱家雄：《幼儿园课程（第三版）》，华东师范大学出版社，2022。

B.8
广州市学前教育环境承载力评价研究报告

——基于 2022 年统计年鉴数据的实证分析[*]

陈紫珊[**]

摘　要： 基于 2022 年广州市统计年鉴数据，采用主成分分析法，从驱力、压力、状态、影响、响应等五个方面对广州市学前教育环境承载力进行评价。评价结果显示，广州市学前教育环境承载力的驱力、压力、状态、响应水平较高，影响水平较低；广州市 11 个区学前教育环境承载力存在较大差异。建议统筹做好人员和资源的动态监测和预判警示，加快响应速度；提高区域环境系统调节能力和响应水平，因地制宜实现均衡发展；持续加大经费投入，公平精准配置学前教育环境资源。

关键词： 环境承载力　学前教育　主成分分析法　广州市

一　问题提出

2021 年，教育部等九部门印发了《"十四五"学前教育发展提升行动计划》，着力推动学前教育高质量发展，这意味着我国学前教育发展的重心由"扩规模"转向"重质量"。要实现学前教育高质量发展，必须走细水长流

* 本文系广州市教育科学规划 2022 年度课题"高质量发展视域下区域幼儿园以评促建实践研究"（课题编号：202214191）的研究成果之一。
** 陈紫珊，广州市增城区教师发展中心学前教育教研员，中专助理讲师，主要研究方向为学前教育政策研究、学前教育质量评估。

式的可持续发展道路，将有限的区域资源"用在刀刃上"。也就是说，学前教育发展要最大限度地契合当地的人口、社会、经济条件，即与该区域的环境承载能力相匹配。[①]

环境承载力是指在一定时期和区域范围内，在维持区域环境系统结构不发生质的改变以及区域环境功能不朝恶性方向转变的条件下，区域环境系统所能承载的人类各种社会经济活动的能力。[②] 区域学前教育环境承载力是指一定时间和一定区域范围内，学前教育环境系统确保学前教育可持续发展的基础、条件和阈限。[③] 目前国内相关研究大多关注高等教育的资源承载力，针对学前教育环境承载力的研究较少。现有研究中主要可参考许浙川、蔡迎旗等人的研究，前者编制了区域学前教育资源承载力评价指标体系，并对全国各省区市的面板数据进行量化处理；后者借鉴 OECD 的 DPSIR 模型，自主建构区域学前教育环境承载力评价指标模型，并对山西省晋中市进行综合测算与分析。

作为人口密集、经济发达的超大城市，广州市面临着如何缩小区域教育环境承载力与人民日益增长的学前教育需求之间的差距这一现实问题。本研究对广州市学前教育事业发展的相关基础条件及环境所能提供的支持和承受能力进行量化评估和实证分析，为广州市及各区合理规划学前教育事业发展提供依据和参考。

二　研究设计

（一）研究工具

本研究对蔡迎旗等提出的学前教育环境承载力评价指标体系进行微调。该指标体系采用 DPSIR 模型（Driving force-Pressure-State-Impact-Response），

---

① 蔡迎旗、王嘉逸：《可持续发展视角下区域学前教育环境承载力评价指标体系及其测算》，《学前教育研究》2022 年第 9 期，第 62~74 页。

② 彭再德、杨凯、王云：《区域环境承载研究方法初探》，《中国环境科学》1996 年第 1 期，第 6~10 页。

③ 蔡迎旗、王嘉逸：《可持续发展视角下区域学前教育环境承载力评价指标体系及其测算》，《学前教育研究》2022 年第 9 期，第 62~74 页。

将系统运行过程中存在的因果关系通过驱力、压力、状态、影响和响应等五类因子反映出来，并分别选取若干核心指标作为代表开展评价。其中，"驱力"是指能够驱动学前教育系统发展变化的财政投入与社会经济因素；"压力"是指区域环境给学前教育系统带来的需求压力；"状态"是指区域环境系统在驱力和压力共同作用下承载学前教育系统时所表现出的状态；"影响"是指学前教育系统在区域环境"驱力""压力""状态"共同作用下所产生的最终结果与表现；"响应"是指区域环境对实现学前教育可持续发展的反馈与调节情况。负向指标包括人口数、人口自然变动程度、户数、在园幼儿数、班级规模，负向指标数值越大，对学前教育系统造成的压力越大（见表1）。

表1　学前教育环境承载力评价指标体系

因子	指标	单位	正负向
驱力	幼儿园一般公共预算教育经费 X_1	万元	+
	地区生产总值 X_2	万元	+
	人均生产总值 X_3	万元	+
	人均可支配收入 X_4	元	+
	居民人均消费水平 X_5	元	+
	一般公共预算收入 X_6	万元	+
	一般公共预算支出 X_7	万元	+
	固定资产投资总额 X_8	亿元	+
压力	人口数 X_9	人	－
	人口自然变动程度 X_{10}	%	－
	户数 X_{11}	户	－
	在园幼儿数 X_{12}	人	－
状态	师幼比 X_{13}	%	+
	教职工与在园幼儿比 X_{14}	%	+
	生均一般公共预算教育经费 X_{15}	元/人	+
影响	每十万人口在园幼儿数 X_{16}	人	+
	班师比 X_{17}	人/班	+
	班级规模 X_{18}	人/班	－
	大专及以上学历教师比例 X_{19}	%	+
	已评职称教师的比例 X_{20}	%	+

续表

因子	指标	单位	正负向
响应	较上一年新增教师数 X_{21}	人	+
	较上一年新增教职工数 X_{22}	人	+
	较上一年师幼比提高程度 X_{23}	%	+
	较上一年幼儿园一般公共预算教育经费增长率 X_{24}	%	+
	较上一年幼儿园生均一般公共预算教育经费增长率 X_{25}	%	+

（二）计算方法

本研究采用主成分分析法进行计算，先使用 EXCEL 软件通过极差变换法对原始数据进行标准化处理，然后使用 SPSS 29.0 软件对标准化数据进行因子分析，得到主成分①的特征根②、贡献率③及累计贡献率。六个主成分 Y_1、Y_2、Y_3、Y_4、Y_5、Y_6 的特征根均大于 1，前四个主成分累计贡献率已超过 80%，这说明四个主成分已经基本能够代表原始指标对学前教育环境承载力进行评价，最终确定主成分个数为 4，即 Y_1、Y_2、Y_3、Y_4。根据各指标的主成分系数计算各主成分单因子得分，得出广州市各区在四个主成分上的得分，并据此依次计算出广州市各区学前教育环境承载力的因子得分和综合得分（见表 2）。

表 2　六个主成分的特征根、贡献率及累计贡献率

成分	初始特征根			旋转后的特征根		
	特征根	贡献率（%）	累计贡献率（%）	特征根	贡献率（%）	累计贡献率（%）
Y_1	7.50	30.00	30.00	5.84	23.35	23.35
Y_2	5.62	22.49	52.49	5.00	19.99	43.34

① 主成分（Principal Component）是多个随机向量的两两不相关且具有最大方差的标准化线性组合，能充分载有原指标的信息量。

② 特征根（Eigenvalue）反映主成分的影响力度，一般可以用特征根大于 1 作为主成分的入选标准。

③ 贡献率（Contribution Rate）反映主成分包含原始数据的信息量的大小。

续表

成分	初始特征根			旋转后的特征根		
	特征根	贡献率(%)	累计贡献率(%)	特征根	贡献率(%)	累计贡献率(%)
Y_3	4.68	18.73	71.22	4.99	19.96	63.30
Y_4	2.33	9.33	80.55	2.96	11.83	75.13
Y_5	1.85	7.40	87.95	2.52	10.06	85.19
Y_6	1.01	4.05	92.00	1.70	6.81	92.00

资料来源：表中数据由《广州统计年鉴2022》中的相关数据计算得出。

三 结果分析

（一）广州市学前教育环境承载力总体情况分析

通过分析旋转后的主成分载荷[①]矩阵可知，25项指标及其所归属的五类因子对广州市学前教育环境承载力的贡献率及影响程度各不相同。结合广州市具体数据，本报告从驱力、压力、状态、影响和响应等五个维度对广州市学前教育环境承载力的总体情况进行全面分析（见表3）。

表3 旋转后的主成分载荷矩阵

因子	指标	主成分载荷			
		Y_1	Y_2	Y_3	Y_4
驱力	幼儿园一般公共预算教育经费 X_1	0.11	0.34	-0.46	0.40
	地区生产总值 X_2	0.92	0.18	-0.08	0.06
	人均生产总值 X_3	0.74	0.26	0.50	0.04
	人均可支配收入 X_4	0.92	-0.12	-0.04	0.28
	居民人均消费水平 X_5	0.94	-0.13	-0.04	0.25
	一般公共预算收入 X_6	0.21	0.94	0.07	0.03
	一般公共预算支出 X_7	0.23	0.90	0.01	-0.02
	固定资产投资总额 X_8	-0.08	-0.94	0.21	0.09

---

① 载荷（Loading）反映主成分指标与原始指标关系的密切程度。

因子	指标	主成分载荷			
		Y_1	Y_2	Y_3	Y_4
压力	人口数 X_9	-0.24	0.00	0.96	-0.04
	人口自然变动程度 X_{10}	0.12	-0.84	0.23	0.16
	户数 X_{11}	-0.22	0.16	0.94	-0.11
	在园幼儿数 X_{12}	0.03	-0.22	0.93	-0.09
状态	师幼比 X_{13}	0.56	0.10	0.00	0.80
	教职工与在园幼儿比 X_{14}	-0.22	0.15	0.08	-0.88
	生均一般公共预算教育经费 X_{15}	0.16	0.20	0.42	0.23
影响	每十万人口在园幼儿数 X_{16}	-0.64	0.47	0.23	-0.05
	班师比 X_{17}	0.66	0.28	0.21	0.36
	班级规模 X_{18}	0.13	-0.15	-0.22	0.83
	大专及以上学历教师比例 X_{19}	0.37	-0.68	-0.06	-0.03
	已评职称教师的比例 X_{20}	0.40	-0.65	0.34	0.02
响应	较上一年新增教师数 X_{21}	-0.36	0.26	-0.75	-0.14
	较上一年新增教职工数 X_{22}	-0.39	0.17	-0.83	0.22
	较上一年师幼比提高程度 X_{23}	0.09	0.03	-0.05	0.06
	较上一年幼儿园一般公共预算教育经费增长率 X_{24}	-0.65	0.12	-0.18	-0.38
	较上一年幼儿园生均一般公共预算教育经费增长率 X_{25}	-0.49	0.05	-0.06	-0.31

资料来源：表中数据由《广州统计年鉴2022》中的相关数据计算得出。

1. 广州市学前教育环境承载力的驱力水平较高

"驱力"中反映政府财政与预算的指标如一般公共预算收入、一般公共预算支出，其主成分二载荷值分别为 0.94 和 0.90；反映居民收入与消费水平的指标，如地区生产总值、人均可支配收入、居民人均消费水平，其主成分一载荷值分别为 0.92、0.92 和 0.94。二者构成了驱动学前教育发展的主要因素，指标的载荷值普遍较高。广州市一般公共预算支出 3021.18 亿元，其中幼儿园一般公共预算教育经费为 87.10 亿元，占比 2.88%。作为教育强市，广州市政府学前教育财政预算投入较高。另外，广州市人均生产总值为 15.04 万元，居民人均消费水平为 4.56 万元，远超全国水平。广州市学前教育环境承载力的总体驱力水平较高。

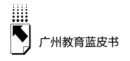

2. 广州市学前教育环境承载力的压力水平较高

"压力"中的人口数、人口自然变动程度、户数、在园幼儿数在各主成分的载荷值绝对值较高的分别为 0.96、-0.84、0.94、0.93。可见，人口是外部环境对学前教育产生压力的最主要因素，对广州市的学前教育环境承载力有重要的影响。根据《广州统计年鉴 2022》，广州市户籍常住户口户数 329.72 万户，户籍常住人口数 1011.53 万人，自然增长率为 6.26‰，全市户籍人口迁入率为 24.20‰，其中天河区迁入率高达 47.23‰。外部环境对学前教育的资源投入与人口压力之间的动态平衡是区域学前教育长期可持续发展的前提条件。如果一个地区的学前教育投入水平长期高于当地的人口压力，就会造成学前教育资源利用率和边际效益的降低；反之，如果一个地区的学前教育资源投入水平长期低于当地学前教育的人口压力，则会影响学前教育供给平衡并制约学前教育质量的提升，进而损害区域学前教育环境承载力。广州市人口基数大、流动人口数量多、变动频率高，更应做好监测与管理，尽量避免资源浪费或供给不足。

3. 广州市学前教育环境承载力的状态水平较高

"状态"中的师幼比、教职工与在园幼儿比、生均一般公共预算教育经费在各主成分的载荷值绝对值较高的分别为 0.80、-0.88 和 0.42。这反映出承载学前教育最重要的主体为幼儿教师，其次为教职工。根据广州市各区的具体数据，经济发展水平较高的越秀区、天河区、黄埔区，人均生产总值分别为 34.81 万元、26.86 万元、34.71 万元，其生均学前教育财政性经费与其他区相比也处于中上水平，区域环境系统在驱力和压力共同作用下承载学前教育系统时所表现出的状态水平较高。

4. 广州市学前教育环境承载力的影响水平较低

"影响"是区域环境系统作用于学前教育的最终结果，其中每十万人口在园幼儿数、班师比、班级规模、大专及以上学历教师比例、已评职称教师的比例在各主成分的载荷值绝对值较高的分别为 -0.64、0.66、0.83、-0.68、-0.65，综合反映了学前教育的质量水平，间接说明了学前教育环境承载力的作用。广州市学前教育大专及以上学历教师占 93.24%，但其中已评职称教师比例仅为 24.86%；班级总数与教师总数的比例为 1∶2，也即每班平均配备教师约 2 名，师资队伍的规模和质量有待提高。

5. 广州市学前教育环境承载力的响应水平较高

"响应"中较上一年新增教师数、较上一年新增教职工数、较上一年幼儿园一般公共预算教育经费增长率、较上一年幼儿园生均一般公共预算教育经费增长率在各主成分的载荷值绝对值较高的分别为 −0.75、−0.83、−0.65、−0.49，可见广州市各区在进行调节时，加强师资队伍建设、增加人力资源投入起到了立竿见影的效果，进一步佐证了加强加快人力资源投入是调节区域学前教育发展的有效方式。需要注意的是，广州市较上一年新增教师数为 3174 人，但较上一年师幼比提高程度为 −0.16%，与此同时，广州市较上一年新增在园幼儿数约为 5.87 万人，说明广州市教师队伍的充实与补给速度还未能与在园幼儿数量的增长速度相匹配。

（二）广州市11个区学前教育环境承载力情况分析

广州市 11 个区学前教育环境承载力的因子得分和综合得分如图 1 所示。因子得分越高，说明在该因子方面的学前教育环境承载力水平越高；同理，综合得分越高，说明该区学前教育环境承载力整体水平越高。正值表示处于平均水平以上，负值则表示在平均水平之下。

以 11 个区学前教育环境承载力综合得分均值分别加减 0.4 和 0.6 个标准差后得到的 4 个值作为界限，根据综合得分高低，将 11 个区相对划分为五个区间：高承载力地区（综合得分≥0.30）、较高承载力地区（0.20≤综合得分<0.30）、一般承载力地区（−0.20≤综合得分<0.20）、较低承载力地区（−0.30≤综合得分<−0.20）、低承载力地区（综合得分<−0.30）。由此可见，广州市各区的学前教育环境承载力存在一定差异，天河、越秀、黄埔、海珠、番禺、荔湾、南沙等区高于平均水平，其他 4 个区低于平均水平。

就因子得分而言，从驱力、压力、状态、影响、响应等 5 种因子维度来

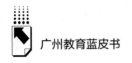
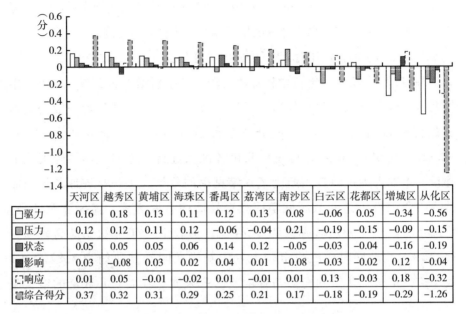

	天河区	越秀区	黄埔区	海珠区	番禺区	荔湾区	南沙区	白云区	花都区	增城区	从化区
□驱力	0.16	0.18	0.13	0.11	0.12	0.13	0.08	−0.06	0.05	−0.34	−0.56
▨压力	0.12	0.12	0.11	0.12	−0.06	−0.04	0.21	−0.19	−0.15	−0.09	−0.15
■状态	0.05	0.05	0.05	0.06	0.14	0.12	−0.05	−0.03	−0.04	−0.16	−0.19
■影响	0.03	−0.08	0.03	0.02	0.04	0.01	−0.08	−0.03	−0.02	0.12	−0.04
▫响应	0.01	0.05	−0.01	−0.02	0.01	−0.01	0.01	0.13	−0.03	0.18	−0.32
▨综合得分	0.37	0.32	0.31	0.29	0.25	0.21	0.17	−0.18	−0.19	−0.29	−1.26

图 1　广州市 11 个区学前教育环境承载力得分情况

资料来源：图中数据由《广州统计年鉴 2022》中的相关数据计算得出。

看，广州市 11 个区在学前教育发展方面各有自身的优势与短板。下面结合各区具体数据做进一步的差异分析。

1. 天河区、越秀区、黄埔区为高承载力地区，天河区各维度得分均高于全市平均水平，越秀区影响维度、黄埔区响应维度得分低于全市平均水平

天河区、越秀区、黄埔区学前教育环境承载力综合得分分别为 0.37、0.32、0.31，为高承载力地区。此 3 个区的驱力得分分别为 0.16、0.18、0.13，压力得分分别为 0.12、0.12、0.11，状态得分分别为 0.05、0.05、0.05，影响得分分别为 0.03、−0.08、0.03，响应得分分别为 0.01、0.05、−0.01。3 个区的人均生产总值分别为 26.86 万元、34.81 万元、34.71 万元，经济发展水平在广州市 11 个区中位列前三。可见 3 个区均在驱力水平上具有明显优势，面临的压力较小（此项为负向指标），最终表现出的状态水平较高。

各区在具体维度上存在区域差异。天河区各维度指标得分均为正值，高于全市平均水平，各方面发展较为均衡可能是该区学前教育环境承载力总体

水平高的重要原因。越秀区在影响维度的得分为负值,其他维度得分均为正值。据统计,越秀区的班级规模为每班 31 人,高于全市平均水平(每班 30人),仅低于从化区、花都区、白云区,班级规模这一负向指标,一定程度上削弱了越秀区学前教育环境承载力。黄埔区在响应维度的得分为负值,该区较上一年师幼比提高程度为-0.14%,响应水平较低的原因可能是新增教师数量未能与幼儿增长数量相匹配。

2. 海珠区、番禺区、荔湾区为较高承载力地区,海珠区响应维度、番禺区压力维度、荔湾区压力与响应维度得分低于全市平均水平

海珠区、番禺区、荔湾区综合得分分别为 0.29、0.25、0.21,为较高承载力地区。3 个区的驱力得分分别为 0.11、0.12、0.13,压力得分分别为0.12、-0.06、-0.04,状态得分分别为 0.06、0.14、0.12,影响得分分别为 0.02、0.04、0.01,响应得分分别为-0.02、0.01、-0.01。驱力和状态水平较高是 3 个区的共同特点,尽管 3 个区在人均生产总值这一指标上并不突出,在幼儿园生均一般公共预算教育经费方面甚至低于花都区、南沙区,但是 3 个区的居民人均消费水平分别为 5.01 万元、4.20 万元、4.19 万元,远高于花都区、南沙区、从化区、增城区。可见,较高的人均消费水平弥补了公共教育经费预算的不足,提升了其驱力与状态得分,进而极大地提高了区域的学前教育环境承载力。

值得注意的是,海珠区的响应维度得分虽为负值,但其驱力、压力、状态、影响等维度得分均衡且较高,各项指标处于全市中上水平,如幼儿教师大专及以上学历比例为 94.67%,已评职称教师比例为 30.30%。番禺区压力维度得分为负值,该区的人口数为 281.83 万人,在园幼儿数为 9.79 万人,仅次于白云区,面临着较大的人口压力。但与此同时,该区幼儿园生均一般公共预算教育经费为 1.44 万元,较上一年增长了 14.68%,较上一年师幼比提高程度约为 0.01%,是全市唯一实现师幼比正增长的区,较高的响应水平一定程度上缓解了人口对学前教育系统造成的压力。荔湾区压力与响应维度得分均为负值,该区较上一年减少教师 2 人,师幼比提高程度为-0.47%,幼儿园生均一般公共预算教育经费增长率为-18.99%,不增反减,

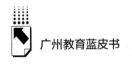

可见经费投入和师资增员两方面显著影响了区域环境系统对学前教育发展的响应水平。

3. 南沙区、白云区、花都区为一般承载力地区，南沙区的状态和影响维度得分低于全市平均水平，白云区仅有响应维度得分高于全市平均水平，花都区仅有驱力维度得分高于全市平均水平

南沙区、白云区、花都区综合得分分别为 0.17、-0.18、-0.19，为一般承载力地区。南沙区驱力得分为 0.08，压力得分为 0.21，状态得分为 -0.05，影响得分为 -0.08，响应得分为 0.01。据统计，南沙区幼儿园生均一般公共预算教育经费约为 2.55 万元，居全市首位；师幼比、教职工与在园幼儿比等其他指标都处于中等水平；但已评职称教师的比例为 16.60%，位于全市倒数第三位，南沙区用于提高教师队伍职称水平的经费投入稍显不足。

白云区的驱力、压力、状态、影响维度得分分别为 -0.06、-0.19、-0.03、-0.03，都低于全市平均水平；人均生产总值为 6.91 万元，仅高于从化区；在园幼儿为 11.44 万人，居全市首位；师幼比为 1∶15，班级规模为每班 31 人，较为局促；幼儿园生均一般公共预算教育经费 6821.18 元，远低于其他 10 个区。但白云区响应维度表现较为突出，较上一年幼儿园生均一般公共预算教育经费增长率达 5.27%，因此其学前教育环境承载力综合来看与花都区不相上下。

花都区与南沙区的各项得分较为接近，但在压力方面存在显著差异，花都区人口总数为 170.93 万人，为南沙的 1.90 倍；户数 65.34 万户，为南沙的 1.88 倍；在园幼儿数为 5.36 万人，为南沙的 1.38 倍。可见人口作为学前教育系统的外部环境因素，对整个区域学前教育环境承载力的影响举足轻重。

4. 增城区为较低承载力地区，影响和响应维度得分高于全市平均水平

增城区综合得分为 -0.29，为较低承载力地区。该区驱力、压力、状态、影响、响应维度得分分别为 -0.34、-0.09、-0.16、0.12、0.18，除影响和响应维度外，均低于全市平均水平。驱力方面，增城区的幼儿园一般公

共预算教育经费约为 5.90 亿元，仅高于荔湾区和从化区，地区生产总值、人均生产总值、人均可支配收入、居民人均消费水平等在全市排名均比较靠后。压力方面，在园幼儿数约 7.99 万人，仅少于白云区和番禺区。状态方面，教职工与在园幼儿比约为 14.56%，仅高于从化区和黄埔区；幼儿园生均一般公共预算教育经费约为 7376.06 元，仅高于白云区。影响方面，每十万人口在园幼儿数为 5227 人，居各区之首；班级规模为每班 31 人；而大专及以上学历教师比例为 87.70%，已评职称教师的比例为 9.39%，是全市最低的。可见增城区经济压力、人口压力和师资质量压力较大。尽管如此，增城区在响应方面的表现良好，较上一年幼儿园生均一般公共预算教育经费增长了 5.59%，同时较上一年新增教师 604 人。由此可见，增城区在增加经费投入、加快人力资源补给等方面做了相应的调节，整体提高了学前教育环境承载力综合得分。

5. 从化区为低承载力地区，各维度得分均低于全市平均水平

从化区综合得分为-1.26，为低承载力地区。该区驱力、压力、状态、影响、响应维度得分分别为-0.56、-0.15、-0.19、-0.04、-0.32，均低于全市平均水平。据统计，从化区的人均生产总值仅为 5.68 万元，居民人均消费水平仅为 2.37 万元，幼儿园一般公共预算教育经费为 2.84 亿元，远低于其他区，驱力水平低。压力方面，人口数为 72.74 万，在园幼儿数 3.26 万，数量上看并不比其他区多。状态方面，师幼比、教职工与在园幼儿比分别为 6.22% 和 13.00%，居全市末位；幼儿园生均一般公共预算教育经费为 8731.05 元，远低于全市平均水平（1.71 万元），仅高于增城区和白云区。影响方面，每十万人口在园幼儿数为 4477 人，仅少于增城；班级规模为每班 32 名幼儿，是全市最多的。说明从化区面临着经济水平、师资等方面的短板，加之幼儿数量相对较多，对其学前教育环境承载力带来了压力和挑战。从响应的水平来看，较上一年幼儿园生均一般公共预算教育经费增长率约为 29.50%，居全市首位；但该区较上一年师幼比提高程度约为-0.08%。可见该区也尝试通过增加幼儿园生均一般公共预算教育经费投入等举措来缓解发展的压力，但经费投入的精准度、资源配置的

合理性、响应速度和准确度有待加强，区域环境系统对学前教育发展的调节能力有待提高。

四　讨论与建议

学前教育环境承载力不仅建立在系统内部及外部资源本身数量多少的基础上，更受制于资源的统筹整合与分配使用。承载学前教育的核心主体是环境中的资源，而资源的投入、使用、状态以及调节等因素则共同构成了学前教育环境的承载能力。本部分从三个方面提出建议：统筹做好人员和资源的动态监测和预判警示，加快响应速度；提高区域环境系统调节能力和响应水平，因地制宜均衡发展；持续加大经费投入，公平精准配置学前教育环境资源。

（一）统筹做好人员和资源的动态监测和预判警示，加快响应速度

本研究发现，广州市学前教育环境承载力的压力水平较高、影响水平较低。压力主要源于人口基数和自然变动程度大，而教师队伍的补给和提质速度却未能与在园幼儿数量的增长速度相匹配。区域层面，除番禺区、荔湾区以外的 9 个区均出现了教师数量增加但师幼比降低的现象，实际上反映出教师资源配置跟不上人口变动需求的问题。因此亟须统筹做好人员和资源的动态监测和预判警示，加快响应速度。

一是做好人员的监测。幼儿教师与幼儿作为学前教育的两大要素，总是处于不断的变化之中，幼儿群体的需求更是环境资源配置的参考基础，因此行政部门与教育部门应协同做好人员的监测，通过建立学前教育事业发展数据库[①]、部门及时沟通等方式，动态地、实时地了解幼儿教师和幼儿的数量变化，并借助工具科学预判其数量与质量的变化趋势，以预测学前教育发展

---

① 王艺芳、姜勇、林瑜阳：《"全面二孩"政策下我国学前教育资源的配置——基于 Leslie 模型》，《湖南师范大学教育科学学报》2018 年第 3 期，第 59~66 页。

的需求和面临的压力，在避免资源浪费或供给不足的同时实现精准帮扶。例如 2021 年教育部等九部门印发的《"十四五"学前教育发展提升行动计划》提出"加强村级幼儿园建设，城市新增人口、流动人口集中地区新建改扩建一批幼儿园，完善城乡学前教育布局和公共服务网络，切实保障适龄幼儿入园"[①]，便是一项满足新增人口和流动人口入园需求的有力举措，极具针对性和前瞻性。

二是做好资源的监测。行政部门应加强对各区学前教育资源的统计，根据学前教育事业发展需求，统筹配置区域环境资源，并对使用情况和所取得的成效进行过程性监管、机动性调配和阶段性清算，确保资源持续平稳供给，督促区域提高资源利用效率。

（二）提高区域环境系统调节能力和响应水平，因地制宜均衡发展

本研究发现不同学前教育环境承载力水平的区域面临着不同的发展困境，但高均衡、高响应一直是发展的要义。高承载力地区如天河区，各维度得分大多数处于中上水平，且比较均衡，学前教育环境承载力总体水平也较高。同为高承载力地区，黄埔区响应维度得分略低于全市平均水平，拉低了该区总体的学前教育环境承载力。较高承载力地区如海珠区、荔湾区等，也会出现响应维度得分低于全市平均水平的情况。除白云区、增城区、从化区以外，其他 8 个区学前教育环境承载力的响应维度得分都在平均水平左右，从化区最低，得分为 -0.32。针对各承载力水平地区尤其是低承载力地区环境系统调节能力差的问题，有必要加强区域环境系统调节能力，提高学前教育环境承载力响应水平，通过因地制宜地采取措施，实现各区域自身均衡发展。

首先，区政府部门应全方位客观分析本区域学前教育环境承载力，洞悉本区的资源优势和发展短板，有针对性地设法增加对应资源，以此作为区域

---

① 中华人民共和国教育部等九部门：《关于印发〈"十四五"学前教育发展提升行动计划〉和〈"十四五"县域普通高中发展提升行动计划〉的通知》（教基〔2021〕8 号）。

环境系统自我调节的起点。其次，区级政府部门应规范学前教育资源管理，及时进行区内各园所之间的资源动态调配。相关研究表明，区域学前教育资源配置差距大会导致资源利用效率低，从而制约普惠性学前教育资源的有效扩大和质量提升。[①] 本研究建议以保障教育公平为出发点，根据幼儿园生均一般公共预算教育经费、幼儿园办园类型、幼儿园所处片区等，合理配置园所经费投入；根据师幼比、班级规模等合理配置教师资源。[②] 最后，区级政府部门和教育部门应充分挖掘本地特色资源。地方文化资源是幼儿园建设可利用的重要资源，[③] 除了重视人力、财力、物力等显性资源之外，还要重视对民风习俗等隐性资源的利用，丰富学前教育的底蕴，为学前教育发展提供源源不断的动力与支持。

（三）持续加大经费投入，公平精准配置学前教育环境资源

本研究发现，荔湾区较上一年幼儿园生均一般公共预算教育经费增长率为-18.99%，较上一年师幼比提高-0.47%，经费投入和师资增员两方面数据均不增反降。此外，荔湾区 2020 年的幼儿园生均一般公共预算教育经费增长率为-17.65%，经费持续缩减显著影响了区域环境系统对学前教育发展的响应水平。个别区域如从化区也尝试通过增加经费投入来缓解发展的压力，但精准度不足，导致资金分配不合理，出现了在较上一年幼儿园生均一般公共预算教育经费增长率为 29.50% 的情况下，较上一年师幼比提高程度仅为-0.08% 的情况，长此以往必将造成资源的浪费，学前教育环境承载力提升也难见成效。

已有研究表明，我国目前的学前教育经费占教育经费比例偏低，总体资

---

① 甘永涛、孟立军：《武陵山片区学前教育资源使用效率评价——基于 20 个县市的调查》，《教育财会研究》2014 年第 3 期，第 28~33 页。

② 李芳、祝贺、姜勇：《我国学前教育财政投入的特征与对策研究——基于国际比较的视角》，《教育学报》2020 年第 1 期，第 43~54 页。

③ 杨莉君、曹莉：《幼儿园在开发利用地方民族文化资源过程中存在的问题及其解决策略——以沅陵县幼儿园对当地苗族文化课程资源的开发为例》，《学前教育研究》2010 年第 7 期，第 51~53 页。

源不足,① 但仍存在"规模大、经费多、钱够用、经费充足"的认识偏误,实际上经费投入总体仍存在较大缺口,应持续加大经费投入。② 此外,广州市各区应根据区域情况和园所类别,按照生均学前教育经费相关规定合理分配经费投入;摸查处境不利儿童的家庭情况和入学需求,适当降低其学前教育成本,实现弱势儿童群体的准确帮扶;根据区域需求,通过组织培训、提供进修机会等方式,提高教师队伍的学历和职称水平。建议相关部门要公平地、精准地做好学前教育环境资源配置,将有限区域环境资源用在"刀刃上",提高区域保教质量,实现学前教育可持续发展。

参考文献

贺祖斌:《高等教育系统的生态承载力研究》,《高等教育研究》2005 年第 2 期。

焦露、杨睿、郭琳:《国家级新区资源环境承载力评估研究——以贵安新区为例》,《四川理工学院学报》(社会科学版)2017 年第 5 期。

林虹:《地方文化与幼儿园课程的整合》,《学前教育研究》2019 年第 10 期。

许浙川、柳海民:《论资源承载力支撑下的区域学前教育合理有序发展》,《中国教育学刊》2020 年第 4 期。

郑楚楚、姜勇、王洁等:《公办学前教育资源区域配置的空间特征与均衡程度分析》,《学前教育研究》2017 年第 2 期。

---

① 柏檀、王水娟、李芸:《外部性视角下我国学前教育财政政策的选择》,《教育与经济》2018 年第 5 期,第 65~72 页。
② 庞丽娟、杨小敏:《高质量教育体系建设的经费投入保障思考与建议》,《国家教育行政学院学报》2021 年第 8 期,第 3~13 页。

B.9
广州市幼儿园保教质量家长满意度
现状调查报告

叶巧怡 李思娴*

摘　要： 对广州市 975 名幼儿家长开展幼儿园保教质量满意度调查的结
　　　　果显示，广州市幼儿园保教质量家长满意度整体处于中上水
　　　　平，家园沟通维度的家长满意度相对较低，其中幼儿园在"育
　　　　儿方法指导"和"亲子活动组织"两个二级指标上未达"满
　　　　意"等级；不同职业、学历和家庭收入家长的幼儿园保教质量
　　　　总体满意度存在显著差异。为此，要加大家长满意度监测力
　　　　度，持续关注家长教育需求；完善家园沟通方式，不断提升家
　　　　长满意度；关注低社会经济地位家庭，引导家长建立正确教育
　　　　观念与合理教育期望。

关键词： 家长满意度　保教质量　学前教育　广州市

一　问题提出

　　教育是国之大计、党之大计，办好人民满意的教育是我国教育事业长期
追求的目标之一。2022 年，党的二十大报告对"办好人民满意的教育"作
出专门部署，充分体现了党中央对教育事业的高度重视和优先发展教育的坚

---

* 叶巧怡，华南师范大学教育科学学院学前教育专业硕士研究生，主要研究方向为幼儿园保教
　质量、儿童行为观察与评价；李思娴，心理学博士，华南师范大学教育科学学院副教授，主
　要研究方向为儿童心理发展与教育、儿童行为观察与评价等。

定决心。学前教育是基础教育的开端，是终身教育的奠基，其教育质量关乎亿万家庭的福祉，办好人民满意的学前教育至关重要。

幼儿与家长是幼儿园保教服务的重要参与者和利益相关者，幼儿园保教服务质量的好坏最直接的感受者也是幼儿与家长。幼儿由于自身发展水平受限，难以直接、较全面地反馈幼儿园保教服务质量问题。家长可以为专业人员提供信息，以帮助幼儿园完善保教服务，更好地、更直接地满足家庭需求。[①] 因此家长对幼儿园保教质量的体验与评价可以成为幼儿园办园质量的重要参考依据，应当受到重视。近年来我国幼儿园保教质量研究虽得到一定重视，但幼儿园保教质量评价主体大多是教育行政主管部门与其委托的专家群体，[②] 从家长的角度分析其对幼儿园保教质量满意度的相关研究较少，不利于幼儿园教育的高质量发展。

基于此，本研究对广州市幼儿家长展开实证调查，以了解幼儿家长对幼儿园保教质量的满意度现状，客观剖析家长心中存在的质量问题，进而提出有针对性的建议策略，以不断提升办园质量、办好人民满意的学前教育。

二　研究设计

（一）研究对象

2022 年 11~12 月，面向广州市幼儿园家长发放电子问卷，共收到问卷1014 份，有效问卷 975 份，问卷有效率为 96.15%。调查对象涵盖不同学历、职业和家庭年收入的幼儿家长。按家长学历划分，初中及以下学历的家长有 44 人，占比 4.51%；高中/中专学历的家长有 101 人，占比 10.36%；大专学历的家长有 190 人，占比 19.49%；本科学历的家长有 518 人，占比

---

①　Bi Ying Hu, et al., "Structural and Process Predictors of Chinese Parental Satisfaction toward Early Childhood Education Services," *Children and Youth Services Review* 89（2018）.

②　刘霞：《幼儿能作为质量评价主体吗》，《中国教育报》2016 年 9 月 25 日。

53.13%；研究生学历的家长有 122 人，占比 12.51%。按家长职业①划分，职业为临时工、失业、待业人员、非技术及农业劳动者阶层的家长有 111 人，占比 11.38%；职业为体力劳动工人和个体经营人员、技术工及同级工作者的家长有 176 人，占比 18.05%；职业为一般管理人员与一般专业技术人员、事务性工作人员的家长有 252 人，占比 25.85%；职业为中层管理人员与中层专业技术人员、助理专业人员的家长有 289 人，占比 29.64%；职业为高级管理人员与高级专业技术人员、专业主管人员的家长有 147 人，占比 15.08%。按家庭年收入②划分，低收入的家庭有 93 人，占比 9.54%；中等偏下收入的家庭有 105 人，占比 10.77%；中等收入的家庭有 303 人，占比 31.08%；中等偏上收入的家庭有 237 人，占比 24.31%；高收入的家庭有 237 人，占比 24.31%。

（二）研究工具

1. 问卷编制

本研究基于已有学前教育质量评价研究和家长教育满意度研究，结合《幼儿园保育教育质量评估指南》与家长访谈内容，自编《幼儿园保教质量家长满意度问卷》。问卷包括四个部分：第一部分是幼儿园基本信息，第二部分是家长背景信息，第三部分是家长对幼儿园保教质量的满意度，第四部分是开放题，收集家长具体意见。

幼儿园保教质量包括环境与管理、护理与保育、师资力量、课程活动、

---

① 师保国、申继亮在《家庭社会经济地位、智力和内部动机与创造性的关系》研究中提出，职业分类共包括 5 个等级，分别是：临时工、失业、待业人员、非技术及农业劳动者阶层；体力劳动工人和个体经营人员、技术工及同级工作者；一般管理人员与一般专业技术人员、事务性工作人员；中层管理人员与中层专业技术人员、助理专业人员；高级管理人员与高级专业技术人员、专业主管人员。本研究采用此划分家长职业类型。

② 《广州统计年鉴 2022》中按收入划分家庭五等份分组，人均可支配收入节点分别为 37849.5 元、55472.76 元、75947.16 元、92787.27 元、127548.05 元的依次为低收入户、中等偏下收入户、中等收入户、中等偏上收入户、高收入户。本研究参考此类划分家庭收入等级。

家园沟通与幼儿发展等六个维度，合计 42 个具体题项（见表1）。问卷采用正向陈述的方式，调查家长对上述六个维度 42 个具体题项的满意程度；使用 Likert 5 级评分法，每个题项选项从"非常不满意"到"非常满意"分为五个等级，分值依次从"1"到"5"分，得分越高表明家长对幼儿园保教质量的满意度越高。

表 1　幼儿园保教质量家长满意度测查指标体系

维度	具体指标
环境与管理	整体环境、周边治安、活动空间、硬件设施(2题)、教玩具材料、收费管理、膳食管理
护理与保育	安全防护、疾病防控、晨检护理、生活照顾、作息安排
师资力量	教师配备数、教师学历、教师师德(2题)、专业能力与素质(2题)
课程活动	活动内容(2题)、活动方式、活动氛围、活动组织、活动效果、户外活动时长
家园沟通	家园沟通方式、家园沟通频率、育儿方法指导、及时反馈、亲子活动组织、家园关系
幼儿发展	知识学习、学习兴趣、独立能力、礼仪品格、卫生习惯、语言表达、社会交往、艺术素养、科学探究、运动体格

2. 信效度分析

对《幼儿园保教质量家长满意度问卷》进行了内在信度分析，问卷的 Cronbach's Alpha 系数为 0.991，六个维度的 Cronbach's Alpha 系数为 0.954~0.983，表明自编问卷具有较高信度。本研究采用 KMO（Kaiser–Meyer–Olkin）检验和巴特利特（Bartlett）球度检验对问卷进行效度分析，问卷的 KMO 值为 0.986，且 Bartlett 球度检验为 0.000（$p<0.05$），说明家长满意度问卷中各变量之间的相关性显著，问卷的效度较高。

（三）数据分析

本研究采用 SPSS 22.0 软件对问卷数据进行统计分析，具体运用描述统计分析和单因素方差分析。

三 研究结果与分析

（一）广州市幼儿园保教质量家长满意度总体处于中上水平，但家园沟通维度满意度相对较低

广州市幼儿家长对幼儿园保教质量总体满意度处于中上水平。家长总体满意度得分均值为 4.23 分，介于"满意"与"非常满意"之间。由此说明，广州市幼儿园保教质量家长满意度总体处于中上水平，幼儿园总体保教质量达到家长期望。具体而言，幼儿园保教质量六个维度之间的家长满意度不均衡，家园沟通维度的满意度（4.05 分）居末位，说明幼儿园家园沟通方面的工作仍有待加强（见表2）。

表2 幼儿园保教质量家长满意度总得分情况

单位：分

维度	均值	标准差	得分排序
环境与管理	4.26	0.65	4
护理与保育	4.29	0.63	1
师资力量	4.29	0.64	1
课程活动	4.27	0.64	3
家园沟通	4.05	0.76	6
幼儿发展	4.21	0.65	5
总体满意度	4.23	0.61	—

（二）广州市幼儿园保教质量家长满意度各维度情况分析

1. 在环境与管理维度中，幼儿园周边治安和收费管理的家长满意度相对较低

家长对幼儿园环境与管理维度的满意度较高，得分均值为 4.26 分，介于"满意"和"非常满意"之间。其中，周边治安和收费管理的得分最低，说明家长对幼儿园周边治安和收费管理的满意度相对较低（见表3）。

表3　幼儿园环境与管理维度的家长满意度得分情况

单位：分

项目	均值	标准差	得分排序
整体环境	4.34	0.70	1
周边治安	4.18	0.74	6
活动空间	4.34	0.71	1
硬件设施	4.26	0.71	4
教玩具材料	4.27	0.74	3
收费管理	4.18	0.79	6
膳食管理	4.22	0.77	5
环境与管理维度	4.26	0.65	—

2. 在护理与保育维度中，幼儿园对幼儿生活照顾的家长满意度相对较低

家长对幼儿园护理与保育维度的满意度较高，得分均值为4.29分，介于"满意"和"非常满意"之间。其中，生活照顾的得分居后，说明家长对幼儿园关于幼儿生活照顾工作的满意度相对较低（见表4）。

表4　幼儿园护理与保育维度的家长满意度得分情况

单位：分

项目	均值	标准差	得分排序
安全防护	4.32	0.66	1
疾病防控	4.28	0.67	4
晨检护理	4.30	0.67	2
生活照顾	4.25	0.70	5
作息安排	4.30	0.65	2
护理与保育维度	4.29	0.63	—

3. 在师资力量维度中，幼儿园教师配备数和学历的家长满意度相对较低

家长对幼儿园师资力量维度的满意度较高，得分均值为4.29分，介于"满意"和"非常满意"之间。其中，教师配备数和教师学历的得分相对靠后，说明家长对幼儿园教师数量与教师学历的满意度相对较低（见表5）。

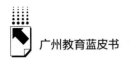

表5 幼儿园师资力量维度的家长满意度得分情况

单位：分

项目	均值	标准差	得分排序
教师配备数	4.24	0.71	3
教师学历	4.23	0.68	4
教师师德	4.33	0.65	1
专业能力与素质	4.30	0.67	2
师资力量维度	4.29	0.64	—

4. 在课程活动维度中，幼儿园课程活动内容的家长满意度相对较低

家长对幼儿园课程活动维度的满意度较高，得分均值为4.27分，介于"满意"和"非常满意"之间。其中，活动内容的得分最低，说明家长对幼儿园的活动内容满意度相对较低（见表6）。

表6 幼儿园课程活动维度的家长满意度得分情况

单位：分

项目	均值	标准差	得分排序
活动内容	4.24	0.68	6
活动方式	4.28	0.66	2
活动氛围	4.27	0.68	4
活动组织	4.28	0.65	2
活动效果	4.27	0.67	4
户外活动时长	4.29	0.65	1
课程活动维度	4.27	0.64	—

5. 在家园沟通维度中，幼儿园育儿方法指导和亲子活动组织的家长满意度未达"满意"等级

家长对幼儿园家园沟通维度的满意度得分均值为4.05分，基本达到"满意"等级（4分）。然而，幼儿园育儿方法指导（3.98分）和亲子活动组织（3.93分）的得分均值均介于"一般"到"满意"之间，说明家长对幼儿园育儿方法指导和亲子活动组织方面满意度较低，这两方面的教育工作没有达到家长的期望，需引起重视（见表7）。

表7　幼儿园家园沟通维度的家长满意度得分情况

单位：分

项目	均值	标准差	得分排序
家园沟通方式	4.10	0.77	3
家园沟通频率	4.02	0.82	4
育儿方法指导	3.98	0.84	5
及时反馈	4.12	0.78	2
亲子活动组织	3.93	0.91	6
家园关系	4.14	0.75	1
家园沟通维度	4.05	0.76	—

6. 在幼儿发展维度中，幼儿艺术素养和运动体格的家长满意度相对较低

家长对幼儿园幼儿发展维度的满意度较高，得分均值为4.21分，介于"满意"和"非常满意"之间。其中，艺术素养和运动体格的得分相对靠后，说明家长对幼儿园关于幼儿艺术素养培养和对幼儿运动能力的锻炼等工作的满意度相对较低（见表8）。

表8　幼儿园幼儿发展维度的家长满意度得分情况

单位：分

项目	均值	标准差	得分排序
知识学习	4.23	0.69	2
学习兴趣	4.20	0.73	7
独立能力	4.22	0.70	4
礼仪品格	4.22	0.69	4
卫生习惯	4.22	0.69	4
语言表达	4.25	0.67	1
社会交往	4.23	0.68	2
艺术素养	4.17	0.72	10
科学探究	4.20	0.71	7
运动体格	4.19	0.70	9
幼儿发展维度	4.21	0.65	—

（三）广州市幼儿园保教质量家长满意度的家庭差异分析

单因素方差分析（ANOVA）结果显示，幼儿园保教质量家长满意度在

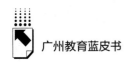

家长职业、家长学历和家庭收入等方面均存在显著差异。

1. 职业为"临时工、失业、待业人员、非技术及农业劳动者阶层"和"体力劳动工人和个体经营人员、技术工及同级工作者"的家长总体满意度显著低于其他三类职业的家长

按照幼儿园保教质量家长满意度得分均值高低排序,职业为"一般管理人员与一般专业技术人员、事务性工作人员""中层管理人员与中层专业技术人员、助理专业人员""高级管理人员与高级专业技术人员、专业主管人员"的家长的总体满意度最高(均为 4.27 分),职业为"临时工、失业、待业人员、非技术及农业劳动者阶层"的家长的总体满意度最低(4.11 分)。

采用单因素方差分析方法对五类职业家长的总体满意度进行差异性检验,检验方差是否齐性,结果显示 $p = 0.751 > 0.05$,因此判断方差齐性。在方差齐性基础上,用 LSD 对各组均值进行配对比较,结果显示 $F = 3.290$,$p = 0.011 < 0.05$,说明不同职业家长的幼儿园保教质量满意度存在显著差异。LSD 事后检验结果表明,职业为"临时工、失业、待业人员、非技术及农业劳动者阶层"和"体力劳动工人和个体经营人员、技术工及同级工作者"的家长对幼儿园保教质量总体满意度显著低于其他三类职业的家长。其他组间无显著差异(见表9)。

表9 广州市幼儿园保教质量家长满意度的家长职业差异分析

类别	内容	人数(人)	均值(分)	标准差(分)	F	p	ANOVA
家长职业	①临时工、失业、待业人员、非技术及农业劳动者阶层	111	4.11	0.65	3.290	0.011	①②<③④⑤
	②体力劳动工人和个体经营人员、技术工及同级工作者	176	4.12	0.67			
	③一般管理人员与一般专业技术人员、事务性工作人员	252	4.27	0.56			
	④中层管理人员与中层专业技术人员、助理专业人员	289	4.27	0.58			
	⑤高级管理人员与高级专业技术人员、专业主管人员	147	4.27	0.62			

2. 学历为初中及以下、高中/中专和大专的家长的总体满意度显著低于学历为本科和研究生的家长

按照幼儿园保教质量家长满意度得分均值高低排序，学历为本科的家长的总体满意度最高（4.29分），其次是学历为研究生的家长（4.27分），初中及以下学历的家长的总体满意度最低（4.05分）。

采用单因素方差分析方法对五类学历家长的总体满意度进行差异性检验，检验方差是否齐性，结果显示 p=0.660>0.05，因此判断方差齐性。在方差齐性基础上，用 LSD 对各组均值进行配对比较，结果显示 F=5.124，p=0.000<0.001，说明不同学历的家长的幼儿园保教质量满意度存在极其显著差异。LSD 事后检验结果表明，学历为初中及以下、高中/中专和大专的家长的总体满意度显著低于学历为本科和研究生的家长，其他组间无显著差异（见表10）。

表10 广州市幼儿园保教质量家长满意度的家长学历差异分析

类别	内容	人数（人）	均值（分）	标准差（分）	F	p	ANOVA
家长学历	①初中及以下	44	4.05	0.76	5.124	0.000	①②③<④⑤
	②高中/中专	101	4.11	0.68			
	③大专	190	4.12	0.61			
	④本科	518	4.29	0.56			
	⑤研究生	122	4.27	0.63			

3. 低收入家庭的家长总体满意度显著低于中等收入、中等偏上收入和高收入家庭的家长

按照幼儿园保教质量家长满意度得分均值高低排序，中等偏上收入家庭的家长的总体满意度最高（4.28分），其次是高收入家庭的家长（4.26分），低收入家庭的家长的总体满意度最低（4.04分）。

采用单因素方差分析方法对五类收入的家长总体满意度进行差异性检验，检验方差是否齐性，结果显示 p=0.490>0.05，因此判断方差齐性。在方差齐性基础上，用 LSD 对各组均值进行配对比较，结果显示 F=3.037，p=0.017<

0.05，说明不同家庭收入的家长的幼儿园保教质量满意度存在显著差异。LSD事后检验结果表明，低收入家庭的家长的总体满意度显著低于中等收入、中等偏上收入和高收入家庭的家长，其他组间无显著差异（见表11）。

表11　广州市幼儿园保教质量家长满意度的家庭月收入差异分析

类别	内容	人数（人）	均值（分）	标准差（分）	F	p	ANOVA
家庭收入	①低收入	93	4.04	0.64	3.037	0.017	①<③④⑤
	②中等偏下收入	105	4.17	0.66			
	③中等收入	303	4.23	0.58			
	④中等偏上收入	237	4.28	0.60			
	⑤高收入	237	4.26	0.61			

四　讨论与建议

（一）加大家长满意度监测力度，持续关注家长教育需求

本研究发现，广州市幼儿园保教质量家长满意度总体水平及其各维度得分均值虽达"满意"等级，但其得分均值为4.05～4.29分，说明家长满意度水平仍有上升空间。

办好人民满意的教育，是一个长期动态的过程，也是一个复杂的社会系统工程。[1] 教育督导部门在教育评价过程中不仅要通过客观指标推动工作，也要及时获取家长群体对学校教育的满意情况与相关意见。[2] 建议市级教育督导部门将幼儿园保教质量家长满意度监测纳入区域教育部门履职的评价体系和幼儿园质量评估体系中，加大对家长满意度的监测力度，及时发现并解决幼儿园保教服务工作中存在的问题，持续提高学前教育家长满意度。同

---

[1] 梁海伟：《办好人民满意教育的关键点》，《中国教育学刊》2014年第2期，第1~4页。

[2] 张墨涵、季诚钧、田京：《家长满意度与基础教育均衡发展——基于浙江省的调查与思考》，《浙江社会科学》2019年第3期，第146~151页。

时，建议幼儿园联合专家团队，结合园本实际选择或开发家长满意度问卷工具，建立适合本园的家长满意度评估系统，定期收集家长满意度数据信息，以动态了解家长的教育需求，发现并调整幼儿园保教质量存在的问题，加强幼儿园教育教学等管理，不断提高幼儿园家长满意度。

（二）完善家园沟通方式，不断提升家长满意度

本研究发现，广州市幼儿园保教质量各维度之间的家长满意度存在不均衡现象，家园沟通维度的家长满意度相对较低，刚刚达到"满意"水平（均值为4.05分）。这与郭文斌等人的研究结果基本一致，家长对家园沟通十分关注，对家园沟通的满意度却比较低。[①] 同时，研究发现家长对亲子活动以及幼儿园开展指导家长育儿方法活动等方面的满意度较低（均低于4分）。收集到的156条家长不满意意见中，有30.38%是关于家园沟通的，且其中大部分家长提出"很少有亲子活动，希望后面可以安排起来"。幼儿园与家长沟通的方式较为单一，一般只是召开家长会，而家长在此过程中仅为一个"听众"，关于幼儿在园的生活和学习情况和家园合作育儿等方面缺乏深层次的交流与合作。

建议幼儿园丰富家园沟通方式，加深家园沟通的深度，如通过家长育儿讲座、亲子活动、家长开放日等方式，让家长走进幼儿园，感受幼儿园的教育氛围，在潜移默化当中宣传幼儿园的教育理念和教育措施，增强家长对幼儿园保教工作的信任与认可。同时，建议各师资培训部门联合幼儿园，积极开展幼儿园教师家园合作与沟通的专项培训，提高幼儿教师与家长有效沟通的意识，增强幼儿园指导家长育儿方法的能力。

（三）关注低社会经济地位家庭，引导家长建立正确教育观念与合理教育期望

本研究发现，幼儿园保教质量家长满意度在不同职业、学历和家庭收入

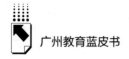

的家长上存在显著差异，且职业为"临时工、失业、待业人员、非技术及农业劳动者阶层"和"体力劳动工人和个体经营人员、技术工及同级工作者"的家长、学历为大专及以下的家长、家庭收入水平为低收入的家长的总体满意度均较低。这与已有研究结果类似。①② 结合开放题家长意见可以得知，这三类家长普遍表示幼儿园学费太贵和希望幼儿园能够开展语文、数学、英语等小学学科知识教学。由此可见，部分低收入家庭的家长对幼儿园收费的满意度较低，且部分社会经济地位较低的家长存在教育焦虑现象。

低收入家庭的教育资源相对匮乏，学校教育对其所发挥的教育作用更为突出。③ 因此需重视低收入家庭对幼儿园收费不满意的问题，以保障每位幼儿能够相对平等地接受教育，实现教育公平。2021 年，广州市教育局、广州市财政局印发了《关于进一步健全广州市学生资助政策体系的实施意见》，在省政策基础上，提高了对学前教育家庭经济困难儿童的资助标准，同时增加了学前资助项目，扩大了资助覆盖面。④ 但在文件当中主要强调政府资助，缺乏幼儿园资助和社会资助等其他资助方式说明，且缺乏对不同经济困难程度家庭幼儿资助力度的说明。有研究表明，学前教育资助存在的主要问题有两大方面，一是政府资助项目的资助比例与标准较低；二是幼儿园资助和社会资助的实施力度不足。⑤ 建议政府完善学前教育资助制度，结合实际确定分档资助标准，对不同经济困难程度家庭的幼儿实行不同资助标准，增强学前教育的普惠性和资助精确性。完善学前教育资助方式，确定幼儿园资助比例范围，使幼儿园从事业收入中提取相应比例用于减免收费等。

---

① Barry A. Friedman, Paula E. Bobrowski, John Geraci, "Parents' School Satisfaction: Ethnic Similarities and Differences," *Journal of Educational Administration* 44 (2006): 471-486.

② 马芳、赵楠：《家长对幼儿园满意度的调查与研究》，《当代教育实践与教学研究》2015 年第 6 期，第 124、125 页。

③ 张墨涵、季诚钧、田京：《家长满意度与基础教育均衡发展——基于浙江省的调查与思考》，《浙江社会科学》2019 年第 3 期，第 146~151 页。

④ 广州市教育局：《广州市教育局 广州市财政局印发关于进一步健全广州市学生资助政策体系实施意见的通知》（穗教规字〔2021〕9 号），https://www.gz.gov.cn/gfxwj/sbmgfxwj/gzsjyj/content/post_ 7920428. html，最后检索时间：2023 年 5 月 20 日。

⑤ 范晓婷、曲绍卫、纪效晖：《基于全国 36 个省级参评单位数据的学前教育资助政策绩效评估》，《学前教育研究》2015 年第 7 期，第 43~51 页。

此外，建议政府完善相关优惠政策，积极引导和鼓励社会团体对家庭经济困难儿童进行资助。

关于家长教育焦虑问题的有效缓解，离不开教育主管部门和幼儿园等多方努力。[①] 建议教育部门落实"双减"等相关教育政策，构建良好的教育生态环境，缓解家长焦虑情绪。建议幼儿园积极开展与幼小衔接主题相关的家长活动，引导家长科学认识幼小衔接。同时特别关注上述三类家长的育儿困惑等问题，开展有针对性的家庭指导服务，帮助家长树立正确教育观念和合理的教育期望，共同促进幼儿身心健康全面可持续发展。

参考文献

崔保师等：《基础教育服务对象满意度实证研究》，《教育研究》2019 年第 3 期。

邓峰、李敏谊：《家长满意度与学前教育质量评价》，北京理工大学出版社，2021。

李伟涛：《基础教育阶段学生家长满意度的影响因素：来自上海的调研证据》，《教育发展研究》2014 年第 22 期。

张娜、王玥、许志星：《家庭社会经济地位对家长教育满意度的影响研究》，《教育学报》2013 年第 3 期。

中国教育科学研究院：《办好人民满意的教育——全国教育满意度调查报告》，教育科学出版社，2019。

[①] 孙卉、傅宏：《新闻报道对幼儿园家长教育焦虑的影响："双减"政策的缓冲作用》，《苏州大学学报》（教育科学版）2023 年第 1 期，第 109~118 页。

"双减"政策篇

Topics in "Double Reduction" Policy Reports

B.10
广州市校外培训行业"黑白"名单制度
建设现状调查报告

张雯闻　张雯靖　陈君榕*

摘　要： 以校外培训行业的信用体系建设为研究对象，通过文献研究和访谈法等多种定性研究方法，发现"黑白"名单制度运行中存在机构名称与"黑名单"不一致、结果效用低、公示效果不明显和信用结果应用缺乏奖惩机制等问题。为完善校外培训行业的信用体系建设，建议实行"黑白灰"名单，发挥"黑白灰"名单信用制度的最大治理效能、完善公示宣传机制、设立结果应用的奖惩机制和建立全面的校外培训机构评价数据库。

关键词： 广州经验　校外培训　信用体系　"黑白"名单

---

* 张雯闻，博士，华南农业大学公共管理学院副教授，主要研究方向为教育社会学与教育政策；张雯靖，华南农业大学公共管理学院研究生，主要研究方向为行政管理与教育管理；陈君榕，华南农业大学公共管理学院研究生，主要研究方向为行政管理与教育管理。

一　问题提出

社会信用是以信用为基础进行社会资源配置的制度安排，是保障我国经济社会持续发展、实现中国特色社会主义现代化进程中不可或缺的基础性制度设计。健全完善各行各业的信用体系对保障供需有效衔接、优化资源配置和创造良好的营商环境具有十分重要的战略意义。

随着社会和市场经济的发展，国家密集地颁布了一系列政策措施，不断完善社会信用体系基本框架，并推动社会信用体系的规范化和法制化。重要的政策文件包括：2014年国务院颁布的《社会信用体系建设规划纲要（2014—2020年）》、2019年国务院办公厅颁布的《关于加快推进社会信用体系建设构建以信用为基础的新型监管机制的指导意见》、2020年国务院办公厅颁布的《关于进一步完善失信约束制度构建诚信建设长效机制的指导意见》。2022年，中共中央办公厅、国务院办公厅联合印发了《关于推进社会信用体系建设高质量发展促进形成新发展格局的意见》（以下简称《意见》），尤其强调要"有序推进各地区各行业各领域信用建设、加强诚信文化建设"，其中校外培训行业更是社会信用体系建设的重点领域。

广州作为"双减"的第一批试点城市，在前期学科类校外培训机构的治理中取得了显著成效，为后续规范非学科类校外培训行业的行为积累了丰富的经验。为了完善社会信用体系建设，广州市委市政府尤其重视校外培训行业的信用体系建设。2022年4月，广州市社会信用体系建设领导小组办公室印发《2022年广州市社会信用体系建设工作要点》（以下简称《要点》），《要点》将校外培训行业信用建设作为推动营商环境创新试点举措落地见效的要点任务纳入，并于2022年5月将校外培训机构的信用监管列为开展工作的重要领域。

行业信用是建设社会信用体系的重要组成部分，有别于以政府部门为主体的外部监管信用体系，它主要用来监督企业和个人，以形成有效的市场约束力。行业信用既包括了本行业经济活动主体之间的信用关系，也涉及上下游产业经济活动主体之间的信用关系，从而构成了一个系统、完整的信用激

励与约束机制。

随着国家对社会信用体系建设的重视，学界对行业信用体系的研究也逐渐兴起。通过梳理相关文献发现，现有研究对行业信用的概念、作用、模式以及未来发展趋势都有一定的讨论，但将校外培训机构信用体系建设作为社会信用体系建设重点领域的研究较匮乏。因此，现阶段校外培训机构信用体系的构建可以借鉴其他行业信用体系建设经验。

一方面，现有信用体系建设研究大多基于金融学、宏观经济管理、思想政治教育、经济法等学科视角，从社会信用体系建设的宏观角度出发，如吴晶妹提出信用已经成为一种生产要素，建立并发挥社会信用体系的作用已经成为现代市场经济发展和社会治理必不可少的内容；① 韩家平提议应建立与数字时代相适应的社会信用体系。② 另一方面，在大多数"课外辅导"或"影子教育"的研究中，学者们试图解释校外培训膨胀的原因，如教育的市场化改革、③ 经济水平的提高、④ 选拔式的升学考试传统。⑤ 然而，校外培训行业的信用体系建设被长期淹没在"问题的治理"之中，并没有从学者们所提出的一些具体的市场监管措施中独立出来，教育行业社会信用体系建设必要性的普遍认同尚未形成。

因此，建立校外培训行业信用体系，推进校外培训行业自律、自治发展，对于国民教育事业的健康发展意义重大。在此背景下，本报告综合国内外相关研究，并结合广州市校外培训行业信用体系建设的实践探索和实行的"黑白"名单制度，通过与校外培训行业信用体系建设的代表群体进行深度访谈，为校外培训行业信用体系建设提供重要的实践价值。

① 吴晶妹：《社会信用体系建设是时代所需》，《征信》2015 年第 2 期，第 1~4 页。
② 韩家平：《中国社会信用体系建设的特点与趋势分析》，《征信》2018 年第 5 期，第 1~5 页。
③ 马克·贝磊：《欧洲地区影子教育研究：发展态势、动因及政策启示》，《全球教育展望》2020 年第 2 期，第 35~61 页。
④ Park H., Buchmann C., Choi J., et al., "Learning Beyond the School Walls: Trends and Implications," *Annual Review of Sociology* 42 (2016): 231-252.
⑤ 朱洵：《教育全球化中的影子教育与文化资本理论》，《清华大学教育研究》2013 年第 4 期，第 51~55 页。

二 研究设计

（一）研究对象

本研究以校外培训行业的信用体系建设为研究对象，以提高学生的学习效用和减轻家长的负担为目的，关注广州市试行的"黑白"名单制度的实施情况及其运行过程中校外培训行业的信用现状，特别是校外培训机构在"双减"政策之后面临的困境和诉求。

（二）研究方法

本研究采用以文献和访谈为基础的定性研究方法，基于对政策、文献的深入分析，并通过对校外培训机构信用体系建设所涉及的政府监管部门、政策执行部门、校外培训机构和家长代表进行访谈，获取有关校外培训机构信用体系建设现状和需求的多方面资料及信息，为解决实际问题提供更具灵活性和针对性的方案。

1. 文献研究法

在本次调查研究过程中，除查阅相关专业书籍、学术论文外，课题组还收集并查阅了国家、省、市以及其他试点城市关于校外培训机构信用体系建设的政策文本，并重点分析了广州市对于校外培训机构监管治理现行政策文件等相关资料。

2. 访谈法

焦点组访谈，即采用小型座谈会的形式与被访谈者进行无结构、自然的交谈，是一种更加节省时间和资金成本的访谈方法。该方法不仅能呈现每一位参与者个人的意见，而且可以获得特定情境下相关群体对研究问题的集体性解释，让被访谈者本身也参与到获取新认识的过程中来。

本研究选取了与校外培训行业信用体系建设相关的具有代表性的四个群体：信用处代表、执行部门代表、校外培训机构代表和家长代表

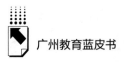

（见表 1）。对四个群体的访谈，有利于全面掌握不同群体对于"黑白"名单制度的看法和执行过程中存在的问题，有利于找到平衡各方的解决方法（见表 2）。

表 1　访谈对象基本信息

编号	性别	人员类别	所在机构
A1	女	信用处代表	广东省发展与改革委员会
B1	男	执行部门代表	广州市教育局校外教育培训监管处
B2	男	执行部门代表	广州市教育局校外教育培训监管处
B3	男	执行部门代表	广州市教育研究院
B4	男	执行部门代表	广州市荔湾区市场监督管理局
C1	女	校外培训机构代表	卓越教育
C2	女	校外培训机构代表	学而思
C3	男	校外培训机构代表	成铭教育培训中心
C4	女	校外培训机构代表	育童育美
D1	男	家长代表	无
D2	女	家长代表	无
D3	男	家长代表	无
D4	女	家长代表	无

表 2　访谈提纲维度

群体类型	维度
信用处代表	信用监管方式
	监管频率
	投诉情况
	部门协作机制
	评价结果应用机制
	校外培训机构信用体系建设难点
执行部门代表	投诉情况
	信用评价内容
	部门协作机制
	黑白名单的奖惩机制
	黑白名单的进入标准和评价周期
	对建立校外培训行业信用体系的看法

续表

群体类型	维度
校外培训机构代表	管理制度建议
	奖惩机制的内容提议
	"双减"政策实施后的反馈
家长代表	部门协作的效率
	完善信用体系建设的建议
	现行校外培训行业信用体系政策看法

三 调查研究的结果与分析

通过对广州市校外培训治理政策内容的规范分析与实践调研可知，广州市在国家、省、市级相关政策的指引下，积极探索建立"负面清单"和"黑白"名单制度，发布不同类型机构设置标准并同步设立校外培训监管部门即校外教育培训监管处。通过前期建设，广州市校外培训行业治理取得一定成效，新增的"黑白"名单制度为广大人民群众提供了更具权威性的政策依据。在政策落实方面，广州市各区根据颁布的政策制定了具体的治理方案。

（一）广州市校外培训行业"黑白"名单制度监管现状

广州市根据国家和广东省颁布的政策设计了具体的执行标准，是国家"双减"试点城市中率先成立校外培训社会监督队伍的城市。[①] 校外培训机构治理工作由教育局牵头开展专项检查，联合教育行政和公安等部门，及时发布校外培训机构"负面清单"和"黑白"名单。广州市在非学科类培

---

① 广州市教育局：《广州在国家"双减"试点城市中率先成立校外培训社会监督队伍》，http://jyi.gz.gov.cn/zt/shuangjian/gzdj/content/post_ 8090121.html，最后检索时间：2022年5月23日。

训机构的治理上进行了探索，先行发布了《广州市体育类校外培训机构设
置标准（试行）》，但还缺少关于线上培训机构的相关治理标准（见
表3）。

表3 广州市校外培训治理政策及信用体系建设要点

阶段	时间	颁布机构	名称	要点
治理初期	2018年4月18日	广州市教育局、广州市公安局、广州市民政局、广州市人力资源和社会保障局、广州市工商行政管理局	《广州市切实减轻中小学生课外负担开展校外培训机构专项治理工作的实施方案》	整改存在安全隐患，无证无照营业，招生培训行为不规范，存在市、区教育行政部门教研机构和培训机构与校外培训机构合作行为的机构
治理推进期	2019年3月19日	广州市教育局牵头，联合市场监管、民政、公安、城管等有关职能部门	《市教育局开展校外培训机构专项检查》	对广州市405家校外培训机构进行了检查
治理攻坚期	2021年1月16日	广州市教育局	《广州市教育局关于公布校外培训机构"白名单"的公告》	公布白名单
	2021年5月25日	广州市教育局	《校外培训机构规范办学行为提示书》	进一步规范校外培训机构办学行为，提升校外培训机构办学水平和办学质量
	2021年7月20日	广州市教育局	《广州市培训机构监督管理办法（征求意见稿）》	校外培训机构不得诱导学员用消费贷支付培训费、不得聘用在职中小学教师
	2021年9月1日	广州市教育局	《广州市校外培训机构监督举报电话及邮箱》	公布广州市校外培训机构监督举报电话及邮箱
	2021年11月19日	广州市教育局等六部门	《广州市校外培训机构预收资金监管办法（试行）》	强化培训收费监管，对校外培训机构预收费行为进行风险管控

续表

阶段	时间	颁布机构	名称	要点
治理攻坚期	2021 年 12 月 13 日	广州市教育局	《广州发挥黑白名单作用 健全校外培训长效治理机制》	进一步完善校外培训机构"黑白"名单管理制度
	2022 年 5 月 16 日	广州市教育局	《广州市教育局关于成立校外培训社会监督队伍的通知》	成立校外培训社会监督队伍

资料来源：广州市教育局官网。

　　广州市现行的信用监管主要采取"黑白"名单制度及"负面清单"制度。2021 年广州市教育局发布《关于完善校外培训机构黑白名单制度的通知》（以下简称《通知》）。《通知》明确了"黑白"名单的公布时间、对象和范围；建立了校外培训机构"负面清单"，明确了校外培训机构规范办学边界；强调要利用信息共享平台、综合监管平台，强化信用公示和联合惩戒；引导"穗好办—校外培训机构专区"实时联动，实现便民查询等（见图 1）。

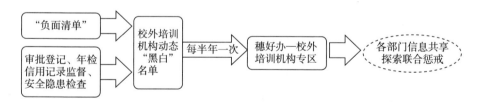

图 1　广州市校外培训机构"黑白"名单制度监管流程

　　广州市各区在党委和政府的领导下，建立由教育行政部门为主导，公安、工商行政管理、民政、人力资源和社会保障部门共同负责的协同工作机制，按照"属地管理"和"谁审批、谁监管"、"谁主办、谁负责"的原则，做好全面规范校外培训行业的工作，联合开展日常工作的监督管理和专项整治行动（见表 4）。

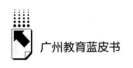
表4　广州市校外培训机构各级监管部门分工

监管部门/组织	监管类型	具体内容
教育行政部门	学校	对中小学校不规范办学行为进行整治;对义务教育学校开展学生课后服务政策情况进行落实
	培训机构	对校外培训机构的培训资料进行不定期检查,坚决查处校外培训机构扰乱中小学招生秩序的行为
	其他	对教研机构和相关人员不规范办学行为进行整治
公安部门	安全隐患	依法查处存在治安、消防、交通等安全隐患和妨碍公务、暴力抗法等违规行为的培训机构
工商行政管理部门	非法经营	依法查处营利性民办学校和营利性民办教育培训机构违反工商登记事项和企业不依法公示应当公示的企业信息的违法行为,依法查处违法广告行为
	其他	配合教育行政主管部门对无证从事学生文化教育类培训行为进行清理整顿
民政部门	经营范围	对在民政部门登记成立的培训机构开展超业务范围活动举办面向中小学生文化教育类培训业务进行清理整顿
人力资源和社会保障部门	经营范围	对由人社部门审批的超范围经营举办面向中小学生文化教育类培训业务的职业技能培训机构进行清理整顿

资料来源:《广东省教育厅等五部门关于切实减轻中小学生课外负担开展校外培训机构专项治理方案》(2018年)。

(二)广州市校外培训"黑白"名单制度监管问题

1."黑白"名单制度监管中机构名称不一

目前各区公布的"黑白"名单中的机构名称是以各个机构在市场监管局或者社会组织管理局登记的市场主体名为依据,这些名称与校外培训机构对外宣传的名字不同,原因在于"黑名单"或"无证无照"机构的违法违规成本较低,而相关部门查处难度较大,这在一定程度上削弱了"黑白"名单制度的警示力度。从教育局和校外培训机构的访谈中得知,家长还没有形成提前查询机构信息的意识,"黑白"名单发挥作用小;机构的排查还存在大量的"躲猫猫"现象,排查效率低下。

"很多家长选择培训机构还是靠家长间口口相传的方式，且大部分家长还不知道在'穗好办'或者官方公众号平台去查询机构的情况，'黑白'名单在公众中没有起到期望的作用"（被访人 B2）。

"市面上还有很多'小作坊式'的机构，他们也没有正规的证照，就是开在很隐蔽的地方，很难被查出，就算被查到，过一段时间换个地方可能就又开起来了"（被访人 C1）。

2. "黑白"名单制度结果效用低

各区"黑白"名单更新公布的内容多来源于基层人员日常联合执法检查和年检的评判结果，未能与"信用广州"平台数据和其他风险因素相关联，如国家综合信用评价结果、纳税信息、机构负责人信用情况、机构投诉情况等。

"现在对培训机构的日常监管执法，更多的是对机构在设置标准和办学行为方面的检查监管，但是还不能为公众提供全面的评估筛选，还需要联合权威的信用平台，对机构进行全方面的考察监管"（被访人 B2）。

在关于校外培训机构的信用情况上，机构代表认为投诉率可以作为影响校外培训机构评级的主要因素，能有效提高政府部门的工作效率，且可以实时核查。

"其实最简单的一个您可以从投诉入手，因为他们也是经常接到很多投诉，这个投诉到最后会不会影响信用评级，这个是有绝对数据的。而且有些投诉不是百分百地有问题，但是如果在一定的框架内，这个投诉到最后教育局监管部门经过了解发现是机构的不对，那我们就可以干预他的信用评级，但如果投诉理由经核查发现不属实，便不作为影响机构评级的依据"（被访人 C2）。

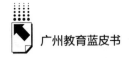

3. "黑白"名单公示效果不明显

根据政策，广州市 11 区应在每年 1 月、7 月统一公布校外培训机构"黑白"名单，并及时更新日常监管和年检、年度报告公示情况。目前各区"黑白"名单公示的方式主要包括以下两种，一是通过各区教育局官方网站或公众号，但由于官方网站和公众号发布信息不断重复，此种方式易导致公众无法快捷准确地搜索到当时所需"黑白"名单信息。二是对"白名单"机构授予实体牌匾，但广州市校外培训机构数量庞大、"黑白"名单定期更新变换，悬挂实体牌匾方式存在工作量大、成本高、无法全覆盖、公众了解成本过高等弊端，不利于公众快速便捷地了解"黑白"名单信息。

"当校外培训机构的'黑白'名单经过多轮次的公示后，公众容易搜索到过期的名单，与当下实际不符"（被访人 B2）。

4. 信用结果应用缺乏奖惩机制

广州市各区主要通过"负面清单"和"黑白"名单制度规范校外培训机构办学行为，现有的制度与达到有效引导公众在选择校外培训机构的过程中做出科学合理的决策，促进校外培训行业形成行业自律、信息共享的良好的行业营商环境的信用监管目标间还存在一定差距。

综上而言，该问题的根本在于当前监管部门较多地注重事前准入监管，而忽视了对事中、事后的同等监督。如在惩戒机制方面，"黑白"名单制度尚未与"守信联合激励、失信联合惩戒"机制相关联；在激励机制方面，校外培训行业激励机制的缺乏也在一定程度上影响了该行业内自觉营造诚实守信的经营氛围。在询问四个访谈群体关于信用体系的奖惩机制建设时，均认为其具有建设必要性。

"如果建立校外培训行业信用体系的话，设定惩戒和激励措施是有效且必要的环节"（被访人 B2、C2、C4、D1）。

四 对策与建议

（一）将"黑白"名单调整为"黑白灰"名单，实行积分制

建议将校外培训行业信用体系实施的"黑白"名单制度调整为"黑白灰"名单制度，增设"灰名单"为部分校外培训机构提供过渡区间，给予中小型的校外培训机构更多的发展机会。在这个过程中，要发挥政府和教育局的引导作用，帮助中小型校外培训机构，通过开展政策解读会，规范校外培训机构的经营行为，进一步完善校外培训行业的信用体系建设。

"对于很多的机构，金融信用体系更公平，它不会说哪一家机构的规模更大、获得的分数更高。我觉得大家在同一个起跑线上去做竞争，以教学质量和信用体系评分，才会有更多的机构加入这个信用体系"（被访人 C4）。

在"黑白灰"名单的基础上，实行积分制并进行动态更新，对处在黑、白、灰名单不同类的校外培训机构进行加分和减分，并确定时间间隔，如以一个季度为划分，当季的表现处在"灰名单"对应的分数时，便可以消除上季度的"黑名单"信息。

（二）发挥"黑白灰"名单信用制度的最大治理效能

"黑白"名单制度实施的实践表明，提升校外培训行业监管效率必须加强事中、事后监管。为了发挥"黑白灰"名单制度的最大治理效能，一是应在监管过程中设置及时预警整改机制、明确预警标准，并及时整改。二是加强评估结果应用，根据监管结果对机构采取相应的惩戒或激励措施，如将存在严重失信行为的机构纳入"黑名单"，将涉及"负面清单"行为的机构纳入"灰名单"，将守信机构纳入"白名单"，并将每期信用评价结果纳入

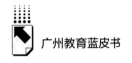

"双随机"抽查监管事项、信贷支持、资质等级评估等,实施分级分类监管以惩戒或激励对应机构。

> "在监管执法过程中,希望有关部门能提前给予提示预警,不能到了年底年检的时候告诉机构你这样不行,可以在日常检查中给机构一些反馈"(被访人C3)。

搭建校外培训行业的信用体系离不开民众的支持,校外培训机构代表在访谈中谈到群众的理解和支持的重要性。发挥"黑白灰"名单信用制度的最大治理效能需要民众的配合,不能急于求成。

> "如果接下来我们去搭建信用体系,我有几点建议:第一是不要一下子把问题提得太高太深,群众会比较难去理解和运用,从浅的开始让他们能动起来,那他们用的时候才会更好;第二是从下到上,民众的声音其实是最能代表机构的信任评价,把这个参与权交到民众,能够促使他们去做这个事情;第三是从外到内,民众和机构的声音迭代信用评级,一开始框架浅一点大家就会更容易操作"(被访人C2)。

(三)完善校外培训"黑白灰"名单的公示宣传机制

基于现实情况和实践经验,"黑白灰"名单公示宣传机制可从以下方向进行完善。第一,依据管理办法落实机制中各主体的宣传责任。《广州市校外培训"黑白灰"名单管理办法(草案)》(征求意见稿)从总则、评价与等级、组织实施、评价结果应用、权益修复和异议处理及附则六大层面对校外培训管理提出了要求,各方主体应明确责任,并定期向社会公布全市校外培训行业和"黑白灰"名单评价结果。第二,打造权威且为公众熟知的宣传平台,积极探索对接国家、企业和社会组织的信用信息公示系统,形成公示与宣传的良好合力。发挥官方渠道对公众的正向引导作用,依托"穗好办—校外培训专区",确保公众方便快捷地搜索当期"黑白灰"名单信息;借助学校、社区等社会力量,培养公众"报读校外培训班,先上'穗好办'查询"的意识和习惯。第三,在广州市信用平台"信用广州"增设"校外培训机构信用"界面,定期推送校外培训机构评价结果,这一举措能够有效解决全国校外培训机构监管服务平台面临的技术困境,为公众提供便利服务。

(四)设立"黑白灰"名单结果应用的奖惩机制

从当前各地颁布的校外培训机构信用管理制度来看,校外培训机构的失信行为认定、对其采取的惩戒及激励措施不符合国家发布的市场主体诚信规范政策。要增强校外培训机构治理规范,就必须厘清国家市场主体诚信及校外培训治理的政策要求,在现有框架下搭建完善、规范的校外培训机构"黑白灰"名单制度。

为发挥"黑白灰"名单的最大效用,应将评估结果和奖惩机制挂钩,一方面规范校外培训行业的经营行为,另一方面促进校外培训机构的自律。首先,应严格按照国家标准为校外培训行业的失信行为划定法律依据,而不是以评判校外培训办学行为的指标来衡量其信用情况;其次,规范严重失信主体名单认定标准和程序,部分地区现行管理制度中对严重失信主体名单认定的范围已严重超过国家规定范围;最后,合理把握失信惩戒措施,确保符合过惩相当原则。

在奖励的机制上,教育局代表谈到关于校外培训机构跨区开设分校时需要重新审批的问题,认为可以简化"白名单"内校外培训机构的审批流程,在原有经营主体机构的信息基础上完成报备即可。

> "关于机构连锁店的跨区审批问题,可以推到市级层面,就是一个市级的其他区,比如这个法人开的可以参考市里面其他区做法,这个"白名单"或者金融体系做得比较好,就可以在其他区简化操作"(被访人 B2)。

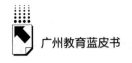

（五）建立全面的校外培训机构评价数据库

建立全面的校外培训机构评价数据库，是促进校外培训科学监管的基础。结合实际与现有经验，优化校外培训机构评价数据来源的可行思路有三。一是联合如信用主管部门、市场监督局和司法机关等获取权威数据，了解其行政处罚信息、机构负责人信用情况，查询校外培训机构是否在"经营异常"名单、注册资本信息是否变更、经营是否面临司法风险等。二是通过第三方集约式平台获取数据。通过联合市场上现有第三方平台，如天眼查、企查查等平台，一站式获取校外培训行业经营的所有数据，建立集约式平台能够有效节省数据收集和整理的时间，但该过程中需要执法和监管部门制定相关的标准去规范第三方平台。三是搭建全国信用信息共享平台，建立信息共享机制，提高信息普及度和公众的维权意识。

参考文献

陈园园、李会春：《影子教育治理的政策演变、困境及对策》，《复旦教育论坛》2021 年第 5 期。

丁亚东：《我国发达城市校外培训协同治理路径研究》，华东师范大学博士学位论文，2021。

丁亚东、杨涛：《我国校外培训机构治理政策的特征、问题与展望——基于 21 个省市政策文本的分析》，《教育与经济》2019 年第 6 期。

郑淑超、任涛、刘军伟：《影子教育治理长效化：困境与对策》，《中国教育学刊》2020 年第 10 期。

甄莹：《我国影子教育问题透视》，《教学与管理》2017 年第 12 期。

B.11
初中学生视角下广州市"双减"政策
实施现状调查报告

郭海清　赖惠芳　方　苑*

摘　要： 对 15702 名广州市初中生进行问卷调查发现，广州市"双减"
政策实施效果良好，学科类与非学科类校外培训在科目、时间、
费用方面均有所下降，学生学业压力缓解；父母的隐形负担、课
后服务形式单一等因素影响"双减"治理效果。为强化"双减"
治理效果，建议帮助家长建立科学的教育观，为其提供心理咨询
服务，从而缓解家长的教育焦虑；设置多样化校内课后服务，从
而满足学生的个性化需求和发展；提升教师立德树人能力，营造
良好班级文化氛围。

关键词： 初中学生　"双减"政策实施　广州市

一　背景

"双减"政策是促进义务教育迈向高质量优质均衡发展、解决人民群
众对优质教育需求与教育发展不平衡不充分之间矛盾的重要政策工具。落
实"双减"政策，对于提升学校教育质量，实现学生全面发展、健康成长

---

* 郭海清，广州市教育研究院教育规划与政策研究所教育政策研究室副主任，副研究员，主要
研究方向为基础教育政策、教育史；赖惠芳，华南农业大学公共管理学院研究生，主要研究
方向为农村社会发展；方苑，华南农业大学公共管理学院研究生，主要研究方向为农村社会
发展。

具有重要意义。2021 年 7 月中共中央办公厅、国务院办公厅印发了《关于进一步减轻义务教育阶段学生作业负担和校外培训负担的意见》，广州市被确定为全国"双减"工作试点城市之一。[①] 中学生在学习上面临中考压力，《义务教育道德与法治课程标准（2022 年版）》强调初中年级学生正处于青春期，独立思考能力和判断能力进一步增强，情绪波动性大，可塑性强。[②] 因此，本研究以广州市初中生为研究对象开展问卷调查，了解广州市"双减"政策实施现状，为广州市"双减"政策的贯彻落实提出政策性建议。

二 研究设计

（一）调查对象

向全市各区不同办学性质、不同办学规模、不同评估等级的学校发放了问卷，共收回有效学生问卷 15702 份，本问卷 KMO 值为 0.872，巴特利球形检验结果 p＝0.000＜0.001，通过了效度检验，说明本次调查问卷的结构效度较好；克隆巴赫系数为 0.799，信度大于 0.7，说明样本具有一定的可靠性，总体上样本具有较好的代表性。

（二）研究工具

2022 年 5~6 月，项目组[③]采用自编问卷，通过电子问卷方式向广州市初中学生发放了《广州市非学科类校外培训治理调查问卷（学生卷）》，问

---

① 《关于进一步减轻义务教育阶段学生作业负担和校外培训负担的意见》，http：//www. gov. cn/zhengce/2021-07/24/content_ 5627132. htm，最后检索时间：2023 年 5 月 11 日。
② 中华人民共和国教育部：《义务教育道德与法治课程标准（2022 年版）》，http：//www. moe. gov. cn/srcsite/A26/s8001/202204/W020220420582343475848. pdf，最后检索时间：2023 年 5 月 11 日。
③ 本报告数据由广州市教育研究院"广州市非学科类校外培训机构现状、培训需求和规范发展研究"项目组采集。

卷主要包括广州市初中学生参加学科类、非学科类校外培训情况，学生个人学业负担感知情况等维度。本研究采取 SPSS 23.0 软件对问卷数据进行统计分析，主要方法有描述性分析与差异性分析。

三 调查结果与分析

（一）广州市"双减"政策实施后初中学生的主客观感知

1. 初中学生参与校外培训感知情况

校外培训参与科目数量、频度减少。初中生参与学科类和非学科类校外培训科目数量下降，认为学科类校外培训参与科目减少的学生占 93.73%，非学科类校外培训参与科目减少的学生占 71.31%。初中生参与学科类和非学科类校外培训频度下降，认为学科类校外培训参与次数减少的学生占 93.85%，培训时间减少的学生占 93.88%；非学科类校外培训参与次数减少的学生占 71.45%，培训时间减少的学生占 71.64%，这表明"双减"政策实施释放了学生一部分时间。

总课时费减少，家庭经济负担减少。家庭在学科类和非学科类校外培训上所花的总费用明显减少，认为学科类校外培训总课时费减少的学生占 93.68%，非学科类校外培训总课时费减少的学生占 71.18%，"双减"政策实施在一定程度上减少了家庭在校外培训上的经济负担（见表 1）。

表 1 "双减"政策实施后广州市初中生参与校外培训变化情况

单位：%

类别	项目	减少了许多	减少了一些	没有变化	增加了一些	增加了许多
学科类	科目	2.03	91.70	5.04	1.06	0.17
	次数	2.11	91.74	4.93	1.05	0.17
	培训时间	2.11	91.77	4.63	1.25	0.24
	总课时费	2.05	91.63	4.39	1.49	0.44

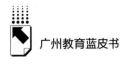
续表

类别	项目	减少了许多	减少了一些	没有变化	增加了一些	增加了许多
非学科类	科目	8.81	62.50	23.41	4.69	0.59
	次数	9.01	62.44	23.20	4.71	0.64
	培训时间	8.83	62.81	21.89	5.73	0.74
	总课时费	8.86	62.32	20.75	6.95	1.12

2. 初中生学业负担感知情况

学习压力有所减轻，身体状况有所好转。在学习压力感知上，认为学习压力减轻的学生占71.11%；学生身体状况总体向好，认为身体状况转好的学生占43.39%，维持原样的学生占51.75%。总体上，"双减"政策实施在缓解了广州市初中生学习压力的同时，也促进了学生身体状况整体向好发展（见表2）。

表2　广州市初中学生学业负担感知情况

单位：%

选项	减轻了许多	减轻了一些	没有变化	加重了一些	加重了许多
学习压力	27.81	43.30	21.55	5.83	1.51
选项	好了很多	好了一些	没有变化	差了一些	差了很多
身体状况	14.51	28.88	51.75	3.90	0.96

（二）"双减"治理效用差异分析

本研究的"双减"治理效用指"双减"政策实施后在学生参与学科类校外培训、非学科类校外培训、学生学业负担感知方面取得的治理效果。有效减轻义务教育阶段学生作业负担、家长经济负担，关注学生成长是"双减"的出发点。因此，以"双减"政策实施后广州市初中学生参加非学科类校外培训变化情况、参与学科类校外培训变化情况、学生学业负担感知情况三个维度衡量"双减"政策实施效果。各维度相关问题采用5点计分，取值为1~5分，由减少（减轻/好了）许多到增加（加重/差了）很多，3

分为"没有变化"。对数据进行处理，求出三个维度均值，再根据维度求和值划分5分计量，所得数据形成治理效用变量，数值越小，治理效用越好；数值越大，治理效用越差。

1. 民办学校"双减"治理效用优于公办学校

采用单因素方差分析方法（ANOVA）对两类学校"双减"治理效用进行检验，结果显示莱文统计值为77.453，p=0.000<0.001，可知方差不齐。采用韦尔奇方差检验，显示F=24.845，p=0.000<0.001，说明两类学校"双减"治理效用有统计学上的差异。公办学校治理效用均值为2.38分，民办学校治理效用均值为2.32分，民办学校治理效用稍强于公办学校（见表3）。

表3　不同类型学校在"双减"治理效用上的差异分析

学校类型	个案数（个）	占比（%）	平均值（分）	标准偏差（分）	莱文统计值	F值
公办学校	13508	86	2.38	0.51	77.453***	24.845***
民办学校	2194	14	2.32	0.49		

注："*"代表显著性水平，***表示p<0.001，**表示p<0.01，*表示p<0.05。

2. 市区"双减"治理效用弱于郊区

运用单因素方差分析方法（ANOVA）对两类居住区域治理效用进行检验，结果显示莱文统计值为319.135，p=0.000<0.001，则方差不齐。继而采用韦尔奇方差检验，显示F值为103.359，p=0.000<0.001，说明两类居住地点在治理效用上有统计学上的差异。学生居住在市区治理效用均值为2.40分，居住在郊区治理效用均值为2.31分，说明学生居住在市区治理效用稍弱于居住在郊区（见表4）。

表4　不同居住地点在"双减"治理效用上的差异分析

居住点	个案数（个）	占比（%）	平均值（分）	标准偏差（分）	莱文统计值	F值
市区	11102	71	2.40	0.52	319.135***	103.359***
郊区	4600	29	2.31	0.48		

注："*"代表显著性水平，***表示p<0.001，**表示p<0.01，*表示p<0.05。

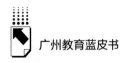

3. 不同学历父母在"双减"治理效用上存在显著差异

对不同学历母亲"双减"治理效用进行单因素方差分析，莱文统计值为 187.860，p=0.000<0.001，判断方差不齐。采用韦尔奇方差检验，显示 F=111.973，p=0.000<0.001，说明母亲学历不同对"双减"治理效用有统计学上的差异，盖姆斯-豪厄尔事后多重比较结果显示母亲没上过学"双减"治理效用均值最小，母亲为研究生学历"双减"治理效用均值最大（见表5）。

表5　不同学历母亲在"双减"治理效用上的差异分析

类型	内容	均值（分）	标准差（分）	个案数（个）	F 值	盖姆斯-豪厄尔检验
母亲学历	①没上过学	2.06	0.35	32	111.973***	⑧>⑦>⑥>⑤>④>②>③>①
	②小学	2.28	0.47	561		
	③初中	2.24	0.45	3375		
	④中专或职中	2.29	0.48	1980		
	⑤高中或职高	2.31	0.48	1849		
	⑥大专	2.41	0.52	3510		
	⑦大学本科	2.50	0.53	3784		
	⑧研究生	2.63	0.53	611		

注："＊"代表显著性水平，***表示 p<0.001，**表示 p<0.01，*表示 p<0.05。

从不同学历母亲"双减"治理效用均值来看，母亲为研究生学历"双减"治理效用反而最弱，随着母亲学历的上升，平均值总体上升，表明"双减"治理效用总体呈变弱趋势，即母亲学历与"双减"治理效用呈负相关（见图1）。

同样地，探究不同学历父亲"双减"治理效用差异，采用上述一致检验方法，得到莱文统计值为 165.458，p=0.000<0.001，发现方差不齐。韦尔奇方差检验结果显示 F=96.912，p=0.000<0.001，说明父亲学历对"双减"治理效用有统计学上的差异，盖姆斯-豪厄尔事后多重比较结果显示父亲没上过学"双减"治理效用均值最小，父亲为研究生学历"双减"治理效用均值最大（见表6）。

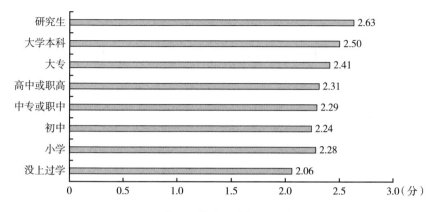

图1　不同学历母亲"双减"治理效用均值

表6　不同学历父亲在"双减"治理效用上的差异分析

类型	内容	均值（分）	标准差（分）	个案数（个）	F值	盖姆斯-豪厄尔检验
父亲学历	①没上过学	2.18	0.46	33	96.912***	⑧＞⑦＞⑥＞⑤＞④＞③＞②＞①
	②小学	2.24	0.45	343		
	③初中	2.25	0.45	3271		
	④中专或职中	2.29	0.47	2022		
	⑤高中或职高	2.32	0.49	2181		
	⑥大专	2.39	0.51	2926		
	⑦大学本科	2.49	0.54	4005		
	⑧研究生	2.59	0.54	921		

注："＊"代表显著性水平，＊＊＊表示 $p<0.001$，＊＊表示 $p<0.01$，＊表示 $p<0.05$。

　　即从不同学历父亲"双减"治理效用均值来看，随着父亲学历的上升，"双减"治理效用平均值总体上升，表明"双减"治理效用总体呈变弱趋势，即父亲学历与"双减"治理效用呈负相关。此情况与不同学历母亲"双减"治理效用结果类似（见图2）。

　　4. 不同学习氛围在"双减"治理效用上存在显著差异

　　采用上述同样的方法进行检验，发现方差不齐（莱文统计值为6.875，$p=0.000<0.001$），韦尔奇方差检验结果显示 $F=4.899$，$p=0.000<0.001$，

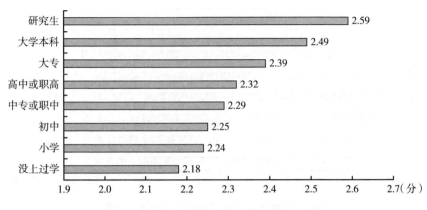

图 2　不同学历父亲"双减"治理效用均值

不同班级学习氛围在"双减"治理效用上有统计学上的差异。盖姆斯-豪厄尔事后多重比较结果显示，学习氛围很差的班级，其"双减"治理效用均值最大；学习氛围一般的班级，其"双减"治理效用均值最小（见表7）。

表 7　不同班级氛围在"双减"治理效用上的差异分析

内容	均值（分）	标准差（分）	个案数（个）	F 值	盖姆斯-豪厄尔检验
①很差	2.53	0.55	89		
②比较差	2.41	0.52	325		
③一般	2.35	0.51	3437	4.899***	①>②>④>⑤>③
④比较好	2.38	0.50	6984		
⑤很好	2.37	0.52	4867		

注："*"代表显著性水平，*** 表示 $p < 0.001$，** 表示 $p < 0.01$，* 表示 $p < 0.05$。

　　学习氛围一般的班级"双减"治理效用最好。在学习氛围一般的班级中，学生的学习动力和表现相对均衡，一方面这意味着教师容易根据学生整体水平进行教学，另一方面学习氛围一般的班级竞争氛围相对轻松，"双减"治理效用较好。总体上，学习氛围好的班级"双减"治理效用均值小于学习氛围差的班级"双减"治理效用均值（见图3）。

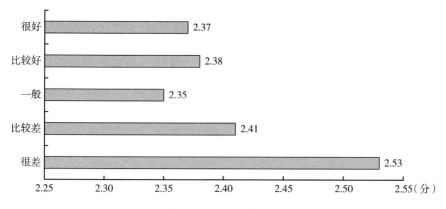

图 3　不同学习氛围"双减"治理效用均值

5. 不同课后校内服务参与次数在"双减"治理效用上存在显著差异

同样地,单因素方差分析方法(ANOVA)结果显示方差不齐(莱文统计值为 181.302, p = 0.000 < 0.001), 韦尔奇方差检验结果显示 F = 81.282, p = 0.000 < 0.001, 说明参加课后校内服务次数对"双减"治理效用有统计学上的显著差异。探究不同课后校内服务参与次数的"双减"治理效用差异, 盖姆斯-豪厄尔事后多重比较结果显示,没有参加课后校内服务的"双减"治理效用均值最小,参加 4 次课后校内服务的"双减"治理效用均值最大,数据上呈现没有参加课后校内服务的"双减"治理效用更好(见表 8)。

表 8　课后校内服务参与次数在"双减"治理效用上的差异分析

类型	内容	均值 (分)	标准差 (分)	个案数 (个)	F 值	盖姆斯-豪厄尔检验
每周参加课后校内服务次数	①没有参加	2.28	0.55	6646	81.282 ***	⑤>④>⑦>③>⑥>②>①
	②1 次	2.39	0.52	2271		
	③2 次	2.43	0.51	2084		
	④3 次	2.49	0.50	1516		
	⑤4 次	2.55	0.52	686		
	⑥5 次	2.42	0.55	1486		
	⑦5 次以上	2.48	0.52	1013		

注:"﹡"代表显著性水平, ***表示 p<0.001, **表示 p<0.01, * 表示 p<0.05。

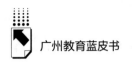

进一步探究课后服务参加次数均值,"没有参加"课后服务的"双减"治理成效最好,课后服务参与次数从 1 次到 4 次的"双减"治理效用均值呈递增趋势,达到 4 次时均值最大,此时"双减"治理效用最差。参加 5 次课后服务的治理效用均值又出现下降趋势,治理成效呈现边际效用递减,因此增强"双减"治理效用,需要考虑学生参与课后服务次数是否饱和的问题(见图 4)。

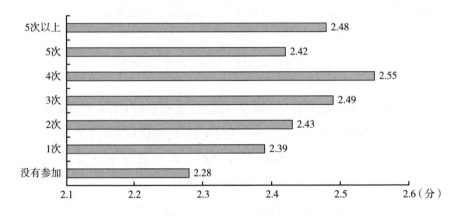

图 4　每周参加课后校内服务次数"双减"治理效用均值

四　问题与建议

综合调查结果表明,"双减"政策实施后,广州市初中学生减负效果较明显,初中生在参与学科类与非学科类校外培训科目、时间、费用方面都有所下降,学生学业压力下降,学生身体状况总体向好。但调查中也发现,"双减"政策实施中还存在以下问题亟待解决。

(一)问题

1.学生学习隐形负担源于父母的期望

显性负担以学科类考试科目为载体,主要表现为过重的作业负担与校外培训负担，隐性负担则源于学校、家长以及同辈群体间升学竞争攀比的压力。调查发现学生显性负担有明显减轻，但隐性负担存在感依旧强烈，特别是源自父母高期待给予的压力。调查发现父母学历水平与学生学习负担存在一定关联，"双减"治理效用对于高学历父母明显要弱于其他学历水平的父母。大部分高学历父母在社会活动中获得了源自教育的收益，为确保社会阶层与优势地位，自身学历越高，对子女的期望越高，并且有意愿、有能力保障子女参与校外培训。家长对优质教育的需求并未调整，不会因"双减"政策放弃让子女参与校外培训，"一考定终生"的观念更加剧了家长"教育焦虑"，最终增加了学生的隐形负担。

2. 课后校内服务多样性不足

全面开展课后校内服务，是解决人民群众急难愁盼问题的重要民生工程，是促进学生健康成长、落实"五项管理"（中小学生作业、睡眠、手机、读物和体质管理）和"双减"工作的重要举措。调查发现，课后校内服务参与次数的治理效用呈现边际效用递减。出现此结果可能是每周频繁参加课后校内服务，或以作业辅导为主的课后校内服务形式和内容暂无法满足学生个性化需求，导致学生出现疲倦心理。并且因为以往"增负"教育直接或间接导致学生闲暇权利难以保证，课后校内服务存在挤占学生个人休闲时间的问题。

3. 班级学习氛围影响"双减"治理效果

个体的发展受其所在环境的影响，而班级气氛是学校环境中最为直接、最具有渗透力的影响源。班级学习氛围影响"双减"治理效果，班级学习氛围处于一般状态，即学生的学习动力和表现相对均衡，班级未有激烈竞争，也未有过度懈怠，"双减"治理效用较好。相比于学习氛围差的班级，学习氛围好的班级"双减"治理效用更好，进一步探究如何营造良好班级学习氛围对于优化"双减"治理效用有重要意义。

（二）建议

1. 帮助家长树立正确成才观

政府可通过开展教育宣传活动，传递科学的教育理念和方法，引导家长树立科学教育观念，鼓励教育公益机构开设相关专题讲座，为家长提供准确的教育信息和支持，帮助他们树立正确的成才观。另外，政府还可通过免费向家长提供心理咨询服务，帮助家长正确处理自身期待与对子女期望的关系，避免家长过度期望而造成孩子负担过重。学校是参与学生教育的主体之一，家长诉诸学校的教育期待若得不到回应，便容易产生教育焦虑。学校应及时回应家长需求，升级家校合作，凝聚共识，发挥家校合力，共同解决学生教育问题，减少家长教育焦虑。

2. 关注学生个性化需求

构建课后校内服务多元形式。课后校内服务可基于"1+X"服务模式，开展"作业辅导+个性发展课程"相结合模式。① 作业辅导意在协助学生完成基础课程学习的作业、解答疑惑、提供针对性辅导，巩固课堂学习效果。个性发展课程则立足于学生兴趣爱好，可采用自选兴趣课程形式，结合学生兴趣开设文艺、体育、科技等不同课程，以满足学生个性化需求，如"4+1"模式（每周4天基础托管服务+每周1天的无作业日）、"三社一家"课后服务形式（以四周为一个周期，在其中三周每周一天的无作业日，学校充分利用社会资源，聘请艺术家、能工巧匠、民间艺人等开展授课，另外一周的无作业日，邀请家长走进课堂开展家校共育工作②）。

因地制宜创新课后服务内容。基于现有资源深入挖掘囊括德智体美劳的课后服务内容，学校因地制宜设计课后服务特色课程，提供特色化课程内容，并根据学生成长变化、个性化发展需求动态调整。如粤剧是以粤语方言演唱的广东传统戏曲剧种，是广东省的非物质文化遗产，可发掘并设立以粤剧为特色的课后校内服务课程，既可丰富课后校内服务内容、给学生提供更多选择，又可培育学生对优秀传统文化的热爱与传承。

3. 提升教师立德树人本领

立德树人是教育的根本任务，落实立德树人根本任务是培养德智体美劳

---

① 周洪宇、王会波：《中小学课后服务功能如何优化——基于系统论视角》，《现代教育管理》2022年第8期，第1~10页。

② 郝敏、王欣：《创新课后服务模式　助力学生多元发展》，《江苏教育》2022年第50期，第53~54页。

全面发展的社会主义建设者和接班人。教师是落实立德树人根本任务的主体之一，是学生健康成长指导者和引路人，提升教师立德树人能力有利于落实育人任务。学校可通过培训、外出交流等形式提升全体教师精神关怀与情感教育能力，帮助班主任在日常班级管理中实施精神关怀、开展情感教育，培养学生良好的道德修养与心理素养，促进学生在学习、生活上互帮互助理念的形成，引导学生建立健康、和谐的人际关系，助其正确认识自己与外部的人、环境之间的关系，防止其在学习上不恰当竞争、在心理上自我压抑。学校还应持续提高教师的教学能力，帮助教师创建和谐的课堂教学氛围，学科专任教师也应学习如何合理向学生表达关注与期望、鼓励与赞赏，以打造更加民主开放、学生参与度更高的课堂氛围，避免班级笼罩在竞争激烈、情绪紧张的教学氛围下。

参考文献

贾超：《"双减"格局下教育内卷化的表征、根源与破局》，《现代教育科学》2022年第 2 期。

姚计海、张蒙：《"双减"政策下教师专业发展的机遇、问题与对策》，《北京师范大学学报》（社会科学版）2022 年第 6 期。

余晖、胡劲松：《"双减"政策下的私人家教：无序风险与规范向度》，《现代教育论丛》2022 年第 2 期。

张鸿、肖蓓：《教育"双减"：增减观念的博弈与抉择》，《教育科学研究》2022 年第 7 期。

张继平、黄丹：《教育高质量发展视域中的"双减"政策：实际效用、现存问题及改革进路》，《湖北工程学院学报》2023 年第 2 期。

B.12
广州市义务教育阶段学生家长对
"双减"政策认同的调查研究

李 媛*

摘 要： 广州市义务教育阶段学生家长对"双减"政策认同的调查研究
显示，广州市义务教育阶段学生家长对"双减"政策态度整体
上处于中等水平；不同受教育水平、不同家庭年收入、不同职
业、不同教育时间投入、公办与民办学校的家长对"双减"政
策认同存在显著差异；家长对学校教育满意度、政策了解程度和
政策效果感知程度与家长对"双减"政策认同水平均存在正相
关。基于此，建议广州市在未来"双减"政策落实中，关注学
生家长间的差异，提高地方政策执行的灵活性；推进基础教育优
质均衡，保持政策的稳定性与持续性；加强政策宣传与解释，提
升学生家长的政策参与性与主动性。

关键词： 学生家长 "双减"政策认同 广州市

一 问题提出

2021年7月24日，中共中央办公厅、国务院办公厅印发《关于进一步
减轻义务教育阶段学生作业负担和校外培训负担的意见》（以下简称"双

* 李媛，教育学博士，广州市教育研究院教育规划与政策研究所综合研究室主任，副研究员，
主要研究方向为职业教育政策研究。

减"),旨在通过学校内、外的双重减负实现学生的健康发展。"双减"政策一经颁布就受到全国各级政府与教育行政部门的高度重视,各地纷纷成立专项工作小组,出台本地"双减"政策文件,甚至将"双减"政策落实列为次年各省区市教育部门工作重点。2022年9月在中宣部举行"中国这十年"系列主题新闻发布会上,教育部基础教育司司长在发言中提到,"双减"总体进展平稳,各省区市在校外培训治理、课后托管、作业设计等方面的"双减"改革均取得明显成效。[①] 可见,经过一年的努力,我国"双减"政策在短期内取得较好的成绩。然而,作为一项教育减负政策,不仅要把学生的学业负担在短期内降下来,更要以有效的教育政策执行,解决社会长期存在的教育焦虑问题,营造一个健康的可持续的教育生态。公共政策的长期有效执行有赖于政策执行主体的政策认同。政策认同是指一项政策在被政策主体制定出来后获得目标群体接受的情况,是指政策接收对象的一种心理态度和评价。[②] 为此,有必要将政策执行主体的政策态度,尤其是最直接利益相关者家长的政策认同情况纳入"双减"政策执行效果评价维度当中。

当前,学界已有对"双减"政策执行中家长角色的探讨,并将家长视为"双减"政策执行的阻力,从教育观念、学校质量、校外培训以及社会竞争等方面分析家长的政策阻碍行为逻辑。[③] 也有学者基于利益相关者视角分析家长教育参与的本质与减负的关系,[④] 剖析家长教育焦虑的影响因素[⑤]等。但已有研究多聚焦家长行为逻辑、原因等的思辨研究,鲜有从政策执行

---

① 《教育部:中小学"双减"工作取得阶段性成效》,《中国教育报》,http://baijiahao. Baidu. com/s? id=1743460756609886505&wfr=spider&for=PC,最后检索时间:2022年9月30日。

② 杨永峰:《公共政策制定中影响政策认同的因素分析》,《学理论》2013年第32期,第25~26页。

③ 赵虹元、刘倩倩:《"双减"政策执行中家长阻力及其化解》,《教育评论》2021年第12期,第47~52页。

④ 赵同友、范静:《"双减"政策背景下的家长立场——确定性的寻求及其策略行动》,《教育学术月刊》2022年第3期,第37~42页。

⑤ 王家祥、茹宗志:《"双减"政策背景下家长教育焦虑的纾解》,《教学与管理》2022年第7期,第19~22页。

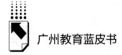

的角度，应用实证研究方法探讨义务教育阶段学生家长对"双减"政策认同的研究。本报告以"双减"首批试点城市广州为例，对义务教育阶段学生家长的"双减"政策认同情况开展调查，深入了解家长对"双减"政策的理解与评价，探讨不同条件家长对"双减"政策认同的差异性，为提高家长的政策认同及提升家校协同育人水平提供行动路径，对地方层面"双减"政策长效执行机制等方面提出政策建议。

二　研究设计

（一）调查对象

"双减"政策实施范围在义务教育学段，本研究的调查对象为广州市义务教育阶段（1~9 年级）学生家长，且为子女教育的主要负责者。2022年 9~10 月，课题组利用问卷星面向广州市 11 个区义务教育阶段学生家长发放调查问卷，剔除无效问卷后，共收到问卷 21683 份，其中有效问卷21187 份，问卷有效率为 97.71%。其中小学一、二年级学生家长 5398 人，占比 25.48%；小学三、四年级学生家长 5053 人，占比 23.85%；小学五、六年级学生家长 4185 人，占比 19.75%；初中一、二年级学生家长 4752 人，占比 22.43%；初中三年级学生家长 1799 人，占比 8.49%。样本具有较好的代表性。

（二）研究工具

1. 问卷编制

本研究主要依据《关于进一步减轻义务教育阶段学生作业负担和校外培训负担的意见》政策内容框架编制调查问卷。问卷包括三个部分：第一部分是家长的基本信息；第二部分是对家长的政策认同调查，包括作业管理、课后服务、校外培训、教育教学四个维度，每个维度 4 道题，共 16 道题；第三部分是家长对政策执行效果的评价。

各项题目以政策陈述的方式，请家长根据实际情况选择支持态度。每个题选项从"非常不赞同"到"非常赞同"分为五个等级，依次计"1"分到"5"分，得分越高表明家长对政策的认同度越高。

2. 信度分析

本研究对家长政策认同调查问卷进行了信度分析，Cronbach α 系数为0.879，说明该问卷具有较高的信度。

3. 数据分析

本研究采用 SPSS 23.0 软件对问卷数据进行统计分析，主要有描述性分析、独立样本 t 检验、单因素方差分析等。

三　研究结果与分析

（一）家长政策认同的总体情况分析

从总体上看，广州市义务教育阶段学生家长对"双减"政策认同的总得分均值为3.89分，标准差为0.61分。其中，总得分均值低于4分的家长有14385人，占比67.90%；总得分低于3分的家长有2267人，占比10.70%，由此可以推断广州市义务教育阶段学生家长对"双减"政策认同整体上处于中等水平。

从政策各方面内容来看，家长对"双减"政策中所涉及的四个方面的认同程度不均衡，按平均值由大到小排序，分别为课后服务（4.02分）、教育教学（3.95分）、校外培训（3.89分）和作业管理（3.71分）。其中，家长对作业管理的认同得分均值靠后（3.71分），说明家长对政策中作业管理的认同度相对较低；家长对校外培训的认同程度（3.89分）也需要关注。

（二）不同条件家长政策认同的差异分析

本部分采用单因素方差分析发现，不同受教育水平、不同家庭年收入、不同职业、不同教育时间投入的家长对"双减"政策的认同存在差异。采

用独立样本 t 检验发现，广州市中心城区与非中心城区学校、不同年级的学生家长对"双减"政策的认同差异不显著；公办与民办学校的家长对"双减"政策认同存在显著差异。

1.不同受教育水平的家长对"双减"政策认同存在显著差异

本研究将家长受教育水平分为初中及以下、高中（中专）、大学本科（大专）、硕士研究生及以上四个类别。按照政策认同得分均值高低排序，硕士研究生及以上受教育水平家长的政策认同水平最高（3.98 分），其次为大学本科（大专）受教育水平家长（3.93 分）、高中（中专）受教育水平家长（3.85 分）、初中及以下受教育水平家长（3.67 分）。四类不同受教育水平家长的政策认同得分均值的标准差均较小，说明同等受教育水平家长对"双减"政策认同水平差异不大。

经过单因素 ANOVA 检验，F＝130.479，P＝0.000<0.001，拒绝虚无假设，表示不同家庭收入的家长政策认同水平存在统计学上的极其显著差异。采用 LSD 事后比较检验，结果表明，初中及以下受教育水平家长的政策认同水平显著低于高中（中专）、大学本科（大专）、硕士研究生及以上受教育水平家长；高中（中专）受教育水平家长的政策认同水平显著低于大学本科（大专）、硕士研究生及以上受教育水平家长；大学本科（大专）受教育水平家长的政策认同水平显著低于硕士研究生及以上受教育水平家长（见表 1）。

表 1　不同受教育水平的家长政策认同水平的差异分析

受教育水平	人数（人）	平均值（分）	标准差（分）	F	ANOVA
①初中及以下	2167	3.67	0.60		
②高中（中专）	4661	3.85	0.56	130.479	④>③>②>①
③大学本科（大专）	12836	3.93	0.60		
④硕士研究生及以上	1523	3.98	0.68		

2.不同家庭年收入的家长对"双减"政策认同存在显著差异

本研究参照 2021 年由国家统计局发布的《中国统计年鉴 2021》中关于居民收入情况统计，将家庭年收入分为 8 万元以下、8 万~15 万元、16

万~30万元、31万~100万元、100万元以上五个类别。按照政策认同得分均值高低排序，家庭年收入在31万~100万元的家长的政策认同水平得分最高（3.96分），其次是家庭年收入100万元以上、16万~30万元、8万~15万元、8万元以下的家长。五类不同家庭年收入家长的政策认同得分均值的标准差均较小，说明同等收入水平家长对"双减"政策认同水平差异不大。

经过单因素 ANOVA 检验，$F = 93.107$，$P = 0.000 < 0.001$，拒绝虚无假设，表示不同家庭年收入的家长的政策认同水平存在统计学上的极其显著差异。采用 LSD 事后比较检验，结果表明，家庭年收入8万元以下的家长政策认同水平显著低于家庭年收入8万~15万元、16万~30万元、31万~100万元的家长；家庭年收入8万~15万元的家长政策认同水平显著低于家庭年收入16万~30万元、31万~100万元的家长；家庭年收入16万~30万元的家长政策认同水平显著低于家庭年收入31万~100万元的家长，其他组间无显著差异（见表2）。

表2 不同家庭收入的家长政策认同水平的差异分析

家庭收入	人数（人）	平均值（分）	标准差	F	ANOVA
①8万元以下	2167	3.67	0.60		
②8万~15万元	6515	3.87	0.58		
③16万~30万元	6952	3.92	0.59	93.107	④>③>②>①
④31万~100万元	5013	3.96	0.63		
⑤100万元以上	540	3.93	0.71		

3. 不同职业家长对"双减"政策认同存在显著差异

本研究参照《中华人民共和国职业分类大典》将家长职业分为党政机关或企事业单位管理人员、专业技术人员、办事人员、商业/服务业人员、农林牧渔业水利生产人员、生产运输设备操作人员、其他七个大类。其中军人不列入职业调查。按照政策认同得分均值高低排序，职业为专业技术人员的家长政策认同水平最高（3.96分），其次是党政机关或企事业单位管理人员家长（3.95 分）、商业/服务业人员家长（3.91 分）、办事人员家长（3.88 分）、生产运输设备操作人员家长（3.82 分）、农林牧渔业水利生产人员家长（3.78 分）和其他职业人员家长（3.78 分）。七类不同职业家长的政策认同得分均值的标准差均较小，说明同类职业家长对"双减"政策认同水平差异不大。

经过单因素 ANOVA 检验，F = 39.674，P = 0.000 < 0.001，拒绝虚无假设，表示不同职业的家长的政策认同水平存在统计学上的极其显著差异。采用 LSD 事后比较检验，结果表明，从事其他职业家长的政策认同水平显著低于党政机关或企事业单位管理人员、生产运输设备操作人员家长；生产运输设备操作人员、农林牧渔业水利生产人员与其他职业家长的政策认同水平显著低于商业/服务业人员、办事人员、党政机关或企事业单位管理人员和专业技术人员家长；商业/服务业人员、办事人员家长的政策认同水平显著低于党政机关或企事业单位管理人员和专业技术人员家长，其他组间无显著差异（见表 3）。

表 3　不同职业的家长政策认同水平的差异分析

家长职业	人数（人）	平均值（分）	标准差（分）	F	ANOVA
①党政机关或企事业单位管理人员	2038	3.95	0.68		
②专业技术人员	4432	3.96	0.60		
③办事人员	1839	3.88	0.59	39.674	①②>③④>⑤⑥⑦；①⑥>⑦
④商业/服务业人员	7707	3.91	0.59		
⑤农林牧渔业水利生产人员	462	3.78	0.58		
⑥生产运输设备操作人员	1127	3.82	0.60		
⑦其他	3582	3.78	0.60		

4. 不同教育时间投入家长对"双减"政策认同存在显著差异

本研究通过对家长的前期访谈，将家长在孩子教育方面的投入时间划分为 1 小时以下、1 小时至 2 小时、3 小时至 5 小时、6 小时至 10 小时、10 小时以上五类。按照政策认同得分均值高低排序，教育时间投入 10 小时以上（3.95 分）和 6 小时至 10 小时（3.95 分）家长的政策认同水平最高，其次是教育时间投入为 3 小时至 5 小时（3.94 分）、1 小时至 2 小时（3.86 分）、1 小时以下（3.80 分）的家长。五类不同教育时间投入家长的政策认同得分均值的标准差均较小，说明同长度段教育时间投入的家长对"双减"政策认同水平差异不大。

经过单因素 ANOVA 检验，F = 42.765，P = 0.000 < 0.001，拒绝虚无假设，表示不同教育时间投入的家长的政策认同水平存在统计学上的极其显著差异。采用 LSD 事后比较检验，结果表明，投入时间 1 小时以下的家长的政策认同水平显著低于 1 小时至 2 小时、3 小时至 5 小时、6 小时至 10 小时、10 小时以上的家长；1 小时至 2 小时教育时间投入的家长的政策认同水平显著低于 3 小时至 5 小时、6 小时至 10 小时、10 小时以上的家长，其他组间无显著差异（见表 4）。

表 4 不同教育时间投入的家长政策认同水平的差异分析

教育时间投入	人数（人）	平均值（分）	标准差（分）	F	ANOVA
①1 小时以下	2436	3.80	0.65		
②1 小时至 2 小时	8228	3.86	0.59		
③3 小时至 5 小时	5572	3.94	0.59	42.765	⑤④③ > ② > ①
④6 小时至 10 小时	3129	3.95	0.60		
⑤10 小时以上	1822	3.95	0.65		

5. 公办与民办学校学生家长对"双减"政策认同存在显著差异

民办学校学生家长的政策认同平均得分高于公办学校学生家长，两类学校家长政策认同得分均值的标准差较小，说明同属性学校学生家长的政策认同水平差异不大。

经过"方差相等的 Levene 检验"的 F 值未达到显著差异（F = 1.295，P = 0.255 > 0.05），表示两组样本方差同质，查看"假设方差相等"栏数据，t 值等于 -4.493，p = 0.000 < 0.001，说明不同办学属性学校学生家长政策认同存

在统计上的极其显著差异。公民办学校家长政策认同水平平均值相差-0.05，表示公办学校学生家长政策认同水平显著低于民办学校家长（见表5）。

表5 不同学校属性的家长政策认同水平的差异分析

学校属性	人数(人)	平均值(分)	标准差(分)	t值
①公办	14631	3.88	0.61	-4.493***
②民办	6556	3.93	0.62	

注：***代表在显著水平为0.001时（双尾），相关极其显著。

（三）家长政策认同的相关性分析

本部分采用皮尔逊相关性分析发现，学校教育满意度、政策了解程度、政策效果感知情况均与家长对"双减"政策认同水平呈正相关。

1. 学校教育满意度与家长对"双减"政策不同内容的认同水平均呈正相关

对广州市义务教育阶段学生家长的学校教育满意度描述统计显示，满意度均值为3.72分，标准差为0.80分，说明家长对当前学校教育并不十分满意。将家长对学校教育满意度与对"双减"政策四方面认同进行相关性分析发现，家长对学校教育满意度与对"双减"政策中的作业管理、课后服务、校外培训和教育教学的政策态度之间相关性都十分显著（均为P=0.000<0.001）。表6分析结果显示，家长对学校教育满意度越高，对"双减"政策中作业管理、课后服务、校外培训和教育教学的四方面及整体政策的认同水平越高。

2. 政策了解程度与家长对"双减"政策不同内容的认同水平均呈正相关

对广州市义务教育阶段学生家长的政策了解程度描述统计显示，了解程度均值为3.67分，标准差为0.74分，说明家长对国家推行的"双减"政策并不是非常了解。将家长对政策了解程度与对"双减"政策四方面认同进行相关性分析发现，家长对政策了解程度与对"双减"政策中的作业管理、课后服务、校外培训和教育教学的政策态度之间相关性都十分显著（均为P=0.000<0.001）。表6分析结果显示，家长对政策了解程度越高，对"双

减"政策中作业管理、课后服务、校外培训和教育教学的四方面及整体政策的认同水平越高。

3. 政策效果感知情况与家长对"双减"政策不同内容的认同水平均呈正相关

对广州市义务教育阶段学生家长的政策效果感知情况描述统计显示,效果感知均值为3.34分,标准差为0.86分,说明家长对"双减"政策效果感知情况不是特别理想。其中,在"减少教育支出"与"减轻教育焦虑"问题上,家长效果感知的均值分别为3.30分和3.16分,低于效果感知整体水平。将家长对政策效果感知情况与对"双减"政策四方面认同进行相关性分析发现,家长对政策了解程度与对"双减"政策中的作业管理、课后服务、校外培训和教育教学的政策态度之间相关性都十分显著(均为 P = 0.000<0.001)。表6分析结果显示,家长对政策效果感知度越高,对"双减"政策中作业管理、课后服务、校外培训和教育教学的四方面及整体政策的认同水平越高。

表6　家长的政策效果感知情况与"双减"政策四方面内容认同水平的相关性分析

项目	均值（分）	标准差（分）	作业管理	课后服务	校外培训	教育教学
学校教育满意度	3.72	0.80	0.273 ***	0.243 ***	0.194 ***	0.224 ***
政策了解程度	3.67	0.74	0.308 ***	0.291 ***	0.208 ***	0.241 ***
政策效果感知情况	3.34	0.86	0.509 ***	0.359 ***	0.452 ***	0.448 ***

注:***代表在显著水平为0.001时(双尾),相关十分显著。

四　讨论与建议

在当代社会,教育负担俨然已成为一种外显的社会现象,表现在每一个学生家庭的教育节奏当中:做不完的家庭作业以及上不完的课外培训班。但究其本质,教育负担实则是一种私人体验,对负担轻重的判断,不能仅停留

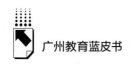

在表象，还要深入每一个人对教育所造成的负担的内在感知。为此，作为一项教育减负政策，"双减"政策的良好执行不仅是对政策执行主体如政府、学校和老师的外显行为要求，更是指向政策目标群体的主观感受。本部分以此为行动目标，根据调查研究结果，从家长立场出发，为提升"双减"政策实施效果提出一些思路与建议。

（一）关注学生家长间的差异，提高地方政策执行的灵活性

本研究调查结果显示，广州市义务教育阶段家长对"双减"政策态度整体上处于中等水平（得分均值为 3.89 分），其中对作业管理政策内容的认同感最低（得分均值为 3.71 分），不同背景学生家长在"双减"政策态度方面又存在显著差异。这在一定程度上说明广州市在落实"双减"政策过程中尚存在政策供给与学生家长需求之间的对接偏差，长此以往，必将影响"双减"政策长效落实目标的完成。

在我国推进政府治理现代化过程中，公共政策的制定与实施通常会因为地方差异给予地方政府一定的政策执行空间和政策执行的灵活性。[①] 作为"双减"政策试点城市，广州市需要在未来的"双减"政策执行过程中，尽量照顾各方利益，充分调研与吸收学生家长对"双减"政策的意见与建议。在此期间，还要更加关注低学历、低收入以及从事生产运输等相关职业的学生家长的政策需求，了解其中的实际问题与政策执行困境，尤其是作业管理与校外培训两方面内容，提升政策决策主体的决策能力和决策水平，保持政策执行的灵活性和创造性。

（二）推进基础教育优质均衡，保持政策的稳定性与持续性

学校的教育质量是学生家长最关心的问题之一，本研究结果也表明学生家长对学校教育的满意程度直接影响着他们对"双减"政策的认同水平。为此，"双减"政策的有效落实，需要弥合"减负"与"提质"的关系，

---

① 周树志：《公共政策学——一种政策系统分析新范式》，西北大学出版社，2000，第 238 页。

一方面从教育负担外在源头入手，通过治理校外教育培训、减少书面作业的方式减轻学生学业压力；另一方面还要回到如何提高学校教育质量问题本身。强化学校的主阵地角色，加强师资培养，着力提升教师教育教学能力；深化基于新课程标准的课堂教学改革，适应学生发展的新需要；调节学生管理，提高学生的学习效能等。把教育还给学校，把教学还给老师，把课堂还给学生。

除学校质量外，均衡问题也是影响"双减"政策执行的重要因素。本研究发现，公、民办学校学生家长对"双减"政策认同存在显著差异，结合家长的政策态度与学校教育满意度之间的关联性，这在一定程度上也反映出广州市公办与民办学校在教育质量方面可能存在普遍差距。为得到确切的研究结论，有必要对公、民办学校教育质量进行进一步评估，并找到其中导致出现差距的短板问题，有针对性地研制与实施解决策略，以此保持"双减"政策的稳定性与持续性。

（三）加强政策宣传与解释，提升学生家长的政策参与性与主动性

2023 年 1 月 17 日，教育部等十三部门发布《关于健全学校家庭社会协同育人机制的意见》，强调"学校发挥协同育人主导作用""家长切实履行家庭主体责任"，再次表明学校和家庭是深入落实"双减"政策、大力发展素质教育的重要组织主体。学生家长是"双减"政策的重要目标群体，也是政策执行主体，提高其政策参与性与主动性的前提基础是提高其政策认知。本研究发现学生家长对"双减"政策越了解，对该政策的认同水平越高。其他学者也有相关研究证实，如有研究指出，"双减"政策的相关新闻报道对幼儿园家长的教育焦虑有一定的缓冲作用。[①] 为此，建议广州市、区教育行政主管部门利用现有主流媒体，加大"双减"政策解释与宣传，利用本地微信公众号和视频平台开设"双减"政策宣传专栏，及时更新相关

---

① 孙卉、傅宏：《新闻报道对幼儿园家长教育焦虑的影响："双减"政策的缓冲作用》，《苏州大学学报》（教育科学版）2023 年第 1 期，第 109~118 页。

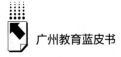

信息，切实方便学生家长了解本市、本区"双减"政策动态。与此同时，也鼓励学校根据政策要求与学校实际自主编制相关宣传手册发放给学生家长，并增强与学生家长的互动，注重不同背景家庭宣传需求的针对性与结构层次性，鼓励增加家长对学生教育的参与时间，在履行家庭教育的主体责任中提高"双减"政策参与能力。

参考文献

陈春平、何子耕：《"双减"政策主体的利益诉求与调适》，《上海教育评估研究》2023年第1期。

廖思伦、程红艳：《"双减"政策执行的制度困境及其纾解》，《当代教育科学》2022年第12期。

徐畅：《基层社会治理中多元主体协同何以可能——公共政策执行的作用》，《湖北社会科学》2022年第9期。

调查研究篇

Investigation and Research Reports

B.13
广州市中小学发展规划编制质量调查报告

肖秀平*

摘　要： 为了解广州市中小学发展规划编制质量现状，本报告以规划编制质量的五个基本要素为维度，自编问卷，对广州市中小学发展规划编制质量现状开展调查。调查结果显示：广州市中小学规划编制质量总体较好，处于良好等级；规划编制质量在区域、学段和不同岗位之间存在显著差异；规划编制质量在公办与民办学校之间的差异总体不显著。建议学校改进规划方法，将规划编写动员和培训工作纳入规划编写组织工作；提高规划参与度，把校内外力量一起纳入规划编制队伍；教育主管部门将编制学校发展规划作为非中心城区学校提升办学质量的抓手；关注特定群体和特定学段，探索规划编制质量背后的教育问题。

关键词： 学校发展规划　规划编制质量　广州市

---

* 肖秀平，广州市教育研究院教育规划与政策研究所副所长，副研究员，主要研究方向为教育财政、基础教育政策。

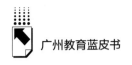
一　研究背景

　　学校发展规划属于教育领域的专门规划，始于 20 世纪 70 年代英国开展的"学校效能研究"，其目的在于通过改善学校的管理来提高学校的效能。20 世纪 90 年代，学校发展规划项目作为国际教育合作项目引入我国，旨在促进学校发展、促进学校管理变革。编制学校发展规划已经成为我国各级各类学校（幼儿园）的常态化工作。2013 年教育部印发的《义务教育学校校长专业标准》和 2015 年教育部印发的《普通高中校长专业标准》均将规划学校发展作为中小学校长的首要专业职责。2022 年，广州市有中小学 1547 所，在 11 个行政区中，5 个区已明确要求区属学校编制学校发展规划，未作统一要求的 6 个行政区中，有部分学校自觉编写学校发展规划，初步估计广州市有近千所中小学编写了学校发展规划。学校发展规划能否在学校发展与变革中发挥其应有的作用，规划编制质量至关重要。

　　本研究认为规划编制质量是指规划理念、规划参与度、规划内容、规划方法、规划实施等基本要素满足规划编制要求的程度。现有研究普遍认为发展基础、共同愿景、主要措施、保障机制是学校发展规划的基本内容，校情分析、文本制定、规划实施和监测评估是编制学校发展规划的基本步骤。[①]从研究内容来看，与学校发展规划相关的研究主要涉及学校发展规划的概念界定、编制理念、规划编制存在的问题、规划编制的技术方法、规划实施有效性的概念及影响因素、规划实施的注意事项、规划实施评价的侧重点等内容。这些研究内容已经涉及学校发展规划的编制质量，但把学校发展规划编制质量作为一个核心概念的研究比较少见，特别是关于学校发展规划编制质量的系统研究更为少见。从研究方法来看，量化研究方法主要适用于规划编制中存在问题的调查研究，关于规划编制质量的测量及其相关的调查研究尚未发现。本研究在梳理学校发展规划基本要素的基础上，构建测量框架，自

---

　　① 陈建华：《论学校发展的后继规划》，《教育发展研究》2013 年第 2 期，第 44~49 页。

编问卷，测量广州市中小学发展规划的编制质量，通过对测量数据的分析，探求改善之策。

二 研究设计

（一）调查工具

1. 问卷的编制

本研究根据学校发展规划的五个基本要素，从规划理念、规划参与度、规划内容、规划方法、规划实施五个维度自编问卷。问卷的编制综合采用类别性测量和连续性测量格式，其中，类别性测量主要了解调查对象的基本信息，用于后续分析；连续性测量选用了 Likert-type 5 点量表，编制了 32 个题项，通过测量调查对象对学校发展规划以及所任职学校发展规划编制工作情况的认识，测量学校发展规划的编制质量。在问卷的编制过程中，广泛征求了教育领域专家学者、中小学管理人员和专任教师的意见。

2. 问卷的预测试

问卷经过多轮专家征求意见和预测，采用项目分析的方法，对预测试问卷数据进行了分析，测量了问卷题项的区分度，在此基础上对题目的内容、格式进行了修订，正式施测前，预测问卷的信度良好。整套量表的 Cronbach's α值为 0.936，折半信度为 0.919，具有良好的信效度。

（二）调查对象及抽样情况

1. 调查对象

本次调查以 2018～2022 年已编制发展规划的广州市中小学校级领导干部、学校中层干部、不承担行政职务的学科专任教师以及学校教务、行政、后勤保障等工作人员为调查对象。

2. 抽样情况

本次调查采用非随机抽样方法中的判断抽样方法，样本选取考虑了调查

对象所任职学校的主管部门、中心城区与非中心城区、公办与民办，还考虑了调查对象所担任的岗位。

（三）数据清理与分析

1. 数据清理

本次调查共收回问卷 727 份。问卷收回后，通过反向题的作答情况剔除无效问卷 27 份，并对筛选出的有效问卷和题目进行了编码审核、逻辑判断等，最终生成可用于正式统计分析的学校发展规划编制质量数据库。经数据清理，筛选出有效问卷 700 份，问卷有效率为 96.29%。

2. 分析方法

问卷数据采用 SPSS 20.0 软件进行统计分析，主要采用了描述性统计分析、独立样本 T 检验、单因素方差分析、事后多重比较分析等方法。在对得分的分析中，平均分大于等于 4.50 分为优秀等级（M≥4.50 分），平均分大于等于 4.00 分小于 4.50 分为良好等级（4.00 分≤M<4.50 分），平均分大于等于 3.50 分小于 4.00 分为中等等级（3.50 分≤M<4.00 分），平均分大于等于 3.00 分小于 3.50 分为及格等级（3.00 分≤M<3.50 分），平均分小于 3.00 分为不及格等级（M<3.00 分）。

3. 有效问卷信度

采用内部一致性检验和折半检验，700 份有效问卷的克隆巴赫 Alpha 系数为 0.975，折半信度为 0.927，可靠性良好。

三 调查结果与分析

（一）广州市中小学发展规划编制质量总体情况

1. 中小学发展规划编制总体质量较高

广州市中小学发展规划总体编制质量的均值为 4.05 分，处于良好等级。其中位数和众数均为 4.00 分，与平均数的差距不大，三个能够描述一组数据集中量数的指标趋同，该组数据趋于正态分布。该组数据的标准差为 0.57 分，说明大部分数值和平均数之间的差异不大，离散程度不高。

2. 规划理念、规划内容与规划实施的质量较高

在衡量规划编制质量的五个维度中，规划理念、规划内容与规划实施的均值分别为 4.19 分、4.12 分和 4.06 分，均处于良好等级。三组数据的中位数分别为 4.14 分、4.00 分和 4.00 分，众数均为 4.00 分，二者与平均数的差距不大，三个能够描述一组数据集中量数的指标趋同，说明三组数据均趋于正态分布。三组数据的标准差分别为 0.58 分、0.63 分和 0.61 分，说明大部分数值和平均数之间的差异不大，离散程度不高。

3. 规划参与度和规划方法的质量处于中等水平

在衡量规划编制质量的五个维度中，规划参与度与规划方法的均值分别为 3.96 分和 3.90 分，均处于中等等级。两组数据的中位数和众数均为 4.00 分，二者与平均数的差距不大，两个能够描述一组数据集中量数的指标趋同，说明两组数据均趋于正态分布。两组数据的标准差分别为 0.68 分和 0.71 分，说明大部分数值和平均数之间的差异不大，离散程度不高（见表 1）。

表 1　广州市中小学发展规划编制质量基本情况

单位：分

维度	中位数	众数	均值	标准差
总体编制质量	4.00	4.00	4.05	0.57
规划理念	4.14	4.00	4.19	0.58
规划参与度	4.00	4.00	3.96	0.68
规划内容	4.00	4.00	4.12	0.63
规划方法	4.00	4.00	3.90	0.71
规划实施	4.00	4.00	4.06	0.61

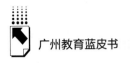

（二）各类学校规划编制质量差异分析

1. 区属中心城区学校和省市属学校的规划编制质量显著高于区属非中心城区学校

700个样本中，在省市属学校任职的样本有66个，在区属中心城区①学校任职的样本有270个，在区属非中心城区学校任职的样本有364个。从三类样本的均值来看，省市属学校的均值为4.12分，区属中心城区学校的均值为4.14分，区属非中心城区学校的均值为3.97分，前两者均高于后者。从五个维度上的均值来看，除在规划实施方面，省市属学校与区属中心城区学校的均值排序有变外，三类样本在其他四个维度的排序与规划总体编制质量的排序相同。

方差齐性检验结果显示：除了在规划实施方面，方差同质性假设不成立（P=0.027，P <0.05），在规划理念、规划参与度、规划内容、规划方法四个方面，方差同质性假设均成立（P >0.05）。对三类样本做单因素方差分析，除了在规划方法上无显著差异外，无论是总体编制质量，还是规划理念、规划参与度、规划内容、规划实施四个维度的双侧检验显著性P值均小于0.05，表明省市属学校、区属中心城区学校和区属非中心城区学校的规划编制质量存在显著差异（见表2）。

表2　广州市不同主管部门不同区域学校规划编制质量差异情况

维度	类别	样本量（个）	均值（分）	标准差（分）	Levene（F）	显著性（P）	F值	ANOVA显著性（P）
总体编制质量	省市属	66	4.12	0.57	0.900	0.407	7.217	0.001
	区属中心城区	270	4.14	0.55				
	区属非中心城区	364	3.97	0.57				
规划理念	省市属	66	4.26	0.50	1.024	0.360	5.982	0.003
	区属中心城区	270	4.27	0.59				
	区属非中心城区	364	4.12	0.57				

① 中心城区指越秀区、荔湾区、海珠区、黄埔区、白云区、天河区，其他五区为非中心城区。

维度	类别	样本量（个）	均值（分）	标准差（分）	Levene（F）	显著性（P）	F值	ANOVA显著性（P）
规划参与度	省市属	66	4.03	0.71	0.487	0.615	5.674	0.004
	区属中心城区	270	4.06	0.66				
	区属非中心城区	364	3.88	0.69				
规划内容	省市属	66	4.21	0.65	2.948	0.053	9.899	0.000
	区属中心城区	270	4.23	0.59				
	区属非中心城区	364	4.02	0.63				
规划方法	省市属	66	3.91	0.77	0.930	0.395	2.162	0.116
	区属中心城区	270	3.97	0.70				
	区属非中心城区	364	3.85	0.71				
规划实施	省市属	66	4.20	0.64	3.630	0.027	7.349	0.001
	区属中心城区	270	4.14	0.60				
	区属非中心城区	364	3.98	0.60				

进一步采用最小显著差异法（LSD）进行事后多重比较。结果显示：就三类学校规划总体编制质量而言，区属中心城区学校最高，省市属学校居中，区属非中心城区学校最低。其中，区属中心城区学校显著高于区属非中心城区学校，均值差为0.164分；区属中心城区学校高于省市属学校，均值差为0.011分，差异不显著；省市属学校显著高于区属非中心城区学校，均值差为0.153分。就三类学校规划编制质量的五个维度而言，除了在规划实施方面，省市属学校最高、区属中心城区学校居中、区属非中心城区学校最低之外，其他四个维度三类样本的均值差从大到小排序均为区属中心城区学校、省市属学校、区属非中心城区学校；且五个维度中，区属中心城区学校与省市属学校均无显著性差异（见表3）。

表3　广州市不同区域中小学规划编制质量均值差多重比较（LSD）情况

维度	区属中心城区与区属非中心城区（分）	区属中心城区与省市属（分）	省市属与区属非中心城区（分）	比较结果
总体编制质量	0.164	0.011	0.153	中心>省市属>非中心
规划理念	0.151	0.007	0.144	中心>省市属>非中心

维度	区属中心城区与区属非中心城区(分)	区属中心城区与省市属(分)	省市属与区属非中心城区(分)	比较结果
规划参与度	0.177	0.023	0.154	中心>省市属>非中心
规划内容	0.212	0.021	0.191	中心>省市属>非中心
规划方法	0.119	0.057	0.062	中心>省市属>非中心
规划实施	0.162	−0.055	0.217	省市属>中心>非中心

注：均值差的显著性水平为 0.05。

2. 小学和普通高中的规划编制质量显著高于初中

700 个样本中，在小学任职的样本有 291 个，在初中①任职的样本有 174 个，在普通高中任职的样本有 235 个。从三类样本总体编制质量的均值来看，小学的均值为 4.087 分，初中的均值为 3.925 分，普通高中的均值为 4.093 分，说明普通高中规划编制质量略高于小学，普通高中和小学规划编制质量均高于初中。从五个维度上的均值来看，小学和普通高中的均值全部高于初中，说明普通高中和小学在规划理念、规划参与度、规划内容、规划方法、规划实施五个方面的质量均高于初中。

方差齐性检验结果显示：除了在规划内容方面，方差同质性假设不成立（$P=0.019$，$P<0.05$），在总体编制质量、规划理念、规划参与度、规划方法、规划实施维度，方差同质性假设均成立（$P>0.05$）。对三类样本做单因素方差分析，除了在规划方法、规划实施上无显著差异外，无论是总体编制质量，还是规划理念、规划参与度、规划内容三个维度的双侧检验显著性 P 值均小于 0.05，这表明小学、初中和普通高中的规划编制质量存在显著差异（见表 4）。

---

① 按照全国教育事业统计关于学段统计的惯例，初中包括初级中学和九年一贯制中学，普通高中包括高级中学、完全中学和十二年一贯制中学。

表4 广州市不同学段学校规划编制质量差异情况

维度	类别	样本量（个）	均值（分）	标准差（分）	Levene（F）	显著性（P）	F值	ANOVA 显著性（P）
总体编制质量	小学	291	4.087	0.56	0.109	0.897	5.587	0.004
	初中	174	3.925	0.58				
	普通高中	235	4.093	0.55				
规划理念	小学	291	4.221	0.58	0.237	0.789	8.076	0.000
	初中	174	4.039	0.62				
	普通高中	235	4.255	0.52				
规划参与度	小学	291	4.014	0.66	0.914	0.401	5.660	0.004
	初中	174	3.814	0.73				
	普通高中	235	4.012	0.66				
规划内容	小学	291	4.152	0.64	3.990	0.019	4.347	0.013
	初中	174	4.001	0.62				
	普通高中	235	4.172	0.61				
规划方法	小学	291	3.952	0.69	0.931	0.395	2.823	0.060
	初中	174	3.793	0.74				
	普通高中	235	3.919	0.72				
规划实施	小学	291	4.087	0.62	1.595	0.204	2.285	0.103
	初中	174	3.978	0.59				
	普通高中	235	4.096	0.60				

进一步采用最小显著差异法（LSD）进行事后多重比较。结果显示：就三类学校规划总体编制质量而言，普通高中最高，小学居中，初中最低。其中，普通高中显著高于初中，均值差为0.169分；小学显著高于初中，均值差为0.162分；普通高中高于小学，均值差为0.006分，差异不显著。就三类学校规划编制质量的五个维度而言，普通高中和小学均显著高于初中；在规划理念、规划内容和规划实施方面，普通高中均高于小学，但差异不显著；在规划参与度和规划方法方面，小学均高于普通高中，但差异不显著（见表5）。

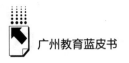

表5 广州市不同学段学校规划编制质量均值差多重比较（LSD）情况

维度	小学与初中（分）	小学与普通高中(分)	普通高中与初中(分)	比较结果
总体编制质量	0.162	−0.006	0.169	普通高中>小学>初中
规划理念	0.183	−0.034	0.217	普通高中>小学>初中
规划参与度	0.200	0.002	0.198	小学>普通高中>初中
规划内容	0.151	−0.020	0.171	普通高中>小学>初中
规划方法	0.159	0.033	0.126	小学>普通高中>初中
规划实施	0.109	−0.009	0.119	普通高中>小学>初中

注：均值差的显著性水平为0.05。

3. 民办学校规划编制质量高于公办学校，在规划方法和规划实施方面存在显著差异

700个样本中，在公办学校任职的样本有598个，在民办学校任职的样本有102个。从两类样本总体编制质量的均值来看，公办学校的均值为4.03分，民办学校的均值为4.15分。这说明民办学校规划总体编制质量高于公办学校。从五个维度上的均值来看，民办学校均不同程度地高于公办学校。这说明民办学校在规划理念、规划参与度、规划内容、规划方法、规划实施五个方面的质量均高于公办学校。

方差齐性检验结果显示：在总体编制质量、规划理念、规划参与度、规划内容、规划方法和规划实施六个方面，方差同质性假设均成立（P>0.05）。对两类样本做独立样本T检验，结果显示，在规划方法和规划实施方面，民办学校与公办学校存在显著差异；在总体编制质量、规划理念、规划参与度、规划内容四个方面，民办学校与公办学校差异不显著（见表6）。

表6 广州市公办学校与民办学校规划编制质量差异情况

维度	类别	样本量（个）	均值（分）	标准差（分）	Levene（F）	显著性（P）	Sig（双侧）
总体编制质量	公办学校	598	4.03	0.57	0.333	0.564	0.055
	民办学校	102	4.15	0.54			

续表

维度	类别	样本量（个）	均值（分）	标准差（分）	Levene（F）	显著性（P）	Sig（双侧）
规划理念	公办学校	598	4.17	0.57	0.844	0.358	0.123
	民办学校	102	4.27	0.59			
规划参与度	公办学校	598	3.95	0.68	0.023	0.879	0.156
	民办学校	102	4.05	0.71			
规划内容	公办学校	598	4.11	0.64	2.200	0.138	0.394
	民办学校	102	4.17	0.56			
规划方法	公办学校	598	3.87	0.70	0.105	0.746	0.009
	民办学校	102	4.07	0.75			
规划实施	公办学校	598	4.04	0.62	0.002	0.965	0.039
	民办学校	102	4.18	0.54			

4. 不担任行政职务的专任教师对学校发展规划及其编制质量的评价显著低于其他群体

700 个样本中，担任校级领导干部的样本有 87 个，担任学校中层干部的样本有 170 个，不担任行政职务专任教师样本有 394 个，学校教务、行政、后勤保障等职工样本有 49 个。从四类样本总体编制质量的均值来看，担任校级领导干部的均值为 4.196 分，担任学校中层干部的均值为 4.159 分，不担任行政职务专任教师的均值为 3.951 分，学校教务、行政、后勤保障等职工的均值为 4.189 分。可见，不担任行政职务的专任教师对学校发展规划及其编制质量的评价低于其他三个群体。从五个维度上的均值来看，不担任行政职务专任教师仍然低于其他三个群体。

方差齐性检验结果显示，除了在规划内容方面，方差同质性假设不成立（P=0.024，P<0.05），在总体编制质量、规划理念、规划参与度、规划方法、规划实施维度，方差同质性假设均成立（P>0.05）。对四类样本做单因素方差分析，无论是总体编制质量，还是规划理念、规划参与度、规划内容、规划方法和规划实施，四类样本均存在显著差异（见表7）。

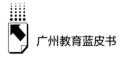

表 7 广州市不同岗位教职工对规划编制质量评价差异情况

维度	类别	样本量（个）	均值（分）	标准差（分）	Levene（F）	显著性（P）	F 值	ANOVA 显著性(P)
总体编制质量	校级领导干部	87	4.196	0.55	1.577	0.194	9.237	0.000
	学校中层干部	170	4.159	0.55				
	不担任行政职务专任教师	394	3.951	0.58				
	学校教务、行政、后勤保障等职工	49	4.189	0.43				
规划理念	校级领导干部	87	4.391	0.54	0.100	0.960	9.739	0.000
	学校中层干部	170	4.292	0.57				
	不担任行政职务专任教师	394	4.090	0.57				
	学校教务、行政、后勤保障等职工	49	4.245	0.53				
规划参与度	校级领导干部	87	4.061	0.72	1.957	0.119	6.895	0.000
	学校中层干部	170	4.094	0.70				
	不担任行政职务专任教师	394	3.863	0.67				
	学校教务、行政、后勤保障等职工	49	4.146	0.52				
规划内容	校级领导干部	87	4.310	0.58	3.152	0.024	10.792	0.000
	学校中层干部	170	4.254	0.60				
	不担任行政职务专任教师	394	4.005	0.64				
	学校教务、行政、后勤保障等职工	49	4.252	0.53				
规划方法	校级领导干部	87	4.000	0.71	1.183	0.315	4.282	0.005
	学校中层干部	170	3.985	0.72				
	不担任行政职务专任教师	394	3.820	0.72				
	学校教务、行政、后勤保障等职工	49	4.092	0.54				
规划实施	校级领导干部	87	4.207	0.61	2.332	0.073	7.177	0.000
	学校中层干部	170	4.160	0.59				
	不担任行政职务专任教师	394	3.971	0.62				
	学校教务、行政、后勤保障等职工	49	4.211	0.47				

　　进一步采用最小显著差异法（LSD）对四类样本在总体编制质量方面进行事后多重比较。结果显示，不担任行政职务专任教师与其他三个群体均具有显著差异，其中校级领导干部与不担任行政职务专任教师的均值差的绝对值最大（0.244分），不担任行政职务专任教师与教务、行政、后勤保障等职工的均值差的绝对值居中（-0.240分），学校中层干部与不担任行政职务专任教师的均值差的绝对值最小（0.208分）。其他三个群体之间无显著差异（见表8）。

表8　广州市不同岗位教职工对规划总体编制质量多重比较（LSD）情况

比较对象	均值差（分）	显著性（P）
校级领导干部与学校中层干部	0.036	0.622
校级领导干部与不担任行政职务专任教师	0.244	0.000
校级领导干部与教务、行政、后勤保障等职工	0.006	0.949
学校中层干部与不担任行政职务专任教师	0.208	0.000
学校中层干部与教务、行政、后勤保障等职工	-0.030	0.740
不担任行政职务专任教师与教务、行政、后勤保障等职工	-0.240	0.005

注：均值差的显著性水平为0.05。

四　结论与建议

（一）主要结论

1. 广州市中小学规划编制质量总体较好，处于良好等级

总体而言规划编制质量良好，在区域、学段和不同岗位之间存在显著差异；在公办与民办学校之间的差异总体不显著。

2. 规划方法和规划参与度直接影响规划编制的质量水平

在中小学发展规划编制质量调查的五个维度中，规划方法的均值（3.90分）和规划参与度的均值（3.96分）低于规划总体编制质量的均值（4.05分），直接影响了规划编制质量水平。

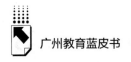

3. 区属非中心城区学校规划编制质量明显低于中心城区和省市属学校

本次调查显示，无论是总体编制质量，还是五个维度的编制质量，区属非中心城区学校的均值都显著低于中心城区学校和省市属学校。

4. 初中的规划编制质量明显低于普通高中和小学

本次调查显示，初中的规划编制质量明显低于普通高中和小学，对初中进一步分析，发现初级中学的规划编制质量最低。

5. 不担任行政职务的专任教师对学校发展规划及其编制质量的评价显著低于其他群体

本次调查显示，不担任行政职务的专任教师对学校发展规划及其编制质量的评价最低。

（二）发展建议

1. 改进规划方法，将规划编写动员和培训工作纳入规划编写组织工作

规划方法不仅包括规划编制所采用的技术路线和技术工具，还包括面向全校教职工及校外相关人员的规划动员、面向规划编制团队的专业培训、规划编制过程中的深入调研、开展规划编制工作的方式等。其中，必要的规划编制动员，不仅可以调动规划编制核心团队的工作热情，而且可以提高校内外力量对规划编写工作的配合度。面向规划编制团队的有效专业培训是提高规划编制质量的重要保障。本次调查发现，规划动员与专业培训在学校编制发展规划时未得到应有的重视，是影响规划编制质量的重要因素。建议中小学在组织编写学校发展规划时将规划编写动员和培训工作纳入规划编写组织工作，开展必要的规划编制动员，提供有效的专题性业务培训，把必要的规划编制动员和有效的专业培训作为学校规划编制工作中的重要一环。

2. 提高规划编制参与度，把校内外力量一起纳入规划编制队伍

规划参与度包括规划的组织者和参与者两个维度。《义务教育学校校长专业标准》明确提出"义务教育学校校长要组织社区、家长、教师、学生多方参与制订学校发展规划，确立学校中长期发展目标"。《普通高中校长专业标准》明确提出"普通高中学校校长按照规定程序领导制定学校发展规划，组织教师、学生、家长、社区多方参与共同确定学校的中长期发展目标"。可见，学校发展规划的编制工作不仅是学校校长的工作，更需要全校教职工的参与，还需要学生、家长和学校周边社区街道等相关人员的参与。本次调查中关于规划参与度的调查结果显示，学校在编制学校发展规划时对学生及其家长、学校所在社区及街道相关人员的意见听取方法尚有较大提升空间。建议学校更新教育观念，充分利用校外教育资源作为学校发展的重要支撑力量，在学校发展规划编制工作中，广泛听取学生、家长、社区等多方意见，把校内外力量一起纳入规划编制队伍，提高规划编制参与度。

3. 关注区域差异，提升非中心城区学校的规划编制质量

学校发展规划始于学校效能提升和学校改进计划，可以说学校发展规划的编制与学校的发展具有内在的联系。从学校发展规划的编制目标来看，非中心城区学校因历史原因，在总体办学水平上与中心城区学校仍存在一定差异，更需要通过编制学校发展规划，或者凝聚共识推动学校发展上台阶，或者对学校发展中遇到的瓶颈问题进行改进。建议区域教育主管部门，特别是非中心城区教育主管部门，重视学校发展规划的质量，将编制学校发展规划作为非中心城区学校改善、提升学校办学质量之策。

4. 关注特定群体和特定学段，探索规划编制质量背后的教育问题

初级中学教职工和不担任行政职务的专任教师对学校发展规划及其编制质量的评价最低，初级中学作为连接小学和高中阶段学校的学段，学段之间差异背后的原因是什么？专任教师对学校发展规划及其编制质量的评价最低反映了哪些问题？建议教育主管部门和学校从提高学校发展规划编制质量和改善学校教育质量的高度做出相应调整。

参考文献

曹宗清、王可、王慧：《我国学校发展规划：理论回顾、现实问题和发展策略》，《教育理论与实践》2022 年第 22 期。

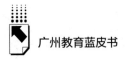

楚江亭：《学校发展规划：内涵、特征及模式转变》，《教育研究》2008 年第 2 期。

胡文斌：《SDP 的制定与实施：基于中英教育项目的几个建议》，《中小学管理》2010 年第 11 期。

鲁兴树：《学校发展规划应关注生成性》，《福建教育》2021 年第 26 期。

孙军、程晋宽：《学校发展规划的理论构架分析》，《现代教育管理》2012 年第 11 期。

魏峰：《学校发展规划制定的问题审视与改进之道》，《中国教育学刊》2017 年第 11 期。

张东娇：《高质量学校发展规划的写作框架和编制方法》，《教学与管理》2022 年第 10 期。

B.14
广州市中小学生出国学习意向研究

杜新秀*

摘　要： 对中小学生出国学习意向的调查显示，广州市中小学生出国学习意愿不强烈，出国学习目的国更加多元化，预期收益更加理性，多数选择学成后归国。分析发现，追求优质教育、提升个人综合素质是出国学习的主要动力，而安全风险、生活能力、学习成绩、学习压力、家长学历、家庭收入等是影响出国学习意向的主要因素。因此建议广州市提升基础教育国际化水平，加强对学生安全意识及相关能力的培养，同时加大对留学中介服务机构的监管力度，以促进中小学生全面发展和健康成长。

关键词： 出国学习意向　未成年学生　安全风险　广州市

一　问题提出

"支持留学，鼓励回国，来去自由"是我国留学工作的总方针。在此方针指导下，随着我国民众家庭经济能力的提高和对优质教育需求的增长，越来越多的家长和学生选择出国学习，其中选择中小学阶段出国学习的人数也不断增长。以加拿大为例，2018年8月加拿大国际教育局（Canadian Bureau for International Education，CBIE）发布的国际学生数据显示，2017年，在加

* 杜新秀，广州市教育研究院教育规划与政策研究所所长，副研究员，主要研究方向为教育规划与政策、教育国际化。

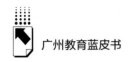

拿大就读中学的国际学生有 56160 人，其中来自中国内地的学生数量居首位，有 28540 人，占该阶段总数的 50.82%；就读小学阶段的国际学生有 15190 人，其中来自中国内地的学生数量居第二位，有 2715 人，占该阶段总数的 17.87%。①

与成年学生相比较，"低龄留学生""小留学生"② 的身心健康、生活、学习等方面的问题愈加凸显，尤其在新冠疫情后各国陆续施行边境管制，"小留学生"遭学校或寄宿家庭拒留且难以回国的现象引发了家长焦虑和社会热议。为此，教育部在 2021 年全国教育工作会议上，针对低龄留学明确提出要"建立不鼓励不提倡低龄出国学习的制度政策"。③ 此后教育部还发文要求规范未成年人出国学习，并呼吁各地在研究本地区未成年学生出国学习主要特点、成因及风险评估等基础上提出具体政策建议。

广州市作为因海而生、向海而兴的千年商都，一直以来出国学习方兴未艾，其中低龄出国学习人数也居全国各大城市前列，表明中小学生已成为出国学习增长最快的留学人群。尽管新冠疫情以来，各类出国学习人数有所下降，但随着疫情防控进入新阶段，出国学习逐渐恢复。那么，广州市中小学生的出国学习现状如何？中小学生对出国学习持有怎样的看法？哪些因素影响中小学生的出国学习意向？本研究围绕这些问题展开研究，以期从总体上把握和分析广州市中小学生出国学习意向的基本状况及其特点，并在此基础上提出加强中小学生出国学习的对策建议。

① Canadian Bureau for International Education：International Students in Canada，https：//cbie.ca/what-we-do/research/library/，最后检索时间：2022 年 12 月 5 日。
② 一般来说，"低龄留学生""小留学生"是指接受高等教育以前的学生（Pre-university students），即主要就读于国外中小学校、语言学校、公立高等教育机构预科班或语言培训中心以及其他一些私立培训机构且年龄不满 18 周岁的学生。
③ 陈宝生：《乘势而上 狠抓落实 加快建设高质量教育体系——在 2021 年全国教育工作会议上的讲话》，http：//www.moe.gov.cn/jyb_ xwfb/moe_ 176/202102/t20210203_ 512420.html，最后检索时间：2022 年 12 月 5 日。

二 研究设计

（一）研究内容与方法

学界对中小学生出国学习进行了许多有益的研究。一是中小学生出国学习现象及其面临问题研究，认为学术不诚实、行为失当（如违反法律）、学术表现差、社会适应性不佳（如语言匮乏、内心孤独）等是主要问题。二是中小学生出国学习的动因研究，中宏观视角认为低龄留学趋势产生的动因包括国内教育质量不理想、升学考试和未来就业压力大、家庭经济情况支持、思想意识的变革等；微观视角认为高中生留学动机包括自我实现动机、他人认同动机、环境吸引动机和压力缓解动机等。① 三是中小学生出国留学意向及其影响因素分析，如刘扬等人研究发现，我国高中生自费出国留学意向比较强烈，国际文化交流、教育方式以及入学机会等不足是主要的"推动"因素，而体验不同文化与教育方式、学习新知识与技能及就业前景较好等是主要"拉动"因素。② 从有关研究来看，关注高中生或国际班学生出国学习的研究较多，但研究中小学生整体的很少；关注北京、上海等城市的研究较多，研究广州的很少。

本研究以广州市中小学生为研究对象，研究内容包括两方面：一是广州市中小学生出国学习意向调查与分析，采用自编问卷对中小学生进行出国意向的调查；二是留学中介服务机构对中小学生出国学习情况及其管理的看法，通过对广州地区主要留学中介服务机构进行座谈和访谈了解有关情况。

（二）研究工具

意向是人们对待或处理某事物的活动，其表现为此者的欲望、愿望、希

---

① 柳伊凡：《武汉市高中生自费留学行为动因研究——基于教育消费的视角》，华中农业大学硕士学位论文，2021，第5~8页。
② 刘扬、孔繁盛、钟宇平：《我国高中生自费出国留学意愿调查研究——基于7个城市的抽样调查数据》，《教育研究》2012年第10期，第59~63页。

望、谋虑等行为反应倾向。人们的欲望、愿望、希望、谋虑等可被分为肯定和否定或正向和负向。[①]

围绕广州市中小学生的出国学习意向，自编问卷由三个部分组成：一是样本学生的基本情况，包括性别、就读年级、就读学校类型及所在区域等；二是中小学生出国学习意向的情况，包括对出国学习的整体认知、预期收益、预计风险、个人意向和能力准备等；三是影响中小学生出国学习的因素，包括学习成绩、学习压力、出国经历与否、家庭经济状况。问卷采用李克特五级量表形式，结果采用 SPSS 软件进行统计分析，剔除无效问卷后，调研共回收学生问卷 10745 份，其中女生问卷占总数的 46.41%，小学生问卷占总数的 59.69%，中心城区学生问卷占总数的 40.89%。

留学中介服务机构的座谈和访谈围绕中小学生出国学习取向、机构应对留学安全的举措、行业发展与管理等展开，共有广东省国际教育促进会等 9 家机构参加。

三　研究结果与分析

（一）中小学生对出国学习的整体认知情况

1. 近半数学生不赞同未成年人出国学习，不同性别、年级和区域学生的看法有差异性

对于未成年人出国学习的看法，48.41% 的学生表示不赞成，19.68% 的学生表示赞同，其余学生（31.91%）持中立态度。总体上看，男生和女生对这一问题的看法有显著差异（P = 0.042），即男生不赞同的比例（49.20%）高于女生不赞同的比例（47.50%）。

中小学生的看法也有显著差异（P = 0.000），表现为不赞同的学生中，小学生比例（56.75%）最高，其后依次是初中生（43.52%）、高中生

---

① 林崇德、杨治良、黄希庭主编《心理学大辞典》，上海教育出版社，2003，第 1553 页。

（26.64%）；赞同的学生中，比例最高的是高中生（31.66%），其后依次是初中生（23.19%）、小学生（14.78%）。综上可见，高中生赞同的比例高于不赞同的比例，初中生和小学生则是不赞同的比例高于赞同的比例。

不同区域就读学生的看法有显著差异（P=0.000），即外围城区①就读学生不赞同出国学习的比例（52.37%）显著高于中心城区就读学生的比例（42.70%）。

2. 七成学生认可大学本科及以上出国学习，不同年级和不同区域学生的看法有差异性

对于最佳出国学习阶段的看法，70.42%的学生认为大学本科及以上阶段出国学习最合适，17.63%的学生认为高中阶段是最佳出国学习阶段，11.95%的学生认为义务教育阶段最适合出国留学。

不同区域就读学生的看法有显著差异（P=0.008），即外围城区就读学生认可本科阶段出国学习的比例更高（43.63%），中心城区就读学生认可高中阶段出国学习的比例（19.12%）高于外围城区就读学生的认可比例（16.60%）。

中小学生的看法也有显著差异（P=0.000），即高中生认可高中及以下阶段出国学习的比例最高（36.05%），其后依次是初中生（30.29%）、小学生（27.39%）；小学生更倾向于认可本科及以上阶段出国留学（72.61%），显著高于高中生的看法（63.95%）。

3. 四成半以上学生认同在"有自理能力""形成较稳定的价值观"后出国学习，不同年级和区域学生的看法有差异性

学生选择最佳出国学习阶段的理由中，对"有自理能力""形成较稳定的价值观"的认同度最高，"家庭经济更宽裕"也获得较多认同，而"避开国内高考"的认同度最低。但是总体来看，各项均值都低于3.50，表明对各项的认同度均处于一般水平（见表1）。

_____

① 外围城区包括番禺区、花都区、南沙区、从化区和增城区，其他6区为中心城区。

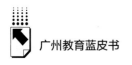

表1 广州市中小学生选择最佳出国学习阶段的理由

单位：分

选项	男	女	中心城区	外围城区	小学	初中	高中	总计
早去早适应	2.73	2.73	2.87	2.63	2.52	2.88	3.24	2.73
尽早接触多元文化	3.05	3.10	3.23	2.96	2.87	3.31	3.46	3.07
避开国内高考	2.39	2.36	2.43	2.34	2.33	2.30	2.63	2.37
有自理能力	3.35	3.40	3.51	3.28	3.24	3.55	3.63	3.38
形成较稳定的价值观	3.36	3.40	3.52	3.28	3.23	3.57	3.61	3.38
家庭经济更宽裕	3.13	3.15	3.23	3.08	3.04	3.24	3.35	3.14

不同区域就读学生的看法有显著差异（P＝0.000），即中心城区就读学生（M＝3.13分）对各理由的认同度总体高于外围城区就读学生（M＝2.93分）的认同度。中小学生的看法也有显著差异（P＝0.000），即高中生（M＝3.32分）对各理由的认同度总体高于初中生（M＝3.14分）和小学生（M＝2.87分）的认同度。

（二）中小学生对出国学习预期收益的认知情况

1. 提升个人的综合素质是出国学习的主要推动力

关于出国学习可能带来的益处，学生认同度居前三的依次是"增长见识和扩大视野"、"提升个人知识和能力"和"接触多元文化"，而认同度较低的两项依次是"回避国内升学压力"和"增加移民机会"。结合前面选择最佳出国学习阶段的理由可以发现，回避高考升学压力或移民并非出国学习的主要推动力，提升个人的综合素质才是主要的驱动因素（见表2）。

表2 广州市中小学生对出国学习预期收益的认同度

单位：分

选项	男	女	中心城区	外围城区	小学	初中	高中	总计
接触多元文化	3.39	3.46	3.57	3.32	3.24	3.68	3.70	3.42
形成多元价值观	3.30	3.37	3.47	3.24	3.16	3.57	3.61	3.33

续表

选项	男	女	中心城区	外围城区	小学	初中	高中	总计
提升个人知识和能力	3.46	3.55	3.64	3.41	3.34	3.74	3.73	3.50
增长见识和扩大视野	3.54	3.62	3.73	3.47	3.41	3.83	3.81	3.58
积累更多的人脉	3.26	3.31	3.42	3.19	3.10	3.50	3.64	3.28
有更好就业前景	3.18	3.22	3.28	3.15	3.09	3.28	3.47	3.20
带来更多经济回报	3.07	3.10	3.17	3.03	2.98	3.14	3.38	3.09
回避国内升学压力	2.74	2.70	2.83	2.65	2.63	2.73	3.03	2.72
增加移民机会	2.65	2.59	2.67	2.59	2.56	2.55	2.90	2.62

2. 不同年级和不同区域学生对预期收益的看法有差异性

不同区域就读学生对预期收益的看法有显著差异（P = 0.000），即中心城区就读学生（M = 3.31 分）对各项收益的认同度总体高于外围城区就读学生（M = 3.12 分）的认同度。中小学生的看法也有显著差异（P = 0.000），即高中生（M = 3.47 分）对各项收益的认同度总体高于初中生（M = 3.34 分）和小学生（M = 3.06 分）的认同度。

（三）中小学生对出国学习预计风险的认知情况

1. 学生对风险的预计处于高等水平，个人安全是出国学习面临的首要风险

关于出国学习可能面临的风险，学生看法的总体均值为 3.59 分，表明学生对风险的预计处于较高水平。具体来看，学生认为"个人人身安全不能保证"、"当地社会治安不稳定"和"个人财产安全不能保证"这三项最有可能发生，其次是个人社会适应性方面的风险，如受排挤、心理问题不能及时疏解，而"学校资质不合格"和"学校教育教学质量低"的风险则靠后。综上可见，中小学生出国学习最担忧的是个人安全问题，其次是社会适应性问题，最后才是学业成就方面的问题，这些反映了未成年人出国学习的突出特点（见表3）。

表3　广州市中小学生对出国学习面临风险的预计情况

单位：分

选项	男	女	中心城区	外围城区	小学	初中	高中	总计
学校资质不合格	3.44	3.48	3.44	3.46	3.51	3.42	3.31	3.45
学校教育教学质量低	3.39	3.45	3.39	3.44	3.49	3.35	3.25	3.42
当地社会治安不稳定	3.65	3.72	3.72	3.66	3.70	3.73	3.59	3.68
当地排外情绪明显	3.60	3.66	3.64	3.62	3.66	3.63	3.51	3.63
个人人身安全不能保证	3.67	3.77	3.72	3.72	3.77	3.72	3.56	3.72
个人财产安全不能保证	3.62	3.72	3.66	3.68	3.72	3.64	3.51	3.67
个人心理问题 不能及时解决	3.58	3.66	3.60	3.63	3.68	3.57	3.45	3.62
个人三观受到不良影响	3.54	3.60	3.53	3.59	3.65	3.50	3.40	3.57
个人融入当地社会 （文化）困难	3.54	3.61	3.53	3.60	3.64	3.51	3.41	3.57

2. 不同性别和不同年级学生对出国学习风险的预计有差异性

不同性别学生对出国学习面临风险的看法有显著差异，表现为女生（M=3.63分）对各项风险的预计程度总体高于男生（M=3.56分）的预计程度。中小学生的看法也有显著差异（P=0.000），即小学生（M=3.65分）对各项风险的预计程度总体高于初中生（M=3.56分）和高中生（M=3.44分）的预计程度。

（四）中小学生对自身出国学习的意向情况

1. 半数学生不想出国学习，不同性别、年级和区域学生的看法有差异性

对于自己出国学习的看法，50.04%的学生表示不想去，17.83%的学生表示想去，32.13%的学生表示无所谓。男生与女生的看法有显著差异（P=0.002），即女生想去的比例（19.19%）高于男生想去的比例（16.65%）。

中小学生的看法有显著差异（P=0.000），表现为想去的学生中，比例最高的是高中生（30.35%），其次是初中生（22.27%）、小学生（12.43%）；不想去的学生中，小学生比例（57.06%）最高，其次是初中

生（44.00%）、高中生（34.11%）。综上可见，初中生和小学生不想去的比例显著高于高中生不想去的比例。

不同区域就读学生的看法有显著差异（P=0.000），即外围城区就读学生不想出国学习的比例（54.09%）显著高于中心城区就读学生的比例（44.19%）。

2. 出国学习目的国趋向多元化，不同性别、年级和区域学生的选择有差异性

在出国学习的意向国家中，学生选择西欧国家（如英国、法国、德国）作为第一意向国的人数最多，占比25.19%；其次是美国，占比20.19%，再次是俄罗斯，占比14.59%（见图1）。

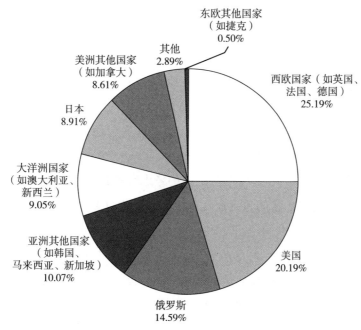

图1 广州市中小学生选择出国学习第一意向国的情况

不同性别学生对出国学习意向国的选择有显著差异（P=0.000），表现为男生选择美国、俄罗斯的比例（39.59%）显著高于女生（29.21%），女生选择西欧国家、亚洲其他国家和大洋洲国家的比例（49.73%）显著高于

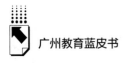
男生（39.62%）。

不同区域就读学生的选择有显著差异（P=0.000），即外围城区就读学生选择俄罗斯和美洲其他国家的比例（25.95%）显著高于中心城区就读学生选择的比例（19.23%）；中心城区就读学生选择美国、日本的比例（33.27%）显著高于外围城区就读学生选择的比例（26.24%）。

中小学生的选择有显著差异（P=0.000），表现为初中生选择西欧国家和美国的比例（52.31%）显著高于高中生（43.90%）和小学生（43.21%）；小学生选择俄罗斯、亚洲其他国家、大洋洲国家和美洲其他国家的比例均在10%以上，选择该四类国家的比例（47.56%）显著高于高中生（34.80%）和初中生（34.38%）。

3. 选择出国学习目的国首要关注安全性，不同性别和不同年级学生的选择有差异性

在选择出国学习目的国的考虑因素中，"当地社会治安状况"排在首位（M=4.11分），"目的地学校教育教学质量"（M=4.03分）排在第二位，"目的地学校资质""当地文化氛围"同排在第三位。可见，学生认为社会治安问题是选择目的国的最重要因素，与前面对可能面临风险的预计相类似，同时学校质量是重要影响因素之一。

不同性别学生选择出国学习目的国的考虑因素有显著差异，表现为女生（M=3.81分）对各因素的考虑程度总体高于男生（M=3.76分）的考虑程度。中小学生选择出国学习目的国的考虑因素也有显著差异（P=0.000），即初中生（M=4.13分）对学校资质、学校教育教学质量、目的国与中国关系、当地社会治安状况和文化氛围的考虑程度高于小学生（M=4.03分）和高中生（M=3.88分）的考虑程度；而小学生（M=3.61分）对当地是否有亲戚朋友、消费水平和住宿情况的考虑程度高于初中生（M=3.46分）和高中生（M=3.47分）的考虑程度。

4. 超过七成学生选择毕业后回国，不同性别、区域和年级学生的选择没有差异性

关于出国学习目标，学生选择"顺利毕业后立即回国"的人数最多，占比 52. 51%，选择在目的国或其他国家工作后再回国的比例为 22. 19%。可见，如果出国留学，有 74. 70% 的学生选择毕业后（含工作后）回国。

（五）中小学生自评具备与出国学习相关能力的情况

1. 各项能力自评处于中等水平，不同区域和不同年级学生的自评有差异性

总体来看，与出国学习相关的各项能力中，学生总体上的自评分值均低于 3. 50 分，表明学生自评能力处于中等水平。具体来看，"平时交友谨慎"自评排在首位，"遇到安全问题能采取适当的求助方法（如报警等）"排在第二位，"生活上能独立自理"排在第三位；最弱的是"接受过留学行前安全教育"。（见表 4）。

表 4 广州市中小学生具备与出国学习相关的能力自评情况

单位：分

选项	男	女	中心城区	外围城区	初中	高中	小学	总计
生活上能独立自理	3.43	3.48	3.64	3.32	3.80	3.79	3.22	3.45
能理性消费	3.38	3.37	3.56	3.25	3.73	3.68	3.15	3.38
平时交友谨慎	3.45	3.49	3.64	3.35	3.79	3.77	3.26	3.47
有较强的人际交往能力	3.39	3.37	3.51	3.29	3.62	3.53	3.24	3.38
有较强的是非判断能力	3.39	3.37	3.56	3.25	3.71	3.72	3.15	3.38
有较强的防骗能力	3.44	3.40	3.60	3.29	3.76	3.74	3.20	3.42
有较强的自律性	3.25	3.24	3.37	3.16	3.44	3.52	3.09	3.24
与父母讨论过出国留学事宜	2.64	2.61	2.67	2.60	2.71	3.01	2.48	2.63
接受过留学行前安全教育	2.61	2.55	2.63	2.55	2.68	3.04	2.41	2.58
掌握一定的应急处理措施	3.31	3.24	3.41	3.19	3.61	3.62	3.05	3.28
遇到安全问题能采取适当的求助方法（如报警等）	3.47	3.44	3.59	3.36	3.78	3.73	3.25	3.46

不同区域就读学生的能力自评有显著差异（P = 0. 000），表现为中心城区就读学生对各项能力的自评分值（M = 3. 38 分）总体高于外围城区就读学生的自评分值（M = 3. 15 分）。中小学生的能力自评也有显著差异（P = 0. 000），即高中生（M = 3. 56 分）对各项能力的自评分值总体高于初中生

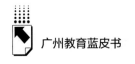

（M = 3. 51 分）和小学生（M = 3. 05 分）的自评分值。

2. 约九成学生没有参加过任何外语水平考试，对英语的掌握程度一般或不熟练

在语言能力准备方面，89.68% 的学生表示自己没有参加过任何外语水平考试，86.12% 的学生认为自己对英语的掌握程度一般或不熟练。

（六）影响中小学生出国学习的因素分析

1. 中小学生出国学习意向受其学习成绩和学习压力的影响

学生的学习成绩与其出国学习意向强度的相关系数值为 0. 065，说明学生的学习成绩越好，越希望出国学习；学习压力（学习焦虑程度、学习内容难易程度、考试紧张程度的均值）与出国学习意向强度的相关系数值为 0. 086，说明学生学习压力越大，越希望出国学习。可见，学生学习成绩越好越希望能够出国学习，获得更优质的教育，取得更好的学业成就。

2. 中小学生出国学习意向受其家长学历、收入和职业影响

学生出国学习意向强度与其家长学历呈正相关关系（P = 0. 085），说明家长学历越高，越希望孩子出国学习。学生出国学习意向强度与其家庭人均年收入的相关系数值为 0. 097，说明家庭年收入越高，越希望孩子出国学习。不同职业的家长与其孩子出国学习意向强度存在显著性差异（P = 0. 000），比较均值发现，家长职业为经理人员、私营企业主、专业技术人员的孩子的出国意向强度排在前三位，家长职业为个体工商户、产业工人、待业人员的孩子出国的意向强度较低。

四　对策建议

上述调查显示，广州市中小学生出国学习意愿不强烈，出国学习目的国更加多元化，预期收益更加理性，多数选择学成后归国就业生活。进一步分析发现，追求优质教育、提升个人综合素质是中小学生出国学习的主要动力，而安全风险、生活能力、学习成绩、学习压力、家长学历、家庭收入等

是影响中小学生出国学习意向的主要因素。针对中小学生出国学习的这些特点和其中反映的一些情况，本研究提出以下对策建议。

（一）提升基础教育国际化水平

尽管出国学习的目的国有多元化趋势，但无论是美国、英国、加拿大、澳大利亚等传统留学国，还是日本、新加坡、德国、瑞士等国家，它们均是重视教育投入，拥有世界一流的教育、科研、学习资源的发达国家。可见，寻求优质教育是当下出国学习的首要选择。目的国学校教育教学质量、学校资质、当地文化氛围是学生选择目的国的主要考量因素。广州对外经济贸易发达，国际人口流动频繁，但现有教育资源和教育质量与其经济地位还不相适应，与民众对优质教育的需求还不相匹配。因此，建议广州市教育行政部门和学校多渠道提升基础教育质量，提升其国际化水平。

1. 提高国际教育资源供给的质量

广州市现有国际课程实验高中学校、国际化特色民办学校、国际课程民办非学历培训机构，以及以"外语""外国语"命名的公、民办普通中小学校等四类面向本地户籍和常住适龄学生且具有国际化特征的学校。这四类学校总体上受到家长欢迎，但它们的教育质量还有很大提升空间。比如各类型学校之间、校内国际课程班（或国际部）与非国际课程班（或本部）之间的资源共享力度还需要加大，特别是在课程理念、教学模式、学习方式之间的互鉴融合需要加强，以达到"鲶鱼效应"，真正提升学校整体教育教学质量，使学生不出国门也能享受到优质国际教育资源。

2. 盘活利用好本土国际资源

首先，利用在穗外籍人员子女学校、国际友好学校等国际优质教育资源，在引进高水平外籍教师、借鉴国际化办学理念和教学方法、开展国际化课题研究、进行对外交流合作等方面互相借力，探索可借鉴推广的兼顾国际先进经验与本土传统优势的国际化人才培养模式，辐射推动本土课程与教学改革。其次，加强与国际友好城市、友好合作交流城市之间的教育合作与交流，定期组织开展全市性的大型、专项教育交流活动，并将之打造成为品牌

项目，如广州基础教育展、假期学生营地活动、学校伙伴计划、教师学术研讨等形式多样、内涵丰富的交流活动，建立真正意义上的友好合作关系。[①]最后，加强与使馆、外企、涉外服务机构等单位的协作，挖掘更多国际教学资源，开展丰富多彩的文化交流活动。

3. 丰富学校国际化元素的课程与活动

一是在外语（英语）教学中切实将文化意识培养落到实处。建议更多从跨文化能力培养的角度来设计教育教学活动，如外语角、外语节等，使学生在模拟情境中提高不同文化背景下使用外语（英语）的能力。二是逐步推进学校的多语种学习，特别是针对义务教育阶段学生或是在外围城区就读的学生，通过学习多种语言扩大学生的文化视野。三是着力探索国际理解教育。通过学科渗透和专题学习，使学生关注人类面临的全球性挑战，在全球背景中认知中国的角色与责任，在本土认同的基础上提高全球合作与全球竞争素养。四是重视国情教育与国别教育。在比较与借鉴中加深学生对我国和世界主要国家的政治、经济、社会、历史、文化发展与变革的理解，尊重世界文化的多样性和差异性，培养学生的文化认同感和归属感，同时加深对人类命运共同体建设的理解与实践。

（二）加强对学生安全意识及相关能力的培养

学生对人身安全、当地社会治安、财产安全等风险的担忧排在出国学习预计风险的前三位，且如果出国会首要考虑目的国的社会治安状况。但广州市中小学生自评与出国学习相关的各项能力仅处于中等水平，在自律性、接受安全教育等方面更是薄弱。针对这些情况，无论出国学习与否，建议基础教育阶段学校和家长加强对学生的安全教育和相关能力的培养。

1. 采用喜闻乐见的形式开展各种安全教育

一是开展经常性安全教育。建议围绕校园学习、日常生活等方面开展诸

---

① 杜新秀：《京沪基础教育国际化发展经验及其对广州的启示》，《教育导刊（上半月）》2016年第11期，第86~91页。

如消防安全、食品安全、气象地质灾害、旅游安全、网络安全、心理健康以及防踩踏、防诈骗、防性侵等领域的教育，使学生了解日常生活中的各类安全隐患，做到日常防护成为本能。二是强化法制安全教育。在学习本国法律法规的基础上，通过辩论、鉴别等形式，围绕国内和国际上相同领域但有差异的法度，如交通规则、出入境管理、卫生检疫、未成年保护、治安管理、知识产权保护、宗教信仰等领域开展专题性法制教育，促使学生了解国内外基本的法律知识和法律问题，避免无知引发的安全风险。

2. 注重对学生各项能力的培养

一是加强外语能力的培养。外语能力是参与国际学习、国际事务的基本能力，无论是否有出国学习意向，学生均需要加强外语学习。学校要积极落实外语（英语）课程标准的各项目标要求，特别要培养学生应用英语生活和进行学术研究的能力，有意识地提升学生的外语水平。二是加强自我管理能力的培养。学校和家长要鼓励中小学生积极参加各类课外活动，使他们在从熟悉环境过渡到陌生环境的过程中，逐渐养成独立自主的意识，能够调整自身的心态、行为、人际关系以适应新环境，同时做好自身的目标管理、健康管理、时间管理、学习管理等，为走向大学、步入社会或出国学习做好充分的能力准备。

（三）加大对留学中介服务机构的监管力度

参与座谈的留学中介服务机构反映，部分资质低劣的留学机构不正当宣传，误导了家长和学生对出国学习的期望和风险防范。因此，建议规范留学中介服务机构管理，既促进留学中介服务机构良性、健康发展，又在引导学生和家长形成正确的留学观念、获得准确留学信息方面发挥正面的导向作用。

1. 建立留学中介服务机构信用评价体系

一是提高留学中介服务机构准入门槛，严格审核机构资质和各项收费标准，特别要加强对主要服务未成年学生的"工作室"的监管与查处。二是建立统一的留学中介服务机构监管平台，严厉惩处有虚假宣传、肆意夸大等

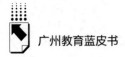

违背市场竞争原则和侵害消费者合法权益行为的机构。三是成立留学中介服务机构"白名单"，每年对留学中介服务机构进行测评，将不达标机构清退出"白名单"，让信誉良好的机构获得更多支持。四是将留学行前教育纳入机构评估内容，设置安全教育最低课时数，审查机构在国情教育、目的国社会环境教育、文化习俗、风险防范和危险应对等方面的课程或活动。

2. 推进留学行业自律组织的发展

一是鼓励出国留学中介机构做大、做强自身行业组织，建立健全行业经营自律规范、自律公约和职业道德准则，充分发挥行业组织自我管理、自我规范、自我净化的作用。[①] 二是行业协会或相关组织应加强对从业人员的管理，如出台适用本地区的从业人员行为准则或管理办法，建立从业人员"黑名单"，杜绝有利诱、隐瞒、违规等行为者再进入行业。三是提升服务水准，鼓励行业组织加强对从业人员的业务培训和继续教育，特别是安全教育方面的培训，共享安全教育资源；发布有关留学的标准产品，建立数据库并进行售后跟踪管理。

参考文献

曾燕波：《上海青少年出国情况的调查与分析》，《中国青年研究》2012 年第 9 期。

段世飞：《中国学生留学现状述评与趋势展望——基于〈2016 年中国学生国际流动性趋势报告〉的分析》，《齐齐哈尔大学学报》（哲学社会科学版）2017 年第 3 期。

---

① 《留学中介监管路向何方》，https：//www.sohu.com/a/239563062_ 243614，最后检索时间：2023 年 3 月 21 日。

B.15
广州市中小学教师职业幸福感
现状调查报告

杨　静*

摘　要： 教师职业幸福感事关教育发展的质量。调查研究发现，中小学教师职业幸福感居中等水平、职业认同感良好、专业发展意愿强烈、人际关系良好，但是社会地位、工资水平满意度以及职业成就感还待提高，健康幸福感低；性别、年龄、职称、学历、学段、工作岗位、政治面貌、城乡地域，以及是否具有名师称号，对中小学教师职业幸福感的影响显著；良好的职业认同、专业发展、人际关系体验，以及积极的精神面貌，有利于提升教师职业幸福感水平，而工作负担、身心症状感受过高则会降低其职业幸福感水平。建议进一步提高教师的社会地位和工资待遇，提升教师的职业认同感和专业能力；创造和谐民主的工作环境，关注教师的身心健康，切实减轻教师工作负担；关注个体差异和区域差异，整体提升中小学教师职业幸福感。

关键词： 职业认同幸福感　专业发展幸福感　人际关系幸福感　身心健康幸福感　广州市

---

* 杨静，广州市教育研究院教育规划与政策研究所副研究员，主要研究方向为教师专业发展、教育规划与政策。

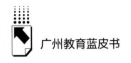

一 问题的提出

教师的职业幸福感是指教师在教育工作中发挥自身潜能、获得专业发展、实现职业理想和人生价值而产生的积极的、愉悦的体验。"职业幸福感是教师做好教育工作的重要前提和坚实基础"，[①]影响教师的职业生活，事关学生的成长和教育发展的质量，也是教师留任或离职的重要预测变量。持续推进教师职业幸福感提升，是近年来国家政策的关注重点。2018年印发的《中共中央 国务院关于全面深化新时代教师队伍建设改革的意见》指出，"到2035年，尊师重教蔚然成风，广大教师在岗位上有幸福感、事业上有成就感、社会上有荣誉感，教师成为让人羡慕的职业"；[②]2019年中共中央、国务院印发的《中国教育现代化2035》强调要"加大教师表彰力度，努力提高教师政治地位、社会地位、职业地位"。[③]

目前，对教师职业幸福感的研究主要涉及内涵结构、发展现状、影响因素和提升策略研究等四个方面，表现为学科多元化、方法综合化的发展态势。艾尔特曼（Aelterman）等人认为，"教师幸福感是一种积极的情绪状态，它是具体的环境综合因素与教师个人需求和期望达成的双边和谐"；经济合作与发展组织（Organization for Economic Co-operation and Development, OECD）指出，教师职业幸福感是一个复杂的、多维的概念，包括"认知幸福感、主观幸福感、健康幸福感以及社会幸福感"四个维度。[④]2020年OECD首次将教师职业幸福感测评作为PISA2021的重要内容，为我国教师

① 卢清、成云：《教师职业幸福感研究综述》，《江苏教育研究》（理论版）2008年第2期，第27~29页。
② 《中共中央 国务院关于全面深化新时代教师队伍建设改革的意见》，http：//www.gov.cn/zhengce/2018-01/31/content_ 5262659.htm.最后检索时间：2023年4月11日。
③ 《中共中央、国务院印发〈中国教育现代2035〉》，http：//www.gov.cn/xinwen/2019-02/23/content_ 5367987.htm，最后检索时间：2023年3月25日。
④ 李刚、吕立杰：《PISA2021教师职业幸福感测评：框架与特点》，《中国考试》2020年第11期，第48~60页。

职业幸福感研究提供了理论参照与实践指导。研究者们认为，影响教师职业幸福感的因素是多方面的，并从宏观（国家）、中观（学校）、微观（个人）三个层面，阐述如何提升教师职业幸福感。李广等[①]、胡莹莹[②]等认为，教师职业幸福感影响因素主要表现为个体内部因素、外部环境因素，以及人口学因素；赵岚等人提出疏解教师职业幸福感的现实困境，"既需要政策的引领、社会的理解与支持、学校的人文关怀，还需要教师个体拥有自育自建幸福感的主体自觉"。[③]

那么，广州市中小学教师的职业幸福感如何？不同教师群体的职业幸福感是否存在显著差异？影响中小学教师职业幸福感的因素有哪些？针对上述问题，本研究基于广州市中小学教师的视角，通过问卷调查，深入考察中小学教师职业幸福感的现状与特点，探求教师职业幸福感的影响因素，为提升中小学教师幸福感提出针对性政策建议。

二　研究设计

（一）调查对象

本研究的调查对象涉及不同学段、不同办学性质、不同行政属地、城乡不同地域的中小学校，涵盖不同性别、不同学历、不同年龄、不同职称、不同专业背景、不同工作岗位、不同政治面貌以及编制内外的中小学教师。

（二）抽样情况

本研究采用分类随机抽样的方法，抽取广州市的市直属学校、11 个辖

---

① 李广、盖阔：《中小学教师职业幸福感调查》，《教育研究》2022 年第 2 期，第 13~28 页。
② 胡莹莹、王文静：《中小学教师职业幸福感现状、影响因素及对策研究》，《中国成人教育》2022 年第 7 期，第 25~30 页。
③ 赵岚、伊秀云：《中小学高级教师职业幸福感的现实困境与纾解之策》，《现代教育管理》2022 年第 2 期，第 94~101 页。

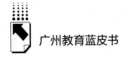

区中小学教师参与问卷调查。共回收问卷 9252 份，用于统计分析的有效问卷 9136 份，问卷有效率为 98.75%。

（三）研究工具

本研究在综合分析国内外研究者开发的相关量表的基础上，借鉴 OECD 教师职业幸福感测评量表，最终确定的教师职业幸福感量表分为总体幸福感、职业认同幸福感、专业发展幸福感、人际关系幸福感、身心健康幸福感五个维度。职业认同维度包括职业意义、职业使命、职业热爱、职业自豪、职业信念、社会地位、工资水平等 7 个指标；专业发展维度包括职业理想、职业规划、工作投入、工作胜任、专业支持、职称晋升、工作成就、发展前景等 8 个指标；人际关系维度包括师生关系、干群关系、同事关系、家校关系、家庭关系、社区联系等 6 个指标；身心健康维度包括精神面貌、身心症状 2 个二级指标，其中精神面貌下设心情愉快、平静放松、充满活力、积极乐观等 4 个三级指标，身心症状下设疲惫乏力、紧张焦虑、身体不适、头痛胃痛等 4 个三级指标。每个维度各若干题项，各题项采用自我陈述的方式，请教师根据实际情况选择相符程度。采用 Likert 5 点记分法，每个题项选项从"完全不符合"到"完全符合"分别计 1~5 分，M 代表分数的平均值，得分越高则表明该方面的感受越强。其中职业认同、专业发展、人际关系、精神面貌维度，得分越高则表明职业幸福感越强；在身心症状维度，得分越高，则表明健康幸福感越低。问卷结果分析显示信度系数（Cronbach's α）为 0.898，表明数据具有较好的可靠性。

（四）数据分析

本研究主要运用 SPSS 23.0 软件对问卷数据进行处理和分析。剔除无效数据后，采用描述性统计，分析教师职业幸福感的整体情况；运用单因素方差分析，检验不同类型教师职业幸福感的显著差异性；运用相关分析 Pearson 和多元回归分析，对教师职业幸福感的影响因素加以解释。

三 调查结果与分析

（一）中小学教师职业幸福感总体上居于中等水平，职业认同感和人际关系良好，职业成就感还待提高，健康幸福感低

中小学教师职业幸福感总体上处于中等水平，人际关系良好，健康幸福感低。中小学教师总体幸福感均值 M = 3.36 分，处于中等水平（M = 3 分为中等水平）；各维度幸福感均值由高到低分别为人际关系、职业认同、专业发展、精神面貌。这说明中小学教师人际关系维度的幸福感居于良好水平，处于五级量表中的"比较符合"和"非常符合"之间；职业认同、专业发展以及身心健康的精神面貌维度的幸福感居于中等水平，处于五级量表中的"一般符合"和"比较符合"之间；身心健康的身心症状维度感受居于中等水平，表明教师的身心症状感受处于五级量表中的"一般符合"和"比较符合"之间。

中小学教师职业幸福感各维度内部指标感受不同。一是中小学教师的职业认同感良好，中小学教师非常认同教师职业的价值意义，有强烈的职业使命感，热爱教育事业，有较好的职业自豪感，但职业信念还待加强，对教师社会地位和工资水平的满意度较低。二是中小学教师专业发展意愿强烈，但职业成就感以及对专业发展前景的信心还待提高。中小学教师在职业理想、职业规划、工作投入、工作胜任方面的感受处于良好水平，在专业支持、工作成就、职称晋升、发展前景方面的感受处于中等水平。三是中小学教师人际关系良好，但社区联系方面的感受相对薄弱。除了社区联系居于中等水平外，人际关系维度的同事关系、家庭关系、师生关系、干群关系、家校关系指标方面的感受均居于良好水平，这说明中小学教师师生关系、同事关系、干群关系、家校关系、家庭关系良好。四是中小学教师工作态度积极乐观，身心健康幸福感低，亚健康情况较为严重。中小学教师在精神面貌维度的积极乐观、心情愉快、平静放松、充满活力指标方面的感受居于中等水平，但

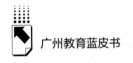

在身心症状维度的疲惫乏力、紧张焦虑、身体不适、头痛胃痛指标方面的感受居于或接近中等水平（见图1）。

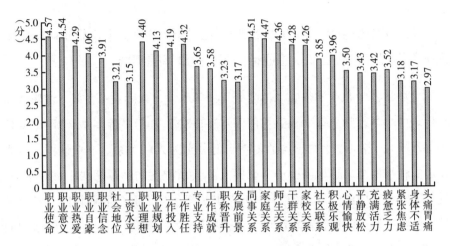

图1　教师职业幸福感指数均值

（二）中小学教师的职业幸福感存在显著的群体差异

为了解不同群体教师职业幸福感的特征，本研究分别以性别、年龄、学历、职称、学段、工作岗位、政治面貌、名师称号，以及城乡地域为变量，运用单因素方差分析，对不同群体教师的职业幸福感进行差异性分析。

1. 女教师的职业幸福感显著低于男教师

在总体幸福感、职业认同、专业发展以及身心健康的精神面貌方面，女教师的满意度显著低于男教师；在紧张焦虑、身体不适、头痛胃痛等身心症状方面的感受，女教师显著高于男教师（见表1）。

表1　不同性别教师职业幸福感差异分析

单位：分

评价维度	男教师（N=2415）M/SD	女教师（N=6721）M/SD	F值
总体幸福感	3.54/2.26	3.29/2.18	93.903 ***
职业认同	4.01/0.67	3.94/0.62	18.962 ***

续表

评价维度	男教师（N＝2415）M/SD	女教师（N＝6721）M/SD	F 值
专业发展	3.89/0.57	3.81/0.49	42.318 ***
人际关系	4.32/0.59	4.30/0.53	1.836
精神面貌	3.72/0.93	3.53/0.95	77.552 ***
身心症状	3.14/1.07	3.25/0.97	19.908 ***

注：F 值中 * 代表显著水平小于 0.05，** 代表显著水平小于 0.01，*** 代表显著水平小于 0.001。下同。

2. 41~50 岁年龄段教师的职业幸福感显著低于其他年龄段教师

教师的职业幸福感随着教师年龄增长表现为两头高、中间低的"U"字形态势。26~50 岁教师的职业总体幸福感显著低于其他年龄段教师。其中 40 岁及以下教师群体的专业发展意愿最为强烈，但职业认同显著低于其他年龄段教师；41~50 岁教师群体的专业发展和身心症状幸福感最低；51 岁及以上年龄段教师有较强的职业认同感和良好的精神面貌，但身心症状感受较强烈，专业发展意愿也有待提高（见表 2）。

表 2　不同年龄教师职业幸福感差异分析

单位：分

评价维度	25 岁及以下（A）（N＝657）M/SD	26~40 岁（B）（N＝4052）M/SD	41~50 岁（C）（N＝3294）M/SD	51 岁及以上（D）（N＝1133）M/SD	F 值	LSD 检验
总体幸福感	3.36/2.14	3.34/2.15	3.33/2.25	3.50/2.36	7.714 ***	D>A>BC
职业认同	3.93/0.61	3.93/0.62	3.96/0.64	4.09/0.62	19.877 ***	D>C>AB
专业发展	3.92/0.52	3.87/0.51	3.77/0.52	3.84/0.51	29.237 ***	AB>D>C
人际关系	4.29/0.56	4.30/0.55	4.30/0.55	4.34/0.54	2.026	—
精神面貌	3.67/0.94	3.57/0.96	3.52/0.95	3.73/0.88	16.230 ***	D>A>B>C
身心症状	3.13/1.03	3.20/0.99	3.26/0.99	3.20/1.03	4.128 **	C>BD>A

注：F 值中 * 代表显著水平小于 0.05，** 代表显著水平小于 0.01，*** 代表显著水平小于 0.001。下同。

3. 中级职称教师的职业幸福感显著低于其他职称教师

LSD 检验结果表明，总体看来，副高级及以上职称教师职业幸福感显著

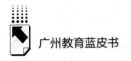

高于其他教师。无论是职业幸福感的总体感受，还是职业认同、专业发展、人际关系以及身心健康等具体维度，不同职称教师的幸福感差异显著，副高级及以上职称教师群体显著高于其他教师群体，正高级教师幸福感最高，初级和中级职称教师群体的职业幸福感最低（见表3）。

表3　不同职称教师职业幸福感差异分析

单位：分

评价维度	未定职称 （A） （N=1764） M/SD	初级职称 （B） （N=1990） M/SD	中级职称 （C） （N=3808） M/SD	副高级职称 （D） （N=1556） M/SD	正高级职称 （E） （N=18） M/SD	F 值	LSD 检验
总体幸福感	3.35/2.22	3.28/2.22	3.29/2.25	3.64/2.03	3.72/2.31	32.290***	E>D>A>BC
职业认同	3.96/0.61	3.90/0.63	3.93/0.64	4.11/0.61	4.21/0.60	30.483***	E>D>A>BC
专业发展	3.93/0.51	3.84/0.51	3.78/0.52	3.86/0.48	3.96/0.51	27.540***	E>A>D>B>C
人际关系	4.32/0.56	4.29/0.53	4.28/0.55	4.34/0.55	4.36/0.56	4.456**	DEA>BC
精神面貌	3.69/0.96	3.57/0.94	3.52/0.95	3.61/0.91	3.88/0.90	11.772***	E>A>D>B>C
身心症状	3.13/1.03	3.22/0.98	3.30/0.98	3.12/0.99	3.15/1.17	14.633***	BC>ADE

注：F 值中 * 代表显著水平小于 0.05，** 代表显著水平小于 0.01，*** 代表显著水平小于 0.001。下同。

4. 硕士及以上学历教师的职业幸福感显著低于本科及以下教师

本科学历教师职业幸福感较高，硕士及以上学历教师群体最低。硕士及以上学历教师群体的专业发展意愿强烈，但总体幸福感较低；在职业认同、人际关系、精神面貌维度，硕士及以上学历教师群体幸福感均显著低于本科及以下学历教师群体；硕士及以上学历教师群体对工资水平的满意度显著低于本科及以下学历教师群体（见表4）。

表4　不同学历教师职业幸福感差异分析

单位：分

评价维度	大专及以下（A） （N=656）M/SD	大学本科（B） （N=7313）M/SD	硕士及以上（C） （N=1167）M/SD	F 值	LSD 检验
总体幸福感	3.32/2.33	3.37/2.21	3.31/2.16	1.483*	B>AC
职业认同	3.98/0.65	3.97/0.63	3.90/0.60	7.201**	AB>C

评价维度	大专及以下（A） （N=656）M/SD	大学本科（B） （N=7313）M/SD	硕士及以上（C） （N=1167）M/SD	F 值	LSD 检验
专业发展	3.85/0.57	3.84/0.51	3.81/0.48	1.320 *	AB>C
人际关系	4.33/0.60	4.31/0.54	4.24/0.54	9.603 ***	AB>C
精神面貌	3.71/0.90	3.58/0.95	3.49/0.95	11.654 ***	A>B>C
身心症状	3.27/1.04	3.22/1.00	3.18/0.94	1.751	—

注：F 值中 * 代表显著水平小于 0.05，** 代表显著水平小于 0.01，*** 代表显著水平小于 0.001。下同。

5. 班主任职业幸福感显著低于其他岗位教师

学校中层及以上干部职业幸福感较高，而班主任职业幸福感较低。无论是总体幸福感，还是职业认同、专业发展、人际关系等具体维度，学校中层及以上干部的幸福感都显著高于其他教师群体；在身心症状方面，班主任感受最强烈，身心健康幸福感最低（见表5）。

表5　不同工作岗位教师职业幸福感差异分析

单位：分

岗位	总体幸福感	职业认同	专业发展	人际关系	精神面貌	身心症状
校领导（A） （N=201） M/SD	4.05/1.77	4.38/0.47	4.01/0.41	4.55/0.44	3.94/0.81	2.79/1.08
中层干部（B） （N=610）M/SD	3.75/1.93	4.18/0.55	3.93/0.47	4.43/0.52	3.61/0.94	3.16/1.01
学科科长（C） （N=777）M/SD	3.41/2.02	4.03/0.61	3.88/0.48	4.34/0.53	3.55/0.89	3.19/0.97
年级级长（D） （N=392）M/SD	3.52/2.13	3.97/0.59	3.84/0.47	4.35/0.49	3.63/0.93	3.24/1.03
备课组长（E） （N=927）M/SD	3.37/2.10	3.96/0.60	3.82/0.49	4.27/0.51	3.56/0.92	3.19/0.94
一般任课教师（F） （N=3378）M/SD	3.14/2.22	3.95/0.63	3.83/0.53	4.26/0.57	3.45/0.91	3.17/1.01

续表

岗位	总体幸福感	职业认同	专业发展	人际关系	精神面貌	身心症状
班主任(G) (N=2851)M/SD	3.38/2.28	3.88/0.65	3.79/0.53	4.31/0.55	3.66/1.01	3.34/0.98
F 值	47.971***	38.045***	11.412***	17.386***	19.233***	15.243***
LSD 检验	A>B>D> CEG>F	A>B>C> DEF>G	A>B>CD> EFG	A>B>CDG> EF	A>F>BC> DE>G	G>D>BCEF> A

注：F 值中 * 代表显著水平小于 0.05，** 代表显著水平小于 0.01，*** 代表显著水平小于 0.001。下同。

6. 小学教师的职业总体幸福感显著低于中学教师

小学教师的总体幸福感显著低于中学教师；在专业发展、人际关系，以及身心健康的精神面貌方面的幸福感显著高于中学教师；在紧张焦虑、身体不适、头痛胃痛等身心症状方面均值高于中学教师，但经事后 LSD 检验，这种差异并不显著（见表6）。

表6 不同学段教师职业幸福感差异分析

单位：分

评价维度	小学(A) (N=3657)M/SD	初中(B) (N=3241)M/SD	高中(C) (N=2238)M/SD	F 值	LSD 检验
总体幸福感	3.28/2.29	3.38/2.19	3.45/2.11	16.984***	C>B>A
职业认同	3.96/0.63	3.95/0.64	3.97/0.62	0.415	—
专业发展	3.86/0.51	3.82/0.53	3.81/0.51	7.809***	A>BC
人际关系	4.37/0.53	4.27/0.56	4.25/0.54	40.776***	A>BC
精神面貌	3.63/0.94	3.55/0.95	3.53/0.96	9.509***	A>BC
身心症状	3.24/0.99	3.20/1.02	3.20/0.97	1.924	—

注：F 值中 * 代表显著水平小于 0.05，** 代表显著水平小于 0.01，*** 代表显著水平小于 0.001。下同。

7. 非中共党员教师的职业幸福感显著低于中共党员教师

中共党员教师群体的职业幸福感显著高于非中共党员教师。无论是总体幸福感，还是职业认同、专业发展、人际关系身心健康的身心症状的具体维度，不同政治面貌教师群体差异极其显著，中共党员教师群体的幸福感显著高于非中共党员教师群体；在身心健康的精神面貌维度，不同政治面貌教师群体无显著差异（见表7）。

表7　不同政治面貌教师职业幸福感差异分析

单位：分

评价维度	中共党员（N=3462）（A） M/SD	非中共党员（N=5674）（B） M/SD	F 值
总体幸福感	3.47/2.11	3.29/2.27	56.925 ***
职业认同	4.01/0.62	3.93/0.64	36.433 ***
专业发展	3.85/0.50	3.83/0.53	4.371 *
人际关系	4.32/0.54	4.29/0.55	5.031 *
精神面貌	3.58/0.92	3.58/0.96	0.012
身心症状	3.19/0.97	3.26/1.01	3.251 *

注：F 值中 * 代表显著水平小于 0.05，** 代表显著水平小于 0.01，*** 代表显著水平小于 0.001。下同。

8. 非名师群体的职业幸福感显著低于名师

名师职业幸福感显著高于非名师，且职业幸福感与名师等级基本呈显著正相关。无论是总体幸福感，还是职业认同、专业发展、人际关系、身心健康具体维度，名师的职业幸福感显著高于非名师，且教师的职业幸福感基本随着名师等级的提升而提升，省级及以上名师职业幸福感最高（见表8）。

表8　是否名师教师职业幸福感差异分析

单位：分

评价维度	省级及以上 名师（A） （N=100） M/SD	市级名师 （B） （N=757） M/SD	区级名师 （C） （N=1077） M/SD	校级名师 （D） （N=1496） M/SD	以上都不是 （E） （N=5706） M/SD	F 值	LSD 检验
总体幸福感	3.88/1.88	3.63/2.08	3.57/2.08	3.41/2.19	3.26/2.24	40.260 ***	A>B>C>D>E
职业认同	4.25/0.55	4.10/0.62	4.08/0.60	3.99/0.62	3.91/0.63	35.099 ***	A>BC>D>E
专业发展	3.97/0.48	3.86/0.49	3.91/0.48	3.89/0.51	3.80/0.52	17.999 ***	A>C>DB>E
人际关系	4.40/0.56	4.39/0.53	4.40/0.51	4.37/0.55	4.26/0.55	30.917 ***	ABCD>E

评价维度	省级及以上名师（A）（N=100）M/SD	市级名师（B）（N=757）M/SD	区级名师（C）（N=1077）M/SD	校级名师（D）（N=1496）M/SD	以上都不是（E）（N=5706）M/SD	F 值	LSD 检验
精神面貌	3.85/0.96	3.64/0.92	3.63/0.95	3.61/0.93	3.55/0.95	5.795***	A>BCD>E
身心症状	3.03/1.15	3.14/1.02	3.18/1.02	3.20/1.00	3.25/0.98	3.838**	E>ABCD

注：F 值中 * 代表显著水平小于 0.05，** 代表显著水平小于 0.01，*** 代表显著水平小于 0.001。下同。

9. 城区中小学教师的职业幸福感显著低于乡镇学校教师

城区学校教师职业幸福感显著低于乡镇学校教师，主要表现在其职业认同、人际关系、精神面貌等维度均显著低于乡镇学校教师，城区学校教师在身心症状维度的感受显著高于镇区学校教师（见表9）。

表 9　城乡不同地域教师职业幸福感差异分析

单位：分

评价维度	城区学校（A）（N=6498）M/SD	镇区学校（B）（N=1423）M/SD	乡村学校（C）（N=1215）M/SD	F 值	LSD 检验
总体幸福感	3.19/2.19	3.42/2.16	3.38/2.36	17.977***	BC>A
职业认同	3.94/0.64	4.02/0.61	4.00/0.62	11.212***	BC>A
专业发展	3.82/0.52	3.86/0.49	3.85/0.53	4.046	—
人际关系	4.29/0.54	4.31/0.55	4.34/0.56	4.181*	BC>A
精神面貌	3.55/0.95	3.65/0.92	3.63/0.94	8.577***	BC>A
身心症状	3.23/0.99	3.15/1.00	3.26/1.01	4.166*	AC>B

注：F 值中 * 代表显著水平小于 0.05，** 代表显著水平小于 0.01，*** 代表显著水平小于 0.001。下同。

（三）中小学教师职业幸福感影响因素分析

1. 相关分析

通过皮尔逊（Pearson）相关性检验数据结果发现，教师的职业认同、专业发展、人际关系、精神面貌、身心症状、工作负担体验与其职业幸福感显著相关。教师的职业认同、专业发展、精神面貌、人际关系体验,分别与其职业总体幸福感呈现 0.641、0.603、0.548、0.260 的显著正相关;教师的工作负担、身心症状体验,分别与其职业总体幸福感呈现 −0.673、−0.299 的显著负相关。这说明,教师的职业认同、专业发展、精神面貌体验与其职业幸福感呈中高度正相关;工作负担与其职业幸福感呈中高度负相关。由此推断,良好的职业认同、专业发展、人际关系体验,以及保持积极的精神面貌,有利于提升教师职业幸福感水平;而工作负担、身心症状感受过高则会降低其职业幸福感水平(见表 10)。

表 10 教师职业幸福感二级维度间及其与工作负担的相关性分析

评价维度	总体幸福感	职业认同	专业发展	人际关系	精神面貌	身心症状
职业认同	0.641 **					
专业发展	0.603 **	0.751 **				
人际关系	0.260 **	0.171 **	0.203 **			
精神面貌	0.548 **	0.517 **	0.597 **	0.229 **		
身心症状	−0.299 **	−0.208 **	−0.280 **	−0.086 **	−0.310 **	
工作负担	−0.673 **	−0.577 **	−0.469 **	−0.018	−0.364 **	0.601 **

注:r≥0.4 为中高度相关,r≥0.7 为高度相关;** 表示 P<0.01,在 0.01 水平(双侧)上相关性显著。

2. 回归分析

为进一步探讨影响教师职业幸福感的影响因素,将以上影响教师职业幸福感的职业认同、专业发展、人际关系、精神面貌、身心症状和工作负担等六个因素作为自变量,将教师职业幸福感作为因变量,建立回归方程进行分析,结果如下(见表 11)。

表 11 教师职业幸福感多元回归分析结果

预测变量	回归系数	标准误	标准化系数	T 值
职业认同	1.462	0.040	0.416	36.666 ***
专业发展	0.831	0.052	0.210	15.869 ***
人际关系	0.167	0.029	0.054	5.818 ***

续表

预测变量	回归系数	标准误	标准化系数	T 值
精神面貌	0.563	0.022	0.241	25.349 ***
身心症状	−0.128	0.021	−0.057	−6.051 ***
工作负担	−0.544	0.042	−0.134	−12.898 ***

注：$R^2 = 0.562$，$adjR^2 = 0.561$，$F = 354.534^{***}$，$P = 0.000 < 0.001$。

一是职业认同、专业发展、人际关系、精神面貌、身心症状和工作负担等因素对教师职业幸福感的影响达到显著水平（P<0.001），可以解释教师职业幸福感 56.20% 的变化量，具有中高度的解释力（$R^2 = 0.562$）。

二是职业认同、专业发展、精神面貌、人际关系对教师职业幸福感表现为正向影响（B>0），工作负担、身心症状对教师职业幸福感表现为负向影响（B<0）。

三是职业认同对教师职业幸福感的影响力最大（Beta 系数达 1.462），职业认同每增加 1 个单位，教师职业幸福感就会增加 1.462 个单位。专业发展次之，专业发展每增加 1 个单位，教师职业幸福感就会增加 0.831 个单位。精神面貌每增加 1 个单位，教师职业幸福感就会增加 0.563 个单位。工作负担每增加 1 个单位，教师职业幸福感就会减少 0.544 个单位。身心症状每增加 1 个单位，教师职业幸福感就会减少 0.128 个单位。

综上所述，职业认同、专业发展、人际关系、精神面貌、身心症状和工作负担等因素对教师职业幸福感的影响达显著水平。良好的职业认同、专业发展、人际关系体验，以及积极的精神面貌，有利于提升教师职业幸福感水平，而工作负担、身心症状感受过高会降低教师的职业幸福感水平。

四　对策与建议

（一）倡导全社会尊师重教，进一步提升教师的职业认同感

调查显示，48.86% 的中小学教师表示"对当前教师的社会地位感到满

意"，48.34%的中小学教师表示"对当前教师的工资水平感到满意"，68.47%的中小学教师表示"如果重新选择，仍愿意当老师"；63.94%的中小学教师认为"薪酬待遇与付出不匹配"是消减自己职业幸福感的首要因素，31.84%的中小学教师认为"激励表彰机制不足"是消减自己职业幸福感的首要因素。回归分析结果表明，职业认同对教师职业幸福感的影响力最大，职业认同每增加1个单位，教师职业幸福感就会增加1.462个单位。建设高质量的教师队伍，必须提高教师的社会地位和经济地位，增强教师职业信念。一是要加强教师工资待遇保障，加大经费保障力度，全面落实义务教育教师平均工资收入水平不低于当地公务员平均工资收入水平的要求，促进中小学教师收入待遇稳步增长。二是强化尊师教育，厚植校园师道文化，加强各方联动，倡导全社会尊师重教，提高全社会对教师职业的认同度，进一步提高教师的政治地位、社会地位、职业地位。三是健全中小学教师的荣誉表彰制度，开展多层次优秀教师选树宣传活动，弘扬优秀典范，提升教师的职业荣誉感与自豪感。

（二）以专业能力提升为保障，强化教师职业幸福感提高的持续动力

中小学教师的工作成就感和专业发展信心还有待提高。调查显示，只有63.52%的中小学教师表示自己"能从当前的本职工作中获得成就感"，将近一半（42.57%）的中小学教师表示"对自己的专业发展前景感到迷惘"。回归分析结果表明，在专业发展维度，教师的职业成就感、所获得的专业支持以及对职称晋升的满意度，显著地正向影响着教师的职业幸福感。教师的职业使命是教书育人，专业能力是其立身之本，专业能力的提升，是教师职业幸福感发展的持续动力。一是要强化教师的自我发展意识。教师要坚定职业信念，立足于教育教学实践，涵育真挚的教育情怀，以提升育人质量和自我提升为职业追求，保持终身学习、持续发展的前进态势，不断提升教书育人的能力。二是要拓展教师专业发展空间，进一步强化对各级各类教师专业发展的支持，提升教师的专业成就感。三是要进

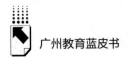
一步深化教师职称改革，完善岗位管理制度，适当提高中、高级岗位结构比例，健全中小学教师职称评聘标准体系，充分发挥教师职称制度对教师队伍建设的激励导向作用。

（三）关注教师的身心健康，切实提高中小学教师的健康幸福感

调查结果表明，教师身心健康堪忧、亚健康状态严重。60.91%的中小学教师表示"每天下班后经常感到精疲力竭"，41.62%的中小学教师表示"早上起床经常感到疲劳和无精打采"，46.20%的中小学教师表示"经常感到紧张焦虑"，44.33%的中小学教师表示"身体有明显不适感，健康出了问题"，38.83%的中小学教师表示"经常感到头痛或胃痛"。回归分析结果表明，教师的身心症状每增加1个单位，其职业幸福感就会减少0.128个单位。要提升教师的职业幸福感，一是要营造"健康至上"的氛围，要创造和谐民主的工作环境，减轻非教学任务，为教师提供充分的活动时间；完善运动设施，为教师体育锻炼提供活动空间；建立健全心理咨询服务，为教师压力疏导提供专业支持；定期进行身体和心理体检，为教师健康提供有力保障。二是要引导广大教师关注自身健康，教师要有理性的职业期望，要学会调整心态，培养积极的心理品质，要善于寻求合理的方式释放自己的压力和负面情感，善于向专业人员寻求帮助。要坚持运动，通过运动缓解工作疲劳、增强身体素质，为健康幸福感的获得提供必要的身体基础。

（四）优化教师工作任务结构，切实减轻教师工作负担

中小学教师的非教学性工作和工作负担有加重的趋势。调查结果表明，2021年9月"双减"政策实施以来教师工作的主要变化，按照从高到低顺序排序，排前三的分别是非教学性工作增加（53.79%）、工作时间延长（50.12%）、工作压力增大（49.74%）。《劳动法》规定劳动者每天工作时间不超过8小时，每周平均工作时间不超过44小时。调查结果表明，84.6%的中小学教师表示自己平均每天工作8小时以上；90.66%的中小学教师表示自己每周工作40小时以上，其中60.76%的教师表示每周工作48

小时以上。"非教育教学性事务太多""工作时间过长、工作负担太重"是中小学教师首选的最消减自己职业幸福感的因素，72.72%的中小学教师表示"工作时间过长、工作负担太重"是消减自己职业幸福感的首要因素。回归分析结果表明，工作负担每增加1个单位，中小学教师的职业幸福感就会减少0.544个单位。因此，亟须优化教师工作任务结构，切实减轻教师工作负担。一是要贯彻2019年12月中共中央办公厅、国务院办公厅联合印发的《关于减轻中小学教师负担进一步营造教育教学良好环境的若干意见》的文件精神，落实各级党委和政府"在教师减负工作中的主体责任地位"，"让教师全身心投入教书育人工作"；二是要进一步关心教师工作状况，合理安排工作内容，减少各种事务性检查、评比等，减轻教师非教学工作压力；三是要构建科学合理的中小学教师减负治理机制，形成减负合力，建立基于大数据的中小学教师负担监测系统，实现精准减负。

（五）关注个体差异和区域差异，促进全体教师职业幸福感的提升

中小学教师职业幸福感在籍贯、性别、年龄、职称、学历、岗位、学段、政治面貌、名师称号等方面存在显著差异，并表现为城区学校教师职业幸福感显著低于乡镇学校教师。提升中小学教师职业幸福感，必须积极回应不同教师群体的诉求，满足不同教师群体的个性化需求。比如，要关注不同学历背景的教师，尤其是对于拥有硕士、博士学历的教师，要满足其较高人力资本群体的成长需要，充分发挥高学历教师的优势，提升高学历教师的成就感与幸福感。此外，要关注不同年龄段教师的发展困境，为青年教师提供多种发展平台，为成熟期教师提供更多的展示交流机会，消除成熟期教师的职业倦怠，充分发挥高级教师和名师的辐射带动作用，建构专业发展共同体，做好老中青传帮带。作为教师行业的主力军，女教师职业幸福感应当受到特别关注，要采取针对性措施提升女教师的职业幸福感。同时，要完善班主任管理制度和激励机制，减轻班主任工作压力和负担。完善中小学教师绩效考核办法，绩效工资分配向班主任、教育教学效果突出的一线教师倾斜。调查结果表明，将近六成（58.55%）的小学教师认为"双减"政策实施以

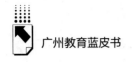

来"非教学性工作增加",超过一半的小学教师认为工作时间延长（51.03%）、工作压力增大（51.29%），因此，要有针对性地减少小学教师的非教育教学性工作任务，并把教师参与课后服务的劳动付出作为教师绩效工资增量予以单列。

参考文献

李广、柳海民等：《中国教师发展报告 2020～2021：中小学教师职业幸福感发展态势、面临挑战与提升举措》，科学出版社，2022。

赵斌、李燕、张大均：《川渝地区特殊教育学校教师职业幸福感状况及影响因素研究》，《中国特殊教育》2012 年第 1 期。

姚茹、孟万金：《中国中小学教师综合幸福感量表的编制》，《教育研究与实验》2021 年第 4 期。

邓涛等：《教师社会幸福感现状及提升策略——基于全国 33590 名中小学教师的调查与分析》，《教师教育学报》2022 年第 1 期。

赵岚、陈钰洁：《特岗教师职业幸福感现状调查与提升策略》，《教师教育学报》2022 年第 1 期。

B.16
广州市乡村地区基础教育信息化
发展现状及展望
——以广州市花都区、增城区、从化区为例

简铭儿 罗杰明*

摘　要： 为促进区域均衡发展，广州市近年来大力推进教育信息化建设与
应用工作，教育信息化基础环境建设在全面实现"三通两平台"
的基础上取得了长足的进步，向智能化、数字化和普惠化的方向
稳步发展。通过对广州市花都区、增城区、从化区三个较典型的
乡村地区的基础环境建设、数字教育资源建设与应用及教育信息
化名师队伍建设的情况进行分析，发现广州市在这三方面的工作
上取得了显著成效，同时也发现城乡"数字鸿沟"仍然存在、
数字教育资源分布不均衡及乡村教师信息素养仍显不足等问题。
建议广州市大力推进教育专网骨干网络升级，进一步推进优质数
字教育资源共建共享，强化提升教师数字素养，以进一步推动教
育信息化建设与应用工作，实现广州教育数字化转型升级。

关键词： 教育信息化　数字教育资源　广州市

---

* 简铭儿，广州市电化教育馆研究部教师，信息系统项目管理师，主要研究方向为区域教育信
息化发展等；罗杰明，广州市电化教育馆资源服务部主任，信息系统项目管理师，主要研究
方向为在线数字教育资源的建设和服务支撑保障。

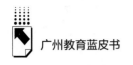
一 引言

习近平总书记在党的二十大报告中指出，"加快发展数字经济，促进数字经济和实体经济深度融合"。新一代信息技术与各产业结合形成数字化生产力和数字经济，是现代化经济体系发展的重要方向。大数据、云计算、人工智能等新一代数字技术是当代创新最活跃、应用最广泛、带动力最强的科技领域，给产业发展、日常生活、社会治理带来深刻影响。数字技术赋予了教育数字化转型广阔的发展前景和强劲的驱动力量，但转型才是核心与关键。在我国数字化转型的发展战略中，推进数字化基础设施与教育新型基础设施建设是重点工作内容。① 促进城乡教育均衡发展是现阶段广州教育改革与发展的核心任务。

近年来，广州市大力推进基础教育信息化建设与应用工作，其中基础环境建设、数字教育资源建设与应用取得了显著成效。截至 2022 年，广州市完成了广州市教育科研网第七期工程的建设，接入单位达 1600 余个、出口带宽达 60G、光纤总长度超过 4 万公里，其规模保持国内领先水平。广州市建设了"广州共享课堂"，组织各区校的名师制作优质线上课程 8335 节，涵盖基础教育阶段的全学段、全学科和全课程，支撑了广州市各学校线上教学和部分学校的线下教学。广州市各中小学校共有多媒体课室 43656 间、计算机教室 2443 间、专用录播教室 1057 间、智慧教室 2707 间（指配备智能化教学系统，为每位学生提供移动智能学习终端，可实施个性化学习、精准教学的专用教学场室）、移动智能学习终端 66213 台（包括以购买、租赁或BYOD 等方式获得长期使用权的平板电脑、智慧学习卡等），这为全市师生开展信息化教育教学应用提供了有力支撑。

---

① 刘三女牙、郝晓晗、李卿：《教育数字化转型的中国道路》，《中国电化教育》2023 年第 1
期，第 52~61 页。

二 研究设计

广州市是国内较早开展电化教育、教育信息化基础建设和应用的城市，经过多年的实践探索，已具备了良好的教育信息化环境基础，但城乡教育发展的差异仍然存在。教育新型基础设施建设是我国教育数字化转型重要的物质基础，是推动教育生产方式变革的决定性力量。[①] 广州市电化教育馆于2022年3~6月开展了面向广州市花都区、增城区、从化区（以下简称"三区"）三个较典型乡村地区的专项调研。调研对象为"三区"469所中小学校，采用问卷调查法、入校实地调研法、典型项目深度调研以及对相关文件的整理与分析等方法收集广州"三区"教育新型基础设施建设情况数据及发展痛点，旨在全面了解"三区"教育新型基础设施建设情况，建立数据资源库，为提升乡村地区基础教育信息化建设水平，促进教育均衡优质发展提供参考。

调研内容主要包括网络基础设施建设情况、校园信息化应用系统建设情况、学校信息化功能场室与设备情况等。在调研过程中通过电话回访、工作群问题咨询及入校调研了解等途径，不断完善调查问卷指标及更新特色建设指标，最终回收469份调查问卷，问卷回收率100%，数据量满足后续分析工作所需条件。通过实地调研走访了解各学校教育信息化建设面对的实际问题，建立广州市"三区"教育新型基础设施入校调查场景库，入校调查完成率99.36%，共拍摄并实时上传至存储云平台照片30069张。本报告所用数据和材料主要来自该次调查所得，非调查数据和材料将另行注明。

---

① 郑旭东、周子荷：《教育新基建三问：何为基？新在哪？如何建？》，《电化教育研究》2021年第11期，第42~47页。

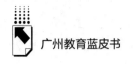

三 广州市乡村地区基础教育信息化建设
与应用情况分析

（一）"三区"教育及信息化发展概况

1. "三区"人口发展及教育规模发展情况分析

2021年末，广州市常住人口1881.06万人，城镇化率为86.46%；户籍人口1011.53万人，城镇化率为80.81%。结合广州市整体人口发展水平，花都区、增城区和从化区常住人口及户籍人口城镇化率均低于市级平均水平，是广州市较典型的乡村区（见表1）。从教育发展规模看，从化区教育总体规模最小，学校数排在花都区和增城区之后（见表2）。

表1 2021年"三区"人口发展规模基本情况

单位：万人，%

区域	常住人口	常住人口城镇化率	户籍人口	户籍人口城镇化率
花都区	170.93	70.15	86.36	58.35
增城区	152.92	73.79	105.00	59.89
从化区	72.74	50.06	65.54	32.82

资料来源：广州市统计局《2021年广州市人口规模及分布情况》，http://tjj.gz.gov.cn/stats_newtjyw/tjsj/tjgb/qtgb/content/post_8540233.html，最后检索时间：2023年5月10日。

表2 2021年"三区"教育规模基本情况

单位：所，人

区域	各级各类学校数	学生数	教职工数
花都区	357	259530	23889
增城区	434	263889	26651
从化区	207	132116	11124

资料来源：《广州市教育统计手册》（2022学年度）。

2. "三区"教育信息化投入情况分析

从"三区"的整体经济发展情况看，花都区、增城区、从化区2021年及2022年GDP分别排在全市第8、9及11位，其中从化区GDP总量全市最低（约为增城区的1/3，约为花都区的1/4）。广州市2021年市区教育信息化投入为58291.68万元，2022年市区教育信息化投入为46329.58万元。受新冠疫情影响，花都区及从化区2022年的GDP均出现了下滑，全年增速为负数（见表3）。同期广州市教育信息化投入出现小幅度下滑，"三区"教育信息化的整体投入也出现明显下滑，影响了区域教育信息化的发展，发展速度有所减缓。"三区"2021年及2022年的市区两级教育信息化投入在全市的教育信息化投入中占比很低，从高到低依次为从化区、增城区、花都区，这与"三区"的生产总值偏低也有一定的关系（见表4）。

表3　2021~2022年"三区"整体经济发展基本情况

单位：亿元，%

区域	2021年GDP	2022年GDP	全年增速
花都区	1800.41	1770.81	-1.10
增城区	1266.66	1325.27	4.00
从化区	413.39	410.92	-1.90

资料来源：广州市人民政府"各区数据"，https://www.gz.gov.cn/zwgk/sjfb/gqsj/index.html，最后检索时间：2023年5月10日。

表4　2021~2022年"三区"教育信息化经费投入基本情况

单位：万元，%

区域	2021年市区两级信息化投入	2021年区投入占全市投入比重	2022年市区两级信息化投入	2022年区投入占全市投入比重
花都区	1100	1.89	344	0.74
增城区	2335	4.01	633	1.37
从化区	5278.50	9.06	786.50	1.70
合计	8713.50	—	1763.50	—

（二）"三区"教育信息化基础环境建设成效

1. 网络基础设施建设保障到位

网络是教育信息化建设的基础。广州市近年来一直非常重视教育专网骨干网络的建设工作，持续推进广州市教育科研网建设（以下简称教科网）。截至2022年，教科网开展了7期工程建设，此项工程具有网络教育服务和远程教学功能，实现了学校、区、市三级相互连通，并连接广东省及国家相关平台，成为广州教育的重要公共基础设施，有效推动教育信息化水平提高。经过多年的建设，广州"三区"教科网建设呈现出以下特点。

（1）整体接入教科网的比例较高。本次参与调研学校共469所，其中462所学校已经接入教科网，整体接入比重达98.51%。从各区情况来看，从化区样本量为90所，接入教科网的学校89所，接入比例为98.89%；增城区样本量为186所，接入教科网的学校182所，接入比例为97.85%；花都区样本量为193所，接入教科网的学校191所，接入比例为98.96%，其中花都区接入比例最高，接入学校最多（见表5）。

表5　"三区"学校接入教科网情况

区域	样本量（所）	接入教科网学校数量（所）及其占该区学校比重（%）	未接教科网学校数量（所）及其占该区学校比重（%）	F 值	ANOVA 显著性（P）
花都区	193	191(98.96)	2(1.04)		
增城区	186	182(97.85)	4(2.15)	0.453	0.636
从化区	90	89(98.89)	1(1.11)		
合计	469	462(98.51)	7(1.49)		

（2）公办学校接入教科网的比例明显高于民办学校。"三区"参与调研的公办学校共389所，接入教科网的389所，公办学校接入比例为100%；调研的民办学校共80所，接入教科网的73所，民办学校接入比重为91.25%。公办学校接入比例明显高于民办学校（见表6）。

表6 "三区"不同类型学校接入教科网情况

学校类型	样本量(所)	接入教科网学校数量(所)及占该区学校比重(%)	未接教科网学校数量(所)及占该区学校比重(%)	F值	ANOVA显著性(P)
公办学校	389	389(100.00)	0(0.00)	37.142	0.000**
民办学校	80	73(91.25)	7(8.75)		
合计	469	462(98.51)	7(1.49)		

2. 信息化功能场室配备总量充足

总体来说"三区"信息化功能场室总量充足，配置总体合理。"三区"学校共有14700间功能场室，其中花都区共有7851间功能场室，平均每个学校配有40.68间，远远高于其他两区，但中位数仅为16间，表明花都区学校存在功能场室资源分布不均衡的情况；从化区共有2391间功能场室，虽然均值低于花都区，但是中位数为20间，表明整体功能场室资源分布较好；增城区共有4458间功能场室，均值和中位数远低于其他两区，但区内学校最多配有202间功能场室，区内资源大多集中在头部学校。在信息化功能设备方面，"三区"学校共配有15241间装有多媒体教学平台课室，其中花都区数量最多，增城区与从化区平均水平相仿（见表7）。

表7 "三区"学校各类功能场室及安装多媒体教学平台课室数量情况

单位：间

项目	细项	花都区	增城区	从化区	汇总
学校各类功能场室	总数	7851	4458	2391	14700
	平均值	40.68	23.84	26.57	31.28
	最大值	176	202	117	202
	中位数	16	12	20	15
学校安装多媒体教学平台课室	总数	7266	5335	2640	15241
	平均值	37.65	28.53	29.33	32.43
	最大值	155	149	101	155
	中位数	37	24	28	31

不同性质、办学层次的学校对信息化教学场所的投资建设力度不一，民办学校更重视信息化教学场所建设，所配备的计算机教室、电子阅览室间数

均为公办学校 2 倍以上，电子阅览室总机位数、多媒体多功能室间数、专用语音室间数则是公办学校 3 倍以上（见表 8）。

表 8 "三区"学校信息化教学场所配置均值情况（按学校性质）

信息化教学场所	公办	民办	汇总
计算机教室间数（间）	1.95	4.05	2.32
电子阅览室间数（间）	0.17	0.65	0.26
电子阅览室总机位数（台）	5.92	24.41	9.11
多媒体多功能室间数（间）	4.63	18.47	7.01
专用语音室间数（不含多媒体语音室）（间）	0.42	1.40	0.59
智慧课室数量（间）	1.46	1.27	1.43

（三）"三区"数字教育资源建设与应用成效

资源是教育信息化的核心内容，是推动教育变革的关键因素，教育部在 2018 年发布的《教育信息化 2.0 行动计划》将数字资源服务普及行动放在 8 项实施行动的首位，提出"完善数字教育资源公共服务体系。探索资源共享新机制，提升数字教育资源服务供给能力，有效支撑学校和师生开展信息化教学应用"。[①] 数字教育资源逐渐成为教育信息化建设中的重点和核心。近年来，广州市持续推进数字教育资源建设及应用推广工作，大力推进"人工智能教育普及"、"爱种子"教学模式实验等一批重点项目的落地实施。2021~2022 年，广州市在乡村地区着重开展了"基础教育精品课"活动及"共享课堂"专项工作以推进数字教育资源建设，成效显著。

1. 深入开展"基础教育精品课"活动

"基础教育精品课"（以下简称"精品课"）活动是由教育部面向全国教师发起的大型网络"晒课"活动。"精品课"活动的前身是"一师一优课，一课一名师"活动。"一师一优课，一课一名师"活动是"十三五"教育信

---

① 教育部：《关于印发〈教育信息化 2.0 行动计划〉的通知》，http://www.moe.gov.cn/srcsite/A16/s3342/201804/t20180425_334188.html，最后检索时间：2023 年 5 月 10 日。

息化工作的重点内容，是推进信息技术与教育教学深度融合、扩大优质教育资源覆盖面、提升教育质量和深化基础教育教学改革的重要抓手。[①] 2021 年，为适应新时代基础教育高质量发展的需要，教育部决定将"一师一优课，一课一名师"活动更名为"基础教育精品课"。"精品课"活动面向全国各学校、各学段、各学科的所有教师，是中国基础教育史上面向对象最广、影响最大的一次资源共建共享的创新举措。截至 2022 年，活动共举办了 9 届，有效促进了乡村地区的学校数字教育资源的积累。2021~2022 年，广州市积极组织全市各区各校的中小学教师参与"精品课"活动，2022 年广州市有 55 节获评部级精品课程，获评数量位居全省第一，同比 2021 年 34 节提升 61.76%，取得了突出的成效。同时，通过这两年的相关数据，也发现广州市乡村地区学校在不同学段和不同学科间教育信息化实践水平的发展态势与差异。

表 9 列出了 2021 年、2022 年"三区"学校传课[②]总数及其占全市的比重，显示增城区、从化区两年的传课总数在全市占比均偏低，2021 年传课总数分别占全市的 7.29%、1.47%，2022 年传课总数分别占全市的 5.57%、1.66%。花都区的学校传课总数则在全市占比较高，两年分别为 46.90%、28.32%，均超过全市的 1/4。

表 9 2021 年、2022 年"三区"学校传课总数及其占全市比重

单位：节，%

区域	2021 年		2022 年	
	传课总数	各区传课总数占全市比重	传课总数	各区传课总数占全市比重
花都区	1370	46.90	818	28.32
增城区	213	7.29	161	5.57
从化区	43	1.47	48	1.66
其他区（含局属学校）	1295	44.33	1861	64.44
全市	2921	100.00	2888	100.00

---

① 黄旭光主编《优课资源创新应用案例》，国家开放大学出版社，2019，第 1 页。

② "传课"指把课例及相关材料上传至国家基础教育精品课平台。

表10、表11分别列出了2021年、2022年广州"三区"学校获得市级、省级、部级优秀精品课数量占全市优秀总数的比重，显示近两年花都区、增城区、从化区各级优秀精品课数量均在全市占比偏低。有78.69%~85.36%的市级、省级优秀奖项，以及86.59%~94.12%的部级优秀奖项分布在全市其他区。

表10 2021年"三区"精品课传课及获奖情况

单位：节，%

区域	市优数	各区市优数占全市市优数比重	省优数	各区省优数占全市省优数比重	部优数	各区部优数占全市部优数比重
花都区	60	8.20	22	6.85	1	2.94
增城区	55	7.51	18	5.61	1	2.94
从化区	41	5.60	12	3.74	0	0.00
其他区（含局属学校）	576	78.69	269	83.80	32	94.12
全市	732	100.00	321	100.00	34	100.00

表11 2022年"三区"精品课传课及获奖情况

单位：节，%

区域	市优数	各区市优数占全市市优数比重	省优数	各区省优数占全市省优数比重	部优数	各区部优数占全市部优数比重
花都区	49	6.24	16	4.98	11	6.15
增城区	50	6.37	15	4.67	5	2.79
从化区	47	5.99	16	4.98	8	4.47
其他区（含局属学校）	639	81.40	274	85.36	155	86.59
全市	785	100.00	321	100.00	179	100.00

表12、表13分别列出了2021年、2022年"三区"学校获得市级优秀精品课数量占本区传课总数的比重，显示花都、增城、从化三区的市优数占本区传课总数比重2021年分别为4.38%、25.82%、95.35%；2022年分别为5.99%、31.06%、97.92%，均比2021年小幅增加。其中从化区两年的市优数占本区传课总数比重均为三区之中最高。

表 12　2021 年"三区"精品课传课及获奖情况

单位：节，%

区域	市优数	未获市优数	传课总数	各区市优数占各区传课总数比重
花都区	60	1310	1370	4.38
增城区	55	158	213	25.82
从化区	41	2	43	95.35

表 13　2022 年"三区"精品课传课及获奖情况

单位：节，%

区域	市优数	未获市优数	传课总数	各区市优数占各区传课总数比重
花都区	49	769	818	5.99
增城区	50	111	161	31.06
从化区	47	1	48	97.92

2. 创新开展"共享课堂"专项工作

2020 年，新冠疫情席卷全球，各地纷纷开展"停课不停学"工作，广州市及时调动各方力量开展在线教育工作。2020 年 2 月 26 日起，广州市教育局联合广州电视台组织开展"广州电视课堂"线上课程资源建设工作。2021 年，广州市在"广州电视课堂"的基础上，开展"广州共享课堂"专项工作。"广州共享课堂"动员了正高级教师，特级教师，省、市名校长与名师工作室主持人和省、市"百千万人才培养工程"名校长、名教师培训对象等超过 5000 名优秀教师参与，覆盖 1~12 年级所有年段所有学科，合力建设高品质线上课程资源。广州市通过"广州共享课堂"专项工作完善了线上教育模式，推动优质数字教育资源共建共享，形成了"五育并举"的在线教育支撑体系。

"广州共享课堂"专项工作有效促进了乡村地区学校的优质数字教育资源共建共享，进一步推动了区域均衡发展。广州市"三区"学校共完成了"广州共享课堂"1279 课时的录课任务，其中花都区完成了 530 课时、增城区完成了 451 课时、从化区完成了 298 课时。录课任务学段分布情况具体分为小学、初中、高中三类。花都、增城、从化三区均以小学学段为主，分别

有 376 课时（占 70.94%）、317 课时（占 70.29%）、166 课时（占 55.70%），其中花都区小学学段占比最高（见图 1）。

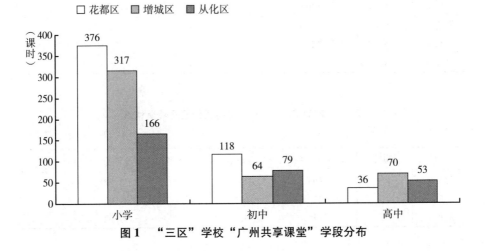

图 1 "三区"学校"广州共享课堂"学段分布

"广州共享课堂"平台数据与广州市教育局 2022 年 9 月底发布的"广州共享课堂"应用调查问卷数据（通过问卷星向全市师生以及家长进行不记名问卷调查，共收到有效问卷 592299 份，其中家长 315941 份、学生 249389 份、老师 26969 份）显示，2022 年"广州共享课堂"应用主体上，外围城区占比多于中心城区，应用覆盖全学科，小学学段用户量大。调研报告显示，70% 左右的"广州共享课堂"线上课程资源使用对象所属学校为番禺、增城、花都、白云、从化等外围城区，非中心城区（番禺、增城、花都、白云、从化等）公办小学及初中的教师、学生及其家长占比较高，① 说明"广州共享课堂"作为托底性优质教育资源对促进区域教育均衡发展有积极作用。

（四）"三区"教育信息化名师队伍建设

广州市通过实施市信息技术赋能教学"十百千万"人才培养项目、人

---

① 广州市电化教育馆：《广州共享课堂调研问卷分析报告》，内部资料，2022，第 5~7 页。

工智能助推教师队伍建设行动及组织开展各项竞赛活动等多方位推进教育信息化名师队伍建设，不断提升教师信息素养。

1. 全面启动信息技术赋能教学"十百千万"人才培养项目

广州市实施市信息技术赋能教学"十百千万"人才培养项目，提升教师信息化应用能力，尤其是加大对乡村地区教师培训力度。2022 年 3 月，广州市教育局印发了《广州市信息技术赋能教学"十百千万"人才培养方案（2022-2024）的通知》，面向全市各级各类学校遴选出 26 所项目基地学校、26 个教师团队及 26 名团队带头人和 221 名骨干教师培养对象，各类人员共 377 人。[①] 项目旨在经过对各类培养对象进行为期 1~3 年的培育，培养三类 10+信息技术应用（教育数字化转型）领军人才和学校，三类 100+信息技术应用（教育数字化转型）骨干教师、工作坊。"三区"共 20 所学校、5 个团队、90 名教师入选（见表 14）。广州市搭建信息技术赋能教学实践展示交流平台，组织基地校开展以信息技术赋能教育教学为主题的市级展示交流，动态为各类培养对象提供引领性的涵盖 4 个层面的研训课程。

表 14 "三区""十百千万"人才培养项目基本情况

区域	学校（所）	团队（人）	教师（人）
花都区	8	2	39
增城区	6	2	32
从化区	6	1	19
合计	20	5	90

2. 推进人工智能教育名师队伍建设

广州市以推动教师主体发展为立足点，把人工智能教育纳入学科教研范围，从教研和培训两方面"双管齐下"，统筹推进教师教研与培训工作，进而打造高水平的人工智能教师队伍。2022 年 5 月，广州在全市正式启动为

---

① 广州市教育局：《关于公布广州市信息技术赋能教学"十百千万"人才培养项目基地校、培养对象名单的通知》，http：//jyj. gz. gov. cn/attachment/7/7162/7162590/8571364. zip，最后检索时间：2023 年 5 月 10 日。

期三年的基于广州人工智能教学平台的中小学人工智能普及教育，共 1600
所学校参与课程实施，截至 2022 年 12 月，开课学校共有 1052 所，开课率
达 65.75%，课程开设成效显著。通过开展全市及区域培训、深入一线学校
提供支撑服务等活动，一大批中小学师生能逐步了解和应用广州人工智能教
学平台开展课程教学，其中注册平台的教师总数为 6490 名，登录平台的教
师总数为 4191 名，教师的平台使用率为 64.58%，表明教师对于平台的接受
度和使用积极性较高。从区域总体统计数据来看，各区均积极推进项目工
作，"三区"中开课率较高的是从化区，开展人工智能课程教学的学校占比
达 94.57%。[1] 广州市依托健全的教研体系、专业的专家指导团队和优秀的
平台支撑，创设真实教学场景的研训空间，开展全员全覆盖实操性的"学
科+技术"的主题式进阶培训，培训一大批专兼职融合的中小学人工智能教
师。截至 2022 年 12 月，共培训人工智能教师超过 3000 人，每期培训满意
度均超过 90%。[2] 截至 2022 年 12 月，"三区"开课学校达 240 所，共 1738
人次参加了各类研训（见表 15）。人工智能教师基于平台开展教学的能力和
技巧得到显著提高，能有效应对课程教学中遇到的困难与问题，提升自身教
学教研能力。

表 15 "三区"中小学开展人工智能教育基本情况

单位：所，人次

区域	人工智能实验校	开课学校	参加研训教师
花都区	8	66	661
增城区	8	92	507
从化区	6	82	570
合计	22	240	1738

---

[1] 广州市电化教育馆：《广州市中小学 1-8 年级人工智能教育普及三年支撑服务项目工作总
    结》，内部资料，2022，第 13~14 页。

[2] 彭斌：《聚焦创新人才培养 普及助推优质均衡——构建人工智能教育普及的广州方案》，
    《教育信息技术》2023 年第 1 期，第 86 页。

3. 持续以赛促用提升教师信息素养

广州市长期以"教育教学信息化创新应用评奖活动""新技术新媒体教学交流活动"等为抓手，以赛促用，不断加强教师教育教学信息化应用能力，促进教师信息素养的提升，其中"教育教学信息化创新应用评奖活动"的成效尤为显著。全国师生信息素养提升实践活动是由教育部教育技术与资源发展中心（中央电化教育馆）主办，面向全国师生的一项信息化交流展示活动。这一活动已有超过 20 年的历史，因应政策变化和技术发展，经过了多年的迭代发展，活动内容不断丰富、教育内涵不断提升、活动的影响不断扩大，活动具有项目创新性强、教师参与面广、与教学实践联系紧密等特征。这一活动覆盖了广州市幼儿教育、中小学校、特殊教育学校、中等职业学校的全学段全学科以及市属高校的部分专业。以 2022 年为例，广州市参与的各类型学校超过 500 所，评出了市级奖项 800 项，获评省级奖项 194 项、全国奖项 44 项，在广东省各地市名列第一。"三区"均积极参与该项活动，但推优总量占比偏低且获奖率均不稳定，花都区 2022 年在推优总量提升的情况下获奖率有所下滑；增城区 2022 年的推优总量出现了一定程度的下滑，获奖率也相应下降；从化区 2022 年在推优总量小幅度下滑的情况下，反而获奖率得到了提高，显示从化区在活动组织及教师教育信息化应用能力方面都有所提升（见表 16）。

表 16 2021~2022 年"三区"在广州市教育教学信息化创新应用评奖活动获奖情况

单位：项

区域	2021 年推优数	2021 年获奖数	2022 年推优数	2022 年获奖数
花都区	89	30	115	32
增城区	152	61	117	28
从化区	85	14	77	18
全市	2049	958	1759	800

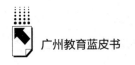
四 问题与建议

经过多年信息化建设，广州市乡村地区基础教育教学条件与水平得到了明显的改善，教科网作为广州市教育信息化重要的公共基础设施，在各区学校用网和教学应用支撑等方面得到充分利用，发挥了重要的基础保障作用。以"广州共享课堂"专项工作、"精品课"活动及各项竞赛活动等为抓手推进数字教育资源建设与应用取得了显著的成效。采用研训结合的模式有效提升了乡村地区名师队伍信息素养。但与此同时，广州市乡村地区基础教育信息化发展也存在一些问题。

（一）广州市乡村地区基础教育信息化发展面临的主要问题

一是城乡"数字鸿沟"仍然存在，经费投入不足，乡村地区与城区在教育数字化必备的网络连接、学习环境和数字资源等方面均存在分布不均衡的现象。信息化功能场室和教学场所资源分布不均衡，民办学校人均建设比例远高于公办学校，教学资源主要集中在优势学校。

二是乡村地区数字教育资源分布不均衡。"精品课"活动及"广州共享课堂"的数据均显示小学阶段资源优于中学阶段。

三是乡村教师信息素养仍显不足。乡村教师教育信息化应用能力相对薄弱，尤其是应用新一代信息技术实现信息技术与教育教学融合创新能力不足。

（二）广州市乡村地区基础教育信息化发展建议

在教育强国战略持续实施的过程中，"数字化"成为核心，教育数字化转型成为开启中国式教育现代化的"金钥匙"。[①] 针对乡村地区基础教育信

---

① 刘三女牙、郝晓晗、李卿：《教育数字化转型的中国道路》，《中国电化教育》2023 年第 1 期，第 52~61 页。

息化建设与应用面临的问题，建议着重加强以下方面工作。

1. 大力推进教育专网骨干网络升级

推动教育数字化转型，首要推动教育新型基础设施建设。依托 5G、IPv6 等新兴技术，搭建自主可控的泛联网架构，形成绿色安全、智能化、生态化的"中国教育混合云"。[①] 广州市应加大乡村地区教育信息化经费投入，在乡村地区大力推进教育专网骨干网络升级改造及 IPv6 规模化部署等专项工作，建设高速、安全、通畅的网络基础环境，实现教科网、互联网、视频专网、无线网等各类网络无缝连接。实现 IPv6 对全市中小学校、中等职业学校的基本覆盖在 1600 所以上，打造技术先进、智能化程度高、安全可靠的教育信息化基础设施新环境。

2. 进一步推进优质数字教育资源共建共享

建立市级数字教育资源公共服务体系，完善市区数字教育资源共建共享机制，强化市、区、校三级数字教育资源的互联互通，逐步实现名校、名师课堂资源在全市范围内的共享，使优质数字教育资源全面覆盖至乡村地区。鼓励企业和社会力量开发适应不同师生需求的优质课件和学习辅助资料，开发数字化特色课程。广州市通过"精品课"活动及"广州共享课堂"两项专项工作已积累了一定的优质数字教育资源，但调查显示目前广州市仅有近 20% 的学校或培训组织者常态化使用"广州共享课堂"资源组织集体备课、教研或培训，资源应用面窄，需持续加强以研促用，尤其着重推进乡村地区对优质数字教育资源的创新应用，将已建的优质数字教育资源作为补充资源用于线下的课堂教学、备课教研、学生预习复习、查漏补缺等环节，使数字教育资源应用场景更多元化。

3. 强化提升教师数字素养

在乡村地区深入开展市信息技术赋能教学"十百千万"人才培养项目、人工智能助推教师队伍建设行动及中小学教师信息技术应用能力提升工程

---

① 祝智庭、郑浩等：《新基建赋能教育数字转型的需求分析与行动建议》，《开放教育研究》2022 年第 2 期，第 22~33 页。

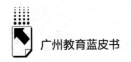

2.0整校推进工作，全面提升教师数字素养。继续深入开展"精品课"活动、"教育教学信息化创新应用评奖活动"、"新技术新媒体教学交流活动"等，充分发挥"三区"现有名师队伍的示范引领作用，以点带面，引导区域教师积极实践信息技术与课堂教学创新应用，接力培养出更多信息化应用优秀教师，切实提高教师信息化教学能力。

参考文献

陈坤、秦玉友：《乡村振兴战略背景下乡村教师要素配置政策研究》，《中国电化教育》2022年第12期。

胡钦太、杨伟杰、凌小兰：《构建"互联网+"教育新生态，推动乡村基础教育高质量发展——广东"爱种子"项目的探索与实践》，《中国电化教育》2022年第6期。

教育部教师工作司：《深入落实国家教育数字化战略行动　全面提升教师队伍信息化素养和现代化治理水平——2022年教师队伍数字化建设情况报告》，《中国电化教育》2023年第4期。

彭泽平、邹南芳：《智能技术赋能乡村教育高质量发展：理念诠释与治理逻辑》，《中国电化教育》2023年第2期。

祝智庭、胡姣：《教育数字化转型的本质探析与研究展望》，《中国电化教育》2022年第6期。

中国教育科学研究院：《中国智慧教育发展报告（2022）》，教育科学出版社，2023。

B.17
基于多元数据的广州市学位紧缺地区识别及教育设施规划实施优化建议

陈晓明　李伯阳　蔡泰成*

摘　要： 本研究基于基础教育设施数据与人口普查等多元数据建立了"学校—人口"匹配模型，并对广州市学位匹配情况进行分析，发现2022年广州市内学校分布基本可实现学龄人口就近入学要求，但学位供给平衡性较差，超过30%的地区学位负荷度超过1.50。预测2025年学位供给不足问题将得到缓解，广州市内仅越秀区和荔湾区因用地紧张而存在学位不足的情况，但因区中心人口虹吸作用，区外围部分地区难以满足学生就近入学的需求。建议未来对于广州教育设施规划的实施从扩大财政教育投入、盘活现有教学存量、优化办学标准和办学条件、确保教育规划实施等四方面进行优化，以有效指导教育设施建设。

关键词： 学位紧缺地区　教育设施　学位缺口研判　空间布局　广州市

一　引言

随着中国人口发展进入新时代，"低生育、老龄化、城镇化、高流动"

---

* 陈晓明，广州市城市规划勘测设计研究院副所长，高级工程师，主要研究方向为区域战略规划研究、国土空间规划、教育专项规划等；李伯阳，广州市城市规划勘测设计研究院工程师，主要研究方向为经济产业规划、国土空间规划、教育专项规划等；蔡泰成，广州市城市规划勘测设计研究院高级工程师，主要研究方向为战略规划研究、国土空间规划、教育专项规划等。

的发展态势构成了 2020~2050 年教育事业发展的基本人口背景,[1][2] 决定着教育资源供需匹配关系的时空结构面临新的挑战。近年来,由于中国经济发展和教育资源分布的不平衡性,部分经济发达地区人口和资源的虹吸现象,使得当地中小学入学人数逐年递增。尤其在中心城市,虹吸效应使得城市中心城区住房人口不断攀升,学龄儿童入学人数逐年增加,学校学位容量增长与学龄人口增长速度无法匹配,学位短缺、学位分布不合理等问题日益凸显。[3]

在 2010~2020 年,广州人口高速增长,中心城区人口密度提升,[4] 然而广州市部分地区的公共服务基本设施建设供给,特别是学位增速不足,无法适应人口大量迁入的需求。[5] 2022 年,广州市海珠区、天河区、荔湾区、番禺区等多区均发布了公办小学学位预警通告,广州市内已有超百所中小学出现学位紧张的状况。

教育部 2022 年明确了要推进义务教育优质均衡发展的总体目标,中共中央办公厅、国务院办公厅出台了《关于构建优质均衡的基本公共教育服务体系的意见》,要全面落实免试就近入学全覆盖和"公民同招",指导各地完善学校划片政策等重点工作。学校与人口空间匹配关系是否合理,是教育设施的分布与分配的核心问题之一,反映着人们对优质教育资源日益增长的需求与有限的教育资源之间的结构性不均衡。同时,随着国家空间治理现代化要求与精细化管理需求的提出,教育设施规划在规划成果的精度上也有了更高的要求,地方教育行政部门迫切需要依据科学的学位供需

---

① 周皓:《中国人口流动模式的稳定性及启示——基于第七次全国人口普查公报数据的思考》,《中国人口科学》2021 年第 3 期,第 37~38 页。
② 穆光宗、林进龙:《新时期中国人口学的发展方向》,《江淮论坛》2021 年第 3 期,第 137~139 页。
③ 曹浩文:《"十四五"时期区域基础教育学位供需预测——以北京市及其各区为例》,《教育科学研究》2020 年第 5 期,第 23~24 页。
④ 宁超乔:《重新理解超大城市人口发展——广州市人口发展新特征及战略建议》,《城市观察》2021 年第 6 期,第 99~108 页。
⑤ 岑君毅、李郇、余炜楷:《广州城市基础教育设施空间分布特征与规划供给机制研究》,《规划师》2019 年第 24 期,第 5~12 页。

预测结果，开展基础教育学位布局和规划。[①]

因此，在人口变动的新时期，本研究结合相关数据以广州市作为研究范围对学位紧张地区进行评估，并从教育资源空间配置、空间治理两个角度出发，对学位紧张地区开展学校与人口空间匹配关系研究和分析，识别出学位紧张地区，分析其在教育设施建设上存在的问题，提出加强教育设施规划可实施性的优化建议，找到应对方案。

二 研究设计

（一）研究思路

本研究使用 GIS 技术对广州市的教育设施与人口空间匹配关系进行分析。首先通过人口数据与教育设施点数据对 2022 年底状况进行研究，利用现行划分模型进行"学校—人口"匹配，识别出 2022 年底的供给短板。进而通过未来人口预测模型和教学设施规划数据，利用理想分配模型对各学区接下来三年的空间匹配关系进行预测，提出未来发展具体区域的学位缺口。结合供给短板和学位缺口，分析教育设施存在的问题，提供教学设施规划建议。

（二）研究工具

1. 样本获取

（1）获取教学设施数据。结合教育部门教育统计手册、教育设施台账、各区公布的招生计划、规划与自然资源部门土地利用调查数据，梳理出各区 2022 年底基础教育设施空间分布数据。根据教育部门的基础教

[①] 曹浩文：《"十四五"时期区域基础教育学位供需预测——以北京市及其各区为例》，《教育科学研究》2020 年第 5 期，第 23~24 页。

育设施布点规划与规划和自然资源局资源部门的控制性详细规划、村庄建设规划等相关规划文件整合出规划学校数据。通过多源数据比对、系统核查、高清遥感影像挖掘、全景图像识别、对接片区控规等方法，重点摸查梳理目前中小学校（各校区）用地面积、建筑面积等情况。使用网络地图、各校介绍页面、招生计划手动定点各校区，做到一校不漏、一处不漏。最后，将广州市教育局往年提供数据和网络地图 AOI 数据进行比对，筛选出需重新测量面积的设施点。此外，无面积数据的设施点，主要结合网络地图 AOI 数据、高分三号等高清卫星影像图、路网分布进行判定。建筑面积数据则是根据高清卫星影像划定学校内建筑物外轮廓，并利用全景街景照片查看建筑物对应层数，通过层数和建筑物外轮廓面积推算建筑面积。若无街景信息的地方则通过网络检索学校照片，通过照片判断建筑层数，最后综合卫星影像中学校建筑与周边建筑物的影长比例加以判断。

（2）计算教学设施容量。参考《广州市普通中小学校建设标准指引》中关于学校容量的标准测算基础教育设施容量。其中，中心城区的范围按照《广州市城乡规划技术规定》界定。普通中小学校的规模按照学校分类，分为小学、初级中学、高级中学、九年一贯制学校、完全中学，其中九年一贯制学校和十二年一贯制学校班级数量根据年级平均分配，即九年一贯制学校小学班级与初级中学班级数比例为 2:1，十二年一贯制学校小学班级、初级中学班级和高级中学班级比例为 2:1:1。学校学生容量计算根据学校班级人数基本要求，采用班级容量的最大值，将已知班级数量乘以学生班级容量。学校用地面积容量根据学校生均用地面积乘以学生数量计算而得，根据学校生均用地面积指标基本要求，采用生均用地面积的最小值。学校生均建筑面积根据学校生均建筑面积乘以学生数量计算而得，根据学校生均用地面积指标基本要求，采用生均建筑面积的最小值（见表1）。

表1 广州市普通中小学建设标准

项目	小学	初中	高中	完全中学	九年一贯制学校	十二年一贯制学校
建设规模	24/30/36 班（≤2000人）	24/30/36 班（≤2000人）	30/36/48/60班	36/48/60/72班	36/45/54 班（≤2500人）	—
班级容量	45人/班	50人/班	50人/班	50人/班	小学阶段45人/班,中学阶段50人/班	—
用地面积	中心城区≥10米²/生,非中心城区≥18米²/生	中心城区≥12米²/生,非中心城区≥23米²/生	中心城区≥18米²/生,非中心城区≥23米²/生	小学阶段参照小学标准,初中阶段参照初级中学标准,高中阶段参照高级中学标准		
建筑面积	≥10米²/生	≥12米²/生	≥15米²/生			

资料来源:《广州市普通中小学校建设标准指引》。

2. 模型构建

基于上述所获得的样本数据,采用两种模型进行"学校—人口"匹配。

第一种是现行划分模型,此模型依照现行政策的学生分配情况构建,以2022年底的学区划分为基础,在不考虑学龄学生人数和学区学校学位容量情况下,将所有学龄学生安排至现行政策所分学区学校内。现行划分模型的使用主要是为识别学位供给短板提供"学校—人口"分配模板。

现行划分模型所使用的数据包括现有学区空间分布数据、学校的空间分布数据、学校的招生人数和学龄人口居民点的空间分布数据。首先,根据学区划分将学校和居民点按照学区分布分隔开;其次,不考虑学校容量根据就近分配原则,通过筛选找出学区内离学龄人口最近的学校进行配对;最后,将各学龄人口与学校一一配对后即完成了"学校—人口"现行划分模型的构建。

第二种是理想分配模型,该模型完全忽略现行学区的划分情况,根据待评估区内所有学龄人口就近分配学校,学校学生接纳情况严格遵循其标准容

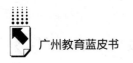

量，模型采用位置分配模型（Location-allocation，LA 模型）和线性规划算法。LA 模型中首要考虑的因素就是学校的空间位置因素。线性规划算法则是在线性的精准目标和约束中，找出一个满足条件的最优解。理想分配模型的使用主要是为未来学区研判提供"学校—人口"分配模板。

理想分配模型所使用的数据为未来预测的学龄人口居民点空间分布数据、未来学校空间分布数据、未来学校学生容量、区域交通网络数据。首先，利用 GIS 平台根据居民点的空间分布数据和学校的空间分布数据进行处理计算，利用交通网络数据，通过 Dijkstra 算法得到居民点与各学校之间的最短路径；其次，在学校学生容量的约束条件下，遵循就近入学原则，即每个居民区的适龄人口应该到距离最近的学校就学，保证所有居民区的适龄人口被分派到各学校且使总入学距离最短；最后，将各学龄人口与学校一一配对后即完成了"学校—人口"理想分配模型的构建。

三　教育设施学位紧缺地区识别

本研究基于人口数据、地理大数据等分析人口的分布，从数据中解读广州市教育设施和学位容量分布的特征以及学位容量与人口匹配的状况。利用现行划分模型结合数据建立现状（2022 年底）"学校—人口"分配的模型，评估当前教育供给短板；利用理想分配模型结合规划数据建立未来"学校—人口"分配的模型，评估未来学位缺口。

（一）广州市教育设施及人口匹配状况

1. 广州市教育设施及学位容量基础分析

根据统计，截至 2022 年底，广州市共有基础教育设施 4944 处，其中幼儿园 3239 处、小学 1111 处、初中 191 处、高中 25 处、九年一贯制学校 243 处、十二年一贯制学校 31 处、完全中学 104 处。从空间分布上来看，广州市内学校分布集中于市中心且密集度向四周递减，而距市中心较远的从化区、增城区学校分布最为零散，仅在区中心有小区域聚集，与广州市人口分布呈现相同空间分布格局。在不同类型学校中可以看出小学和初中分布最为均匀，体现出我国全民义务教育发展要求，有利于偏远地区学生基础教育资源获取。

广州市内已纳入"十四五"期间建设计划的设施共有 44 处（不含已经开办使用设施）。从数量上看，增城区和番禺区两区的新建学校数量最多，且以幼儿园和小学为主。从空间分布上看，截至 2025 年，广州市内规划主要新建学校分布集中于各区中心，而不同区规划学校类型也有差异，从化、增城区、花都区等新城区规划以幼儿园和小学为主，而荔湾区、海珠区、天河区等老城区则主要规划十二年一贯制学校、完全中学、初中、高中。

2. 广州市"学校—人口"匹配空间格局

在不考虑学校容量限制的前提下，把学生分配至其居住地的现行对口学校，构建成现行划分模型，完成现状（2022 年底）"学校—人口"匹配分析。从空间匹配角度来看，在广州市现状"学校—人口"匹配中市内学校分布基本能实现学龄人口就近入学要求，即使是从化区北部学龄人口分布较为稀少离散的地区也没有过大的通学路程压力。而学校分布较为密集的中心城区虽然人口密集，但学校的数量也基本满足当地学生的入学要求。

（二）广州市中小学学位供给短板分析

根据统计，目前广州市中小学设施学位总容量在数量上满足广州市需求。但从区域看，从化区、荔湾区、越秀区、海珠区、天河区的小学学位数量均无法满足当地学龄人口需求，荔湾区和越秀区初中学位容量供给无法满足当地学龄人口需求（见图1）。值得注意的是，在小学学位不足的区域中，只有从化区地处广州郊区，将从化区第七次与第六次人口普查数据进行对比发现，从化区第七次人口普查中 5~9 岁的人口数量是第六次人口普查的 2 倍，人数的增速远大于学位容量的增速，这是从化区小学学位无法满足当地需求的主要原因。总体而言，广州市中心城区学位存在缺口，基础教育设施建设有待进一步加强。

在数据整理的基础上，本次研究改变传统的以行政边界为单位的学位分析方法，把分析维度细化到"学校—人口"的个体层面，重新将全市根据招

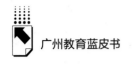

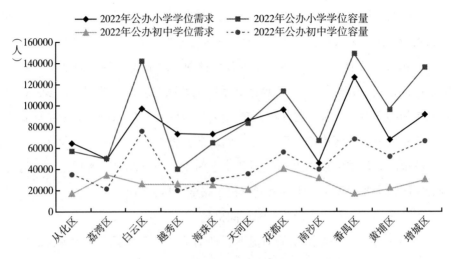

图1　2022年广州市各区中小学学位供需统计

生范围划定为970个评价单元，通过地理信息系统软件，智能匹配学校与学生空间数据，分析配套教育设施短缺区域，直观揭示学位供给紧张地区。

依照现有学校划分进行学位分配，虽然很好地实现了学生的就近入学，提高了学生的交通便利性，但学位供给平衡性较差，有超过30%的地区学位负荷度超出了1.50，这会严重影响学校的教育质量。其中，供给紧张地区主要集聚于各区发展中心，人口分布越密集学位供给情况越紧张，人口的集聚虽然能增加地区教育资源的集中度，促进当地教育发展，但用地的不足和人口的压力也会使得教育失衡。从化区北部和南沙区东北部虽然学校分布稀疏，但人口的稀疏也使得当地教育资源出现剩余。

（三）未来学位供给缺口研判

根据对第七次人口普查数据进行综合分析，预测广州市"十四五"期间学龄人口增长趋势，并根据现有基础教育设施、基础教育设施建设计划及实施情况，综合评估广州市基础教育设施的供需关系，为提前研判地区学位供给缺口提供数据支持。预计至2025年底，广州市中小学设施学位总容量在数量上满足广州市学龄人口的需求。但从区域看，未来广州市仅在越秀区和荔湾区存在学位不足的情况，且相对 2022 年而言均有所缓解（见图 2）。而存在缺口的原因，主要是越秀区和荔湾区均属于老城区，用地资源极其紧张，考虑到广州市的整体发展和建设，建议可在相邻的天河区和海珠区进行学位规划以满足当地学位需求。

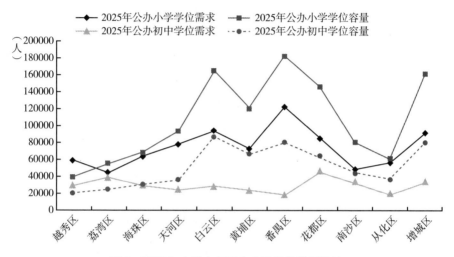

图 2　2025 年广州市各区中小学学位供需统计

　　基于所预测的 2025 年学校与人口数据，根据理想分配模型，将学生以就近原则分配至相应学校，完成未来情景"学校—人口"匹配规划数据库。

　　通过对 2025 年"学校—人口"匹配规划数据库的分析，可以看出广州市域内小学生通学路程空间分布差异性较大。整体上中心城区小学生通学路程最短，向外围逐渐递增。荔湾、越秀、海珠、天河四区由于学校较多，整体通学路程差异不大，多在 1000 米以内。黄埔区南部学校数量较少，小学生整体通学路程较长，多在 2000 米以上，北部则相对较好。番禺区整体通学情况较好，市桥地区通学路程平均最短；北部新造与东部海鸥岛片区学校数量不足，通学路程整体偏高。白云区小学生通学路程北部明显高于南部地区。花都区中心城区部分通学路程相对较短，向外围逐渐增加。增城区通学路程分布无明显空间特征，整体通学情况优于从化、南沙二区。由于从化区和南沙区部分区域人口稀疏，教育设施密度相对较低，因此学生的通学路程

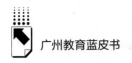

相对较长，此类地区可以在规划过程中加入校车缓解学生的通学压力。造成通学路程过长的原因，一是部分地区人口较少，学校分布稀疏，学龄人口抵达最近学校距离较远；二是地区学校容量与学龄人口数目不匹配，学位容量不足导致存在区域内学位缺口，以至于部分学生无法实现就近入学，只能退而求其次进入有学位容量的学校。其中，从化区占地面积最大，呈现南北走向，常住人口数最少，而且因为区中心的虹吸作用使得人口集聚于从化区的中南部，北部地区人口稀疏，导致学位需求上的不平衡，人口集聚区对于教育设施过高的需求量导致区中心的学校存在学位缺口，学校容量无法满足学生就近入学的需求，适龄人口按照学校容量只能往人口较少的北部地区就学，而北部地区学校分布离区中心较远，从而导致了从化区通学路程过长。广州市未来学位主要缺口区域为从化区、南沙区北部、花都区东南与西南部、白云区北部、黄埔区南部。

（四）空间差异特征和紧缺地区识别总结

广州市教育设施分布集中于老城区和各区中心，而乡村地区教育设施分布较为稀疏且相对分布于交通主干道两侧。越秀区、荔湾区等传统城区区域面积小，人口分布差异小，区内学校密集且各类学校均有分布；而从化区、增城区、花都区等新城区区域面积较大，属于城区地区的仅有区中心。在学校分布上，可以看出区内城市地区和农村地区学校分布存在明显差异，城区内学校分布较多且各类学校均有分布，而农村地区学校分布稀疏，主要学校类型以小学和初中为主，只有部分农村地区的镇中心分布有高中。从2022年底学位供给平衡角度看，部分地区存在一定的失衡现象，其中，农村教育设施分布虽然较为稀疏但由于农村地区学龄人口较少，因此学位供给充足，但部分镇中心由于人口集聚，所以学位供给略有不足；而城区则恰好相反，城区内大部分地区地少人多，因此部分地区存在学位供给不足的现象。目前广州市内城中心地区学位存在缺口，到2025年广州市学位主要缺口区域为从化区、南沙区北部、花都区东南与西南部、白云区北部、黄埔区南部。

四　教育设施规划实施问题分析

（一）广州市基础教育设施规划及建设情况

1. 广州市基础教育设施规划概况

基础教育设施布局不够合理、学位紧张、教育投入与需求错位等问题导致的"入学难"已成为社会广泛关注的焦点。为支撑国家中心城市建设，实施基础教育供给侧改革，广州市从 2012 年开始，率先在全国特大城市开展以"战略性、体系性、实施性、动态性"为特色的全链条、多层次的基础教育设施专项规划。在广州市"十四五"规划中，产业功能布局为"一核引领、两极带动、三港辐射、多点支撑"，其中荔湾区、越秀区、天河区、海珠区处于发展的核心引领区，番禺区东部、南沙区北部、黄埔区、增城区是创新产业带动区，白云区、花都区、番禺区西部、南沙区南部港口是枢纽辐射区。基于产业定位和历史适龄人口变化状况，可以推断出未来人口增长情况。综合"十四五"规划产业要求，广州市经过多轮修改及整合，结合新一轮国土空间规划和广州实际情况，基于全市 2500 万全口径服务人口的需求，在满足服务均等化的基础上，在教育设施上形成"三个分区、五种策略、六种典型地区"布局指引，设置与各区城镇化率、人口密度、土地资源相适应的差异化指标。至 2035 年，规划基础教育设施将达 5388 所，较 2022 年底新增各类学校超过 2000 所，可基本满足全市人口需求。

2. 基础教育设施建设方式

广州市基础教育设施建设主要通过两种方式：一是政府主导建设，即学校建设由政府主导投资、独立选址；二是居住区配套建设，即政府在委托开发建设单位在住宅建设的同时配套建设学校，建成后移交区教育部门管理使用。

3. 居住区配套基础教育设施建设的特点

对比政府主导建设的基础教育设施，居住区配套建设的基础教育设施相

259

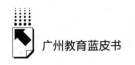

对较为复杂，主要有以下特点：一是配套基础教育设施位于居住区周边，与居住区捆绑建设，总投资额大，且居住区从建设到移交过程中手续较多，建设周期相对较长；二是配套教育设施的建设方式和建设时序由开发建设单位主导，居住区开发建设单位不一，导致配套教育设施建设质量不一，同时教育部门在移交前并不掌握学校的建设情况；三是目前配套教育设施办学类型多样，公、民办并存，但由于《广州市教育事业发展"十四五"规划》提出今后新建住宅小区的配套中小学校必须为公办学校办学、配套幼儿园优先为公办幼儿园，未来配套基础教育设施将同样以公办为主。

（二）广州市基础教育设施及其建设存在问题

1.配套学位不足

居住区规划配套学位不足主要包括三种情况：一是控规和布点规划已预留规划学校，但由于局部容积率或用地性质调整后未同步增配教育设施，导致配套学位不足；二是在《广州市普通中小学校建设标准指引》印发前，控制性详细规划中公共服务设施配置主要参照较旧的《广州市城乡规划技术规定》，往往因用地紧张而按照服务人口上限配置教育设施，导致部分地区人口大量聚集时（特别是新建学区房），出现学位不足的情况；三是用地出让时，单独出让居住地块较小，未达到需配建学校的标准，且周边并未统筹同步增配学位，住宅建成及入住后导致学位不足。

2.规划学校未同步建设

住宅配建学校由规划到实施流程较长且较为复杂，因此当流程中其中一环出现问题时，将导致规划学校难以同步建设。首先，部分配套学校规划选址存在问题，由于规划选址涉及建筑拆迁、高压线、古树名木等因素，配套学校难以与住宅同步开工建设。其次，规划编制和批复存在先后次序，居住用地片区规划优先调整，但学校所在片区规划并未调整，导致学校不能同步建设。此外，在规划实施过程中，居住区已开始建设，但配套学校可能因涉及农转用、征地等手续滞后建设，导致居住区建成时配套学校尚未建设或完工。同时，部分开发商因为资金等原因，在住宅出售后，未完成配套学校建设或建设进度滞后，导致学校未能如期开办。

3. 其他问题

其他问题包括配套学校建成后，开发商因资金等原因，逾期未完成消防、质监验收等相关手续；或是学校完成手续后因建设质量未能满足教育设施验收标准，导致无法移交区教育部门使用。

五　教育设施规划实施策略建议

针对目前居住区配套教育设施存在的问题，借鉴其他城市的先进经验，建议从"扩大财政教育投入，盘活现有教学存量，优化办学标准和办学条件，确保教育规划实施"四方面有效指导居住区配套教育设施规划建设。

（一）扩大财政教育投入

广州市是我国外来人口规模最大的城市之一，2021年末广州市常住人口为1881万人，每三个人中就有一个是外来人口。为满足户籍人口、外来务工人口、国际人口等多样人群子女的基础教育需求，一方面要在现有的基础上加大财政资源向教育设施的投入，为教育改革和发展提供有力的经费保障，番禺区、南沙区、黄埔区、增城区、白云区、花都区是未来城市发展扩容的重点区域，是未来教育投入的重点地区；另一方面采取多样化的实施路径，推动优质教育资源的投放，切实提高资金使用效益，严格监督检查教育经费的使用，尽可能地为市内常住人口提供全覆盖的基础教育学位，从供给的角度解决学位短缺问题。

（二）盘活现有教学存量

随着人口结构的变化，地区学龄人口的数量会逐渐发生改变，因此在教育设施规划时，要摒弃"有需求才配套"的传统教育设施资源供给模式，开展以"体系性、实施性、动态性"为特色的全链条、多层次的基础教育设施专项规划，进行教育资源全链条整合，逐步实现从学前教育到职业教育

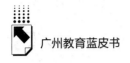

的教育规划全覆盖，通过规划引领实现教育资源供给方式从"被动配套"到"主动引领"的转变。

按照"盘活一批、外迁一批、更新一批"的思路，通过城市更新植入优质教育资源实现城中村地区的蜕变。借助新一轮城市更新的战略，按照"保底线，塑高线"的思路，对老城区内的职业学校和不达标高中进行外迁，调整办学层次，通过把职业学校、高中旧址改为小学、幼儿园，改善短板地区的教育设施水平，有效提升越秀、荔湾等传统老区的教育设施生均水平。开展全市各区微改造项目试点，设立校园功能微改造项目，按当地要求对学校进行改造，让存量资源得到有效释放。大幅提高配置标准指标，充分发挥公办优质教育资源的牵引作用，引入高端产业、留住高端人才，提高土地利用效率，缩小城市内贫富阶层对公共资源分配的不均，跨越教育鸿沟。

（三）优化办学标准和办学条件

一套合理完善的教育标准是教育高质量发展的必要条件。教育标准的制定要在科学技术研究成果和教育改革发展实践基础上，进行深入调查论证，广泛征求意见，保证标准的科学性、规范性、时效性。不同区域的人口结构也存在较大的差异，尤其对于城市和乡村人口结构的巨大差异，在规划时应该因地制宜地针对不同地区人口结构提出差异化的千人指标、学校配置指标，优化完善区域内义务教育基本办学条件标准。广州市的郊区和城镇人口密集度存在差异，在教育规划指标构建时，应该区别制定用地面积和建筑面积指标，以满足学生正常教学活动。同时，广州市中心城区大量外来务工人口聚集，公办学校的供给无法满足学位需求，建议可以在制定教育规划时增加民办学校的配置，以缓解城中心城区学位压力。

（四）确保教育规划实施

为确保教育资源规划的实施，要对学位缺口做好合理的预测和布局，制订完善的教育设施计划。一方面，要科学预测学位变化趋势和规模，找出供给短板和学位缺口，有针对性地制订实施计划。对越秀区、荔湾区等因人口过于密集而造成教育失衡的区以及从化区等因为学校分布稀疏造成的通学路程过长的缺口区进行重点规划；对于预测中的学位缺口地区尤其是新建居住区必须同步规划配建学校，从供给的角度解决学位短缺问题，有效弥补其存在的教育资源缺口；针对学生平均通学路程较远的郊区，在教育设施规划中可以适当安排校车以缓解学生上学通行压力。另一方面，在规划制定时要按高标准配置学位，规划方案中如涉及居住区及配套基础教育设施，设计单位应按照标准计算学位需求，确保新规划学校满足班数、班额、总学生数、生均用地面积、生均建筑面积等指标要求。如配套基础教育设施学位数、学校用地面积等未达到或不符合上述相关标准要求，应就单个设施或规划管理单元进行单独论证。

参考文献

吴晶、郅庭瑾、李廷洲：《义务教育学区化办学政策评估研究——基于上海市试点学区调查数据的分析》，《湖南师范大学教育科学学报》2020 年第 6 期。

徐振、刘安琪、周珍琦、韩凌云：《基于百度地图的中学生步行通学路径与情景分析：以南京建邺区为例》，《现代城市研究》2021 年第 2 期。

王玉璟、孔云峰：《义务教育就近入学优化建模研究》，《地球信息科学学报》2021 年第 9 期。

涂唐奇、闫东升、陈江龙、王晖、郑琰琳：《南京城市义务教育设施空间演化》，《地理科学》2019 年第 3 期。

郑磊、王思檬：《学校选择、教育服务资本化与居住区分割——对"就近入学"政策的一种反思》，《教育与经济》2014 年第 6 期。

佟耕、李鹏飞、刘治国、胡毅军：《GIS 技术支持下的沈阳市中小学布局规划研究》，《规划师》2014 年第 S1 期。

区域实践篇
Regional Practice Reports

B.18
广州市天河区高质量推动基础教育
教学改革的实践创新报告

葛红霞　朱云志　何　凡*

摘　要： 为深化国家课程改革、落实立德树人根本任务、破解区域基础教育难点问题，2021年3月天河区正式启动基础教育课程与教学质量提升项目。行政管理明确目标方向，优选种子学校，实施三段路径，统筹形成区域教改顶层规划；教学管理力抓培训、教研、科研、比赛四个方面，积极推动教育教学改革；学校实践紧扣国家教育改革方向，推进学校课程教学改革，一体化设计课程实施方案。下一步，天河区还将坚持以创新为第一动力优化教学改革实施路径，抓好发展的方向性、实践的科学性、机制的系统性，推动区域教育高质量发展，打造课程育人"天河范式"，办好人民满意的教育。

---

* 葛红霞，广州市天河区教师发展中心副主任，中学英语高级教师，主要研究方向为高中英语教学，中小学教研、评价和培训；朱云志，广州市天河区教师发展中心副主任，中学历史高级教师，主要研究方向为中学历史教学、中小学德育管理；何凡，博士，广州市天河区教师发展中心研训员，主要研究方向为汉语语法、语文教育、教育政策。

关键词： 基础教育　教学改革　学历案　天河区

2020 年 8 月，广州市天河区召开全区教育大会，正式印发《天河区基础教育"幼有善育、学有优教"幸福标杆行动计划（2020-2022 年）》（以下简称《计划》）。《计划》明确提出要提升育人品质，深化课程改革，提高课堂教学效率、培养学生能力，形成课程目标引领下的备、教、学、评一体化教学格局。[①] 实现该计划的关键是在转变教育理念的前提下寻找科学的形式载体，从而以小支点撬动教育教学深层次改革。天河区放眼全国，经过慎重研究，决定与教育部人文社会科学重点研究基地华东师范大学课程与教学研究所开展合作，以学历案为支点撬动区域教学改革。2021 年 3 月，天河区正式启动基础教育课程与教学质量提升项目。天河区基础教育教学改革围绕新课程、新教学、新评价，以学校一级的学校课程实施方案、学科教研组一级的学期课程纲要、年级备课组一级的单元学历案作为推进课程改革的实践载体，开展有组织的校本教研，深化国家课程改革，推动区域教育高质量发展。

一　改革背景

（一）政策背景

《中国教育现代化 2035》明确指出，坚持改革创新是推进教育现代化的基本原则，鼓励"在国家教育现代化总体规划框架下，推动各地从实际出发，制定本地区教育现代化规划，形成一地一案、分区推进教育现代化的

---

① 《广州市天河区教育局关于印发〈天河区基础教育"幼有善育、学有优教"幸福标杆行动计划（2020-2022 年）〉的通知》（穗天教〔2020〕10 号），2020 年 8 月 17 日。

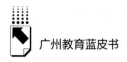

生动局面"。① 党的二十大明确要求，"深化教育领域综合改革，加强教材建设和管理，完善学校管理和教育评价体系，健全学校家庭育人机制"，充分发挥教育的基础性、战略性支撑作用。②

2019年6月，《中共中央 国务院关于深化教育教学改革全面提高义务教育质量的意见》强调，"严格按照国家课程方案和课程标准实施教学，确保学生达到国家规定学业质量标准""强化课堂主阵地作用，切实提高课堂教学质量"，同时号召"全党全社会都要关心支持深化教育教学改革、全面提高义务教育质量工作"。③ 随后出台的《深化新时代教育评价改革总体方案》④ 和《义务教育质量评价指南》⑤ 等文件则从评价角度为区域教育教学改革指明了根本方向，基于评价改革的立德树人课程改革方向更加清晰。2021年7月，中共中央办公厅、国务院办公厅印发《关于进一步减轻义务教育阶段学生作业负担和校外培训负担的意见》，要求"大力提升教育教学质量，确保学生在校内学足学好""教育部门要指导学校健全教学管理规程，优化教学方式，强化教学管理，提升学生在校学习效率"。⑥ 这一系列教育政策指明，以往的教育教学模式已经难以完全适应教育高质量发展目标，亟待通过教育教学改革建立更为高效的教学模式。

① 《中共中央、国务院印发〈中国教育现代化2035〉》，http：//www. gov. cn/zhengce/2019-02/23/content_ 5367987. htm，最后检索时间：2023年3月24日。
② 习近平：《高举中国特色社会主义伟大旗帜 为全面建设社会主义现代化国家而团结奋斗——在中国共产党第二十次全国代表大会上的报告》，http：//www. gov. cn/xinwen/2022-10/25/content_ 5721685. htm，最后检索时间：2023年3月24日。
③ 《中共中央 国务院关于深化教育教学改革全面提高义务教育质量的意见》，http：//www. moe. cn/jyb_ xxgk/moe_ 1777/moe_ 1778/201907/t20190708_ 389416. html，最后检索时间：2023年4月25日。
④ 《中共中央 国务院印发〈深化新时代教育评价改革总体方案〉》，http：//www. gov. cn/gongbao/content/2020/content_ 5554488. htm？ ivk_ sa=1026860b，最后检索时间：2023年4月27日。
⑤ 《教育部等六部门关于印发〈义务教育质量评价指南〉的通知》，http：//www. gov. cn/zhengce/zhengceku/2021-03/18/content_ 5593750. htm，最后检索时间：2023年5月1日。
⑥ 《中共中央办公厅 国务院办公厅印发〈关于进一步减轻义务教育阶段学生作业负担和校外培训负担的意见〉》，http：//www. gov. cn/zhengce/2021-07/24/content_ 5627132. htm，最后检索时间：2023年3月24日。

（二）区域背景

根据《广州市天河区教育事业发展"十四五"规划》，天河区秉承"优品教育，成在天河"教育理念，积极创建"粤港澳大湾区教育改革与发展示范区"，力争在 2025 年实现全区各级各类教育更加公平更高质量的目标。教育高水平定位需要更高质量更加均衡的教育，然而天河区却长期存在区域教育不均衡的问题。天河区东部和北部学区教育振兴迫在眉睫，义务教育优质学校和薄弱学校之间，新建名校和原有学校之间，公办学校和民办学校之间，民办学校内部资源配置等也存在较大差异。[①] 历年来的"国测"数据、智慧阳光评价数据也证明了这一点。除了均衡问题之外，天河基础教育还存在三个较为明显的问题。

1. 教师教学观念相对陈旧

"学为中心"的教育理念在天河区尚未全面落地。大部分教师习惯从"教"的角度去设计和实施课程，而不是从学生"学"的角度去设计和组织教学活动。部分教师的课堂教学仍坚持"知识本位"，轻视学生的核心素养和能力培养。在教学内容的选择和组织方面，教师主要根据教材的内容设计教学活动，较少围绕核心素养精选学习内容、整体设计教学单元、规划单元育人蓝图。在教学方法的运用方面，教师多采用讲授法，较少组织学生的探究和交流等活动，没有充分发挥学生的主体性。课堂上学生缺少充足的时间和机会完成学习任务，课堂学习效果无法及时呈现。

2. 学校课程实施不够系统

从学校层面看，课程体系缺乏长远性和系统性。学校缺乏对课程的整体规划，各类课程之间缺乏呼应关照。校本课程的开设缺乏规范性，课程目标、课程内容、课程评价等诸多要素不规范，影响了应有的效果。由于学校没有统一的课程实施规划，所以课程实施基本依靠学科教师的个人行为，而

---

① 《广州市天河区人民政府办公室关于印发〈广州市天河区教育事业发展"十四五"规划〉的通知》（穗天府办〔2022〕4 号），2022 年 8 月 16 日。

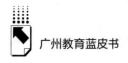

教师的教学行为又缺乏规范和引导，从而导致课程实施效果参差不齐。

3. 教学评价体系有待完善

天河区的教学评价体系还有较大的改善空间。一是从评价主体来说，教师掌握着评价主导权，学生评价主体地位缺失。同时，家长、社会也未参与评价，难以实现"家校社"协同育人。二是从评价方式及内容来说，区内大部分学校仍以考试、测验为主要评价方式，考查内容偏重于学生对知识和技能的掌握情况，尚未构建起以综合素养为导向的多元评价体系。三是从评价功能与目的来说，学校重视在期末对学生学习效果进行总结性评价，轻视过程性评价的作用，没有及时根据学生学习过程中的动态发展情况去调整改进教学。这也导致了评价的功能异位，学生评价在某种程度上成了给学生进行"分层""贴标签"的手段。

二 主要举措与成效

基于上述背景，天河区秉承"优质均衡发展"理念，主动变革教育教学模式。2021年3月天河区正式启动基础教育课程与教学质量提升项目，为期3年，以学历案为支点推动教学改革的"大文章"，在区域行政管理、区域教学管理、学校实践探索三个层面对症下药，因需施策。

（一）区域行政管理：全区凝力，以行政力量推动教学改革

1. 明确目标方向，挂图作战推动整体方案落地

天河区制定《天河区基础教育课程与教学质量提升项目工作方案》。[①] 天河区教育局成立专项领导小组，由区教育局局长任组长，在天河区教师发展中心（区教育研究院）设立项目办公室。方案设立的具体工作目标是借助全国一流专家团队的指导，发挥区域研训机构的重要引领作用，种子学校和骨干教师先行，科学规划、深入研究、带动示范、整体推进，力求依托该项目助推天河区基础教育课程建设和课堂教学的有效实施，成就一批教师、

---

① 广州市天河区教育局：《天河区基础教育课程与教学质量提升项目工作方案》（内部文件）。

打造一批名校，提升天河区教师教学、学生学习、学校管理质量，总体推动基础教育优质均衡发展。

2. 优选种子学校，小步快走推进先行试点策略

在前期广泛动员、学校自愿报名的基础上，天河区教育局遴选出 17 所学校作为项目种子学校。这 17 所学校覆盖优质学校、中等水平学校、薄弱学校，涵盖天河教育五大片区，包含小学 12 所、初中 3 所、完全中学 2 所。华东师范大学委派 18 位专家，组建三个大组入驻天河指导种子学校。每个大组由 1 位专家领衔指导，下设三个小组分别对接 2~3 所学校进行指导。项目指导方式灵活多样，如讲座培训、实地指导、修改作品等。按照项目方案，专家团队平均每年到天河实地指导两次以上。

3. 实施三段路径，由点及面打造区域教育品牌

项目分种子学校试点、全区普及、全区达标三个阶段进行（见图 1）。

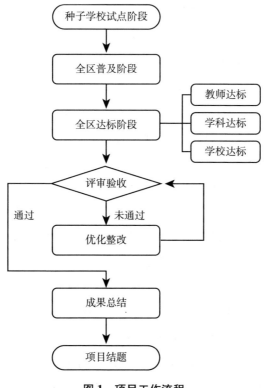

图 1　项目工作流程

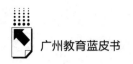

项目推广主要从三个方面发力：一是每所种子学校对接 2~3 所项目推广学校，充分发挥校际联动教研作用；二是种子学校通过线上线下相结合的方式，面向全区开放校本研修活动；三是区教师发展中心通过进校调研和开展教研活动向全区推广项目。截至 2023 年 3 月，累计开展区级线上线下各类研讨活动 30 余场、校级研讨活动 50 余场。目前，17 所种子学校的课程实施方案已经过 20 多轮修订，即将由华东师范大学出版社出版。课程纲要和单元学历案正朝着本土化、校本化的方向发展，力争成为系列精品。

（二）区域教学管理：培教研赛，以理念更新推进教学改革

1. 聚焦主题培训，精心组织教师培训

天河区将项目实施与教师培训高度融合，以三年为周期系统设计教师培训方案，通过教师培训促进理念落地。从培训层次设计看，每年培训有不同主题。在三年周期中，学历案的设计和实施贯穿始终，但每年的侧重点不同：第一年侧重编制学校课程实施方案；第二年侧重编制学期课程纲要；第三年侧重通过校本教研推动课程实施方案、学期课程纲要和单元学历案落地。从培训导向看，培训非常注重实操性和实效性。从培训对象安排来看，首先是对学校管理者进行培训，其次是对教研员培训，再次是对种子学校的骨干教师培训，最后是对全区的骨干教师培训，采取分批进行的模式。2021年 3 月至 2023 年 5 月，天河区先后安排了 10 批教师到上海接受线下培训，参训教师达 600 余人。2021 学年下学期，举行 3 批线上线下相结合的主题培训活动。截至 2023 年 5 月，全区所有公办学校均有教师参加过华东师大组织的培训，民办学校教师则参加区教师发展中心组织的培训活动。

2. 融合教研活动，打造区学习共同体

天河区贯通"区域教研—片区教研—校本教研"三级教研，用好用活片区教研重要机制，面向全区推广学历案。以各片区种子学校为中心，以点带面，带动其他非种子学校，形成"1+N"学习共同体。天河区结合区域特点和学校特色，整合公办、民办学校，划分十个教研片区，保证每个片区均有种子学校，以片区教研活动扎实推进学历案走进校园、走进课堂、走进学

生。各学科教研员发挥辐射引领作用，将"双减"政策融入教研教学，带领一线教师将学历案设计融入课堂教学，实现课内学习提质减负目标。

3. 以科研为导向，提升教师研究能力

教育科学研究对课堂教学有着重要的导向作用。天河区及时发挥科研导向作用，在《天河区教育科学"十四五"规划 2021 年度课题指南》《天河区教育科学"十四五"规划 2022 学年度课题指南》中明确写入"学历案""核心素养""大单元教学"等相关选题建议。2021 年，在一般课题中设立选题"基于'学历案'的学科单元教学设计与实施案例研究"，选题覆盖各学科。2022 年，在重点课题（最高级别）中设立专题板块"'学历案'促进区域课堂教学变革的研究"，并细分为 12 个研究方向。在科研引导下，2021~2022 年天河区的省、市、区课题立项为 183 项，2021~2022 年仅"学历案"专项立项课题就多达 19 项，其中市教育科学规划课题 1 项、市教研院课题 3 项、区级教育规划课题 15 项。

4. 强化比赛实践，鼓励教师争相竞技

围绕课程与教学，聚焦学历案设计，天河区先后举办多项教学设计比赛以推动教学实践。2022 年上半年，天河区举办义务教育阶段各学科单元学历案教学设计评比活动。2022 年下半年，天河区举办义务教育阶段教师学期课程纲要设计比赛。比赛结合教师教学工作实际，在赛事中融入新课标理念，受到区内教师高度认可，比赛报名人数始终保持在高位，真正做到了以赛促学、以赛验学。

（三）学校实践探索：一校一策，以校本教研牵引教学改革

1. 以需求谋方案，六步走绘制课程实施方案流程图

在开展毕业生形象大讨论的基础上，各校总结前期课程改革中取得的经验，综合评估自身发展优势及问题，重新规划新时代育人蓝图。学校通过六步走组织制定课程实施方案：一是建立以校长、教导主任、骨干教师和教育专家为主体的学校课程规划团队；二是广泛收集课程开发所需资料，如课程政策、课程资料、学情资料、社区资料、教师资料等，做好分类整理；三是

确定学校的课程目标，构建校本化课程标准；四是编制学校课程实施方案；五是集体审议，在广泛听取意见的基础上修改；六是方案答辩，即送交项目组进行陈述答辩，最后再进一步完善确定方案。

2. 以理念定方案，厘清课程规划重要概念及实施路径

学校围绕办学理念，通过 SWOT 分析法，厘清对课程规划的认识。学校围绕"如何找到校情分析与课程设置的关联""课程分类如何做到不遗漏不交叉"等问题，通过耐心打磨、调整课程计划表，做到科学精准实施国家课程，稳妥推进广东和广州地方课程，构建有学校特色的校本课程。学校课程实施方案，主要涉及课程规划的依据、学校课程计划与说明、课程实施与评价、保障措施等要素。确立课程实施方案后，学校利用多种途径，让教师、家长、社会了解学校课程规划，实现"家校社"协同育人。学校围绕办学理念编写课程实施方案，通过课程规划引领和指导学校课程建设，进一步深化课程改革和实现课程育人目标，最终凝练办学特色。如华阳小学提出"让学校成为一个温暖童年、照亮梦想、向阳生长的地方"，体育西路小学提出"培养美于心、善于品、敏于行的全面发展的体西学子"。

3. 以特色精方案，利用校本优势培育学校特色品牌

各校在开齐开足国家课程的前提下，积累了一定的校本课程开发经验，但仍然满足不了社会需求。如广州市第八十九中学调查发现，95.3%的家长希望学校能开设更多的体艺课程、活动课程和社会实践课程，不希望学生整天只沉浸在文化课的学习中；16.1%的家长能够参与开设相关专题课程；16.7%的家长表示愿意为学校提供课程资源。① 只有研发特色校本课程，才能达成国家课程标准的校本化落实。"一校一案"的实施，为学校特色发展提供了制度与行动的双重保障。各校以"落实因材施教理念，培育学生核心素养"为指引，整合校内外资源，探索国家课程校本实施路径，促进学

---

① 王建辉、崔允漷、陈伟红主编《育时代新人，绘课程蓝图——广州市天河区学校课程实施方案精选》（内部资料）。

生全面健康成长。如汇景实验学校开发人工智能课程，根据不同学段特征，确定不同层次课程目标。

（四）实践探索成效：学为中心，区域基础教育迸发内生动力

经过两年多的实践探索，天河区以编制学校课程实施方案、学期课程纲要、单元学历案为抓手，推进区域教学改革实践，取得了一定的成效，特别是在教师教学、学生学习、学校办学、教育评价等方面效果显著。

1. 教师教学观念更为科学：教是为了学

教师教学观念发生质的转变。项目实施让天河教育更加富有激情，使教师对教育前沿理念的领会更加深刻，"学为中心""教学评一致性""大单元教学"等核心概念深入人心。87.71%的新教师认为使用学历案能在"教学评"之间取得更好的平衡。[①] 与此同时，教师教学能力各项指标呈上升趋势。根据广州市智慧阳光评价测评结果，天河区小学教师在教学能力一级指标和5项二级指标上的分数与排名均有显著提升（见表1）。

表1 天河区小学教师教学能力发展情况

单位：分

指标		得分	
		2021年本地区小学教师均值	2022年本地区小学教师均值
一级指标	教学能力	89（全市发展位序10/12）	90（全市发展位序4/12）
二级指标	教学设计能力	89	90
	教学实施能力	89	92
	教学管理能力	89	91
	教学评估能力	90	91
	教学研究能力	87	88

资料来源：原始数据来自广州市智慧阳光评价测评结果，经本研究梳理整合。

---

① 广州市天河区教师发展中心：《广州市天河区公办中小学近3年（2019-2021年）新入职教师专业发展状况调研与分析报告》（内部文件）。

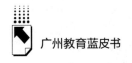

2.学生学习过程更加高效：学习历程化

学历案记录着每一个学生学习过程的学业表现，是学生学习的认知地图、可重复使用的学习档案。[①] 学历案有助于学生明确学习目标，观察并反思自己的学习全过程。根据问卷调查和学生访谈结果，在采用学历案之后，学生学习目标更明确，学习过程更清晰，学习任务参与度更高，在学会学习和学后反思方面进步明显（见表2）。

表2 单元学历案实施的学生问卷结果

单位：%

选项	学习目标更明确	学习过程更清晰	合作交流更频繁	合作交流更有效	教师反馈更及时
占比	85.86	92.31	85.89	82.06	83.33
选项	作业设计更合理	学后反思更有意义	课堂更紧凑	单元更有逻辑	注意力更集中
占比	88.44	78.19	71.76	83.21	83.30

注：占比代表被试学生中认同单元学历案带来该变化的比例。

资料来源：原始数据来自体育西路小学对五年级两个班级共78名学生开展的问卷调查。

3.学校办学路径更加明晰：以课程育人

学校系统地设计课程实施方案、学期课程纲要、单元学历案，使得学校办学更具有科学性和前瞻性。学校编制课程实施方案，使得学校课程管理更具连贯性和科学性。学校设计和实施学期课程纲要，使得每一学期每门课程的目标、内容、实施与评价更具有整体性和可操作性。调研发现，种子学校在教育教学质量方面取得明显提升。

4.教育评价体系更加健全：重过程评价

天河区充分发挥教育评价的导向作用，以评价促使教育教学发生深刻变化。天河区构建了学科质量监控体系，强化数字化融合创新，全方位把握学生学业成长关键特征，将学生的改变和进步作为评价的核心，探索开展全过程纵向评价、全要素横向评价。每年开展10场"聚焦教学·论道质量"教学研讨活动，

---

① 崔允漷：《学历案：学生立场的教案变革》，《中国教育报》2016年6月9日。

提升学校数据应用意识与教学治理能力。2021 年 11 月，天河区"以课程建设为抓手的区域教学评一体化评价改革"项目获批成为广东省深化新时代教育评价改革试点项目。2023 年 4 月，"广东教育研究"微信公众号发布《以教育评价"三驾马车"拉动天河教育改革》，专题报道天河区教育评价改革实践。①

三　思考与展望

截至 2023 年 3 月，17 所种子学校共举办了 50 余场研修活动，参与人数破万，影响区内外 100 多所公、民办学校，辐射国内新疆、贵州与省内梅州兴宁、湛江赤坎等结对帮扶区域。教学改革、作业设计的创新做法得到教育部调研组高度肯定，相关经验被省、市教育部门作为典型加以推广。2023 年 2 月 16 日，天河区召开基础教育课程与教学质量提升项目暨"双减"工作总结会议，形成了广东省教育研究院、省教育厅基信处等领导和专家高度认可的"天河经验"。此外，区教研员多次代表天河区作经验分享，受到全国、省内、市内等多校邀请开展学历案主题讲座。教育部教材局领导考察后认为，天河区整体推进课程改革，从学校课程实施方案到课堂教学改革得很彻底、很全面、很先进，经验值得总结。

教育高质量发展是我国新时代高质量发展的重要组成部分，只有完整准确全面贯彻新发展理念，才能正确认识当前教育高质量发展的目标、价值、原则和措施。在教育新发展阶段，回顾前期工作，天河区始终坚持"必须实现创新成为第一动力、协调成为内生特点、绿色成为普遍形态、开放成为必由之路、共享成为根本目的的高质量发展"② 的价值取向。

天河区以新发展理念认识教育教学和管理服务的新要求，选择以学历案为载体，倡导"因材施教，低负高效"，强化学校主体作用，切实提高学校

---

① "广东教育研究"微信公众号：《以教育评价"三驾马车"拉动天河教育改革》，https：//mp. weixin. qq. com/s/eGLvWZ4W6X9uMveOsMi_ WA，2023 年 4 月 7 日。

② 《中共中央关于党的百年奋斗重大成就和历史经验的决议》，http：//www. gov. cn/xinwen/2021-11/16/content_ 5651269. htm，最后检索时间：2023 年 5 月 9 日。

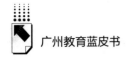

教育教学质量。学校以课程与教学改革为契机，进行办学思路的调整与提升，以立德树人为根本任务，重构学校教育格局。经过两年多的实践探索，天河区深入践行"学为中心"理念，通过单元式、项目式、任务式的学习活动，培养学生成长型思维，初步形成了"课内融合课外"的学习模式，学生的核心素养和综合素质得到明显提升。

教育教学改革工作始终是长期而复杂的系统工程，随着教学实践的深入，天河区逐渐发现自身教育教学改革的薄弱环节。今后，天河区将继续坚持将创新作为引领教育高质量发展的第一动力，着力在三个方面推动区域教育教学改革走深走实。

（一）坚持抓好创新与发展的方向性

加强党对教育工作的全面领导，是实现教育高质量发展的根本保证。天河区坚持为党育人、为国育才，全面贯彻落实党的教育方针。天河区将以立德树人为根本任务推进教育教学改革，发展素质教育，进一步研究实施"五育并举"的有效策略，做到方向明确、特色鲜明。17所种子学校中，已有部分学校基于课程规划和学历案设计做出了具有学校特色、天河特色的实践探索。天河区将把好方向、立好榜样，将种子学校的有益探索在全区乃至更大范围内进行推广。同时，加强与社会科学学术团体、智库的交流合作，深度挖掘天河区域特色，尝试在金融、人工智能、智能制造等领域挖掘教学资源，开发特色地方课程。

（二）坚持抓好创新与实践的科学性

教育的创新来自实践，也受实践检验。天河区将进一步深入挖掘教育教学规律和学生成长规律，遵循教育原则，把握教育科学本质，做有思想深度的创新、有理论指导的实践。一方面，天河区将加大与华东师大专家团队的合作力度，聚焦课堂教学、教师教学行为，邀请专家以实地调研和入校指导等方式给予更精准的助力，同时还将加强与其他城市和区域的交流合作，如北京、上海、南京、杭州、成都等地，汲取教育教学改革的有益经验。另一方面，还要培养壮大区域骨干力量，既要做到每一位教研员走在学历案培训的一线，也要鼓励学校优秀教师发挥引领带动作用，把课堂教学的好做法、好经验、真问题、真困惑呈现在教学改革过程中。

（三）坚持抓好创新与机制的系统性

教育教学改革要对提高政治站位、提升办学水平、重构教育格局、深化教学研究、改进学校管理、改进教育评价等工作进行系统思考，逐步形成优秀成果和创新机制。在加强教育品牌建设和打造学习共同体上，天河区将加强与上海、浙江等教育教学改革先行地区的交流合作，及时总结天河区教育教学改革经验，凝练创新成果，推出可借鉴、可共享、可传播的教学改革模式。"真正解决建立与完善立德树人监测与评价机制的这个难题。中国特色社会主义教育就是要'在培养社会主义建设者和接班人上有作为、有成效'。"[1] 在普及阶段，天河区将加强教育质量监控，完善教育评价体系建设，在保证质量的前提下，逐步推广优秀成果。

参考文献

崔允漷：《指向深度学习的学历案》，《人民教育》2017 年第 20 期。

崔允漷、尤小平：《教学变革：从方案的专业化做起》，《当代教育科学》2017 年第 9 期。

侯衍社：《新发展理念是 21 世纪马克思主义发展哲学的精髓》，《哲学研究》2022 年第 7 期。

王毓舜：《落实课标、学为中心：区域推进课堂变革的实践探索》，《全球教育展望》2022 年第 4 期。

尤小平主编《学历案与深度学习》，华东师范大学出版社，2017。

中共教育部党组：《奋力谱写新时代新征程教育改革发展新篇章》，《求是》2022 年第 18 期。

---

[1] 刘复兴：《坚持党对教育事业领导的全面性、系统性、整体性》，《教育研究》2021 年第 4 期，第 4~10 页。

B.19
广州市越秀区基于"国测"结果的 增值评价机制研究

郑 虹 曾海刚[*]

摘 要： 越秀区"国测"结果显示，学生学业水平整体稳居全国前列，处于广东省、广州市领先地位；区域校间差异小，义务教育优质均衡状况良好；区域学生全面发展状况较好，学科学业水平增值状况比较明显，但在学科综合竞争力方面仍有提升空间。基于"国测"结果，越秀区积极建设和运用增值评价机制，针对学科发展短板注重顶层设计，进行科学决策，发挥教科研部门专业引领作用，提升学校领导治理能力和教师队伍素养，有效发挥了"国测"结果的增值评价功能，推动义务教育质量和学生身心健康水平不断提升。后续要进一步回归人性的教育过程与结果，进一步发挥协同治理的功能，建设一支监测结果运用的团队，进一步厘清学校自我改进的责任。

关键词： "国测"结果 增值评价 区域评价机制 越秀区

---

* 郑虹，广州市越秀区教育发展研究院副院长，正高级教师，主要研究方向为中小学语文教育教学，区域初中教育教学教研管理、教育评估；曾海刚，广州市越秀区教育发展研究院副院长，高级教师，主要研究方向为中学化学教育教学，区域高中教育教学教研管理、教育质量监测。

一　工作背景

（一）政策背景

《关于深化教育教学改革全面提高义务教育质量的意见》①《义务教育质量评价指南》②《深化新时代教育评价改革总体方案》③ 等文件提出，要加快促进义务教育优质均衡的评价体系建设，用好评价指挥棒，基于问题导向，以评促建，"注重结果评价与增值评价相结合"，开创义务教育改革新局面。《国家义务教育质量监测方案（2021 年修订版）》，④ 明确要求"强化结果运用，推动各地建立结果运用机制""探索跨年度增值评价"，这对于建设高质量的国家义务教育质量监测体系、更有力地推动义务教育改革发展具有重大意义，也对引导社会树立正确的教育质量观和育人观、扭转"唯分数""唯升学"等不科学的教育评价倾向起到了重要作用。《广东省教育厅关于加强义务教育质量监测结果应用的指导意见》（粤教督函〔2019〕1 号）⑤ 重点围绕优化组织实施、用好监测结果、加强队伍建设等方面积极开展探索。《广东省

---

① 《中共中央　国务院印发〈关于深化教育教学改革全面提高义务教育质量的意见〉》，中华人民共和国教育部政府门户网，http：//www.moe.gov.cn/jyb_ xwfb/gzd_ gzdt/s5987/201907/t20190708_ 389403.html，最后检索时间：2023 年 5 月 11 日。

② 《教育部等六部门关于印发〈义务教育质量评价指南〉的通知》，中华人民共和国教育部政府门户网，http：//www.moe.gov.cn/srcsite/A06/s3321/202103/t20210317_ 520238.html，最后检索时间：2023 年 5 月 11 日。

③ 《中共中央 国务院印发〈深化新时代教育评价改革总体方案〉》中华人民共和国中央人民政府门户网，http：//www.gov.cn/zhengce/2020-10/13/content_ 5551032.htm，最后检索时间：2023 年 5 月 17 日。

④ 《教育部关于印发〈国家义务教育质量监测方案（2021 年修订版）〉的通知》，中华人民共和国教育部政府门户网，http：//www.moe.gov.cn/srcsite/A11/moe_ 1789/202109/t20210926_ 567095.html，最后检索时间：2023 年 5 月 11 日。

⑤ 《强化省级责任，发挥监测实效》，中华人民共和国教育部政府门户网，http：//www.moe.gov.cn/jyb_ xwfb/moe_ 2082/2021/2021_ zl62/202109/t20210926_ 567088.html，最后检索时间：2023 年 5 月 17 日。

教育发展"十四五"规划（2021—2025年）》① 将"深化新时代教育评价"作为深化教育领域改革开放的6项重要任务之一。《广州市教育事业发展"十四五"规划（2021—2025年）》② 强调"完善教育评价体系"是深化综合改革、激发教育活力与创新的重要举措，从政府履职、学校办学、教师成长、学生发展等方面提出了深化教育评价改革的意见。《广州市越秀区教育事业发展第十四个五年规划》③ 明确提出，到2025年，在全市率先全面实现教育现代化，基本建成"省内一流、全市前列、越秀特色"的高质量教育体系，全面实现区域教育的高位优质均衡发展，区域教育综合实力、均衡水平和整体竞争力达到发达国家平均水平，携手港澳、放眼全球的区域教育对外开放合作形成新格局。完善义务教育质量监测体系，落实"一校一案"，加大对相对薄弱学校、薄弱年级和薄弱学科的帮扶指导，探索建构有越秀特色的增值评价体系，并将创建"国家义务教育质量监测先锋区""全国义务教育优质均衡发展区"作为六大分目标中的两项重要内容。

（二）越秀区"国测"结果概况

根据国家义务教育质量监测相关的抽样要求，2015~2021年，越秀区连续七年参加国家义务教育质量监测。监测结果显示，越秀区学生语文、数学、德育、科学、体育与健康、艺术六门学科④学业质量综合水平居于全国高位、处于广东省领先水平、排名广州市第一，区域内义务教育呈现优质均衡的发展态势，2019年越秀区被评为广东省义务教育质量监测先锋区（全

---

① 《广东省人民政府关于印发〈广东省教育发展"十四五"规划〉的通知》，广东省人民政府网，http://www.gd.gov.cn/zwgk/gongbao/2021/31/content/post_3644881.html，最后检索时间：2023年5月17日。

② 《广州市人民政府办公厅关于印发〈广州市教育事业发展"十四五"规划〉的通知》，广州市人民政府网，https://www.gz.gov.cn/zwgk/fggw/sfbgtwj/content/post_7914662.html，最后检索时间：2023年5月17日。

③ 《广州市越秀区人民政府办公室关于印发〈广州市越秀区教育事业发展第十四个五年规划〉的通知》，广州市越秀区人民政府网，http://www.yuexiu.gov.cn/zwgk/ghjh/wngh/ssw/content/post_8073415.html，最后检索时间：2023年5月17日。

④ 心理健康学科为2021年第一次参与抽测，故在此不做增值评价。

省四个、广州唯一）。但越秀区仍有增值效果不明显的学科，这也为后续区域义务教育增值发展提供了空间。

1. 学生综合发展水平处于全省领先地位

2020 年，越秀区四年级学生科学成绩①在全市、全省居于高位，比2017 年提高了 12 分，在全国所处等级为 9 星；② 学生科学学业水平达中等及以上的占 95.7%，等级为 10 星。八年级学生科学成绩平均分在全国、全省、全市居于高位，比 2017 年提高了 51 分，在全国所处的等级为 10星；物理、生物、地理成绩平均分在全国所处等级均为 10 星，水平达中等及以上的占 97.4%，比 2017 年增加 8.3 个百分点。2020 年四年级、八年级学生对中华优秀传统文化、对国情常识了解状况均超过 2017 年，在全国所处等级为 10 星；2020 年八年级学生法律素养状况平均成绩比 2017年提高 21 分，在全国所处等级为 10 星。

2021 年，四年级学生的数学成绩平均分比 2018 年提高了 16 分，比2015 年提高 10 分，在全国所处等级为 9 星；八年级学生的数学成绩平均分比 2018 年提高了 5 分，比 2015 年提高了 27 分，在全国所处等级为 10 星；2015~2021 年，八年级学生数学学业表现达到中等及以上水平的比例逐年上升，2021 年为 94.9%，在全国所处等级为 10 星。四年级、八年级学生的体能达标率在全国所处的等级为 8 星，学生自主锻炼习惯在全国所处的等级为9 星，体育教学行为规范为 10 星。

2. 区域义务教育学校校间差异水平适度

越秀区小学的校间差异水平稳定处于"校间差异小、学业成绩高"的区间。2020 年，四年级科学学业成绩校间差异处于 5%；2021 年，越秀区四年级的数学量尺分数平均分超过 560 分，校间差异处于 5%~10%，表现为

---

① 这里各学科成绩均指量尺分数，即根据学生的作答情况，采用项目反应理论模型得到学生能力分数后再转换成的测验标准分数。

② "国测"中样本县星级评定的指标从前到后排列依次是 10★至 1★。★的数量越多表示该县在所有样本县中的相对位置越靠前，即★越多表示该样本县学生的学业成绩越高，10★为最高评价等级。

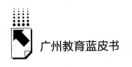

学业成绩高、校间差异小。①

中学的校间差异水平略有偏高，但整体上还是较好地体现了区域义务教育发展优质均衡的特点。2020 年，八年级科学学业成绩校间差异从 2017 年的 26%缩小到 16%；2021 年，八年级学生数学学业成绩平均分超过 560 分，校间差异为 15%～20%，表现为学业成绩高、校间差异中等。

3. 义务教育阶段学生学科竞争实力突出

越秀区义务教育阶段学生竞争实力强，尤其是四年级艺术、科学学科，八年级的体育与健康、德育、科学学科的综合竞争实力比较突出。2020～2021 年，学科学业水平监测指标 8 星级及以上项目占比呈现增值态势的有：四年级科学学科，八年级的体育与健康、德育、科学学科，监测指标靠前率分别上升了 7.14 个百分点、17.05 个百分点、19.44 个百分点、61.62 个百分点。

4. 学科学业水平增值发展仍有提升空间

2020～2021 年，越秀区各学科学业水平监测指标 8 星级及以上项目占比呈下降趋势的有四年级数学、体育与健康、德育以及八年级数学，分别下降了 19.2 个百分点、5.36 个百分点、2.59 个百分点、19.2 个百分点。具体表现为四年级学生数学学习兴趣、数学学习习惯、数学教师课堂管理能力，四年级学生的视力、体育周课时数达标率、体育教师配备数，四年级学生对道德与法治课喜欢程度，八年级学生数学周课时数超标率、数学教师课堂管理能力等，在全国处于 5 星级及以下。后续需要针对这些短板从问题归类、调研寻因、顶层设计、培训赋能、教研提质、督导落实、精细学校管理、提升教师队伍素养等方面进行突破，以达成增值的效果。

二　增值评价机制建设举措

越秀区是全国教育强区，义务教育阶段学校优质均衡发展水平一直在广

---

① 10%代表校间差异较小的临界值，20%代表校间差异较大的临界值。

州市名列前茅。在基于"国测"结果的增值评价机制建设中,越秀区注重顶层设计,进行科学决策,发挥教研机构专业引领作用,提升学校领导治理能力和教师专业素养水平,助推区域义务教育高质量发展。

(一)注重开展顶层设计,形成区域教育高质量发展协同治理机制

越秀区结合区域实际,开展了区域义务教育协同治理行动,打造了义务教育高质量发展协同治理专业团队,制定了《越秀区义务教育质量监测结果运用工作机制》。基于越秀"669"学区化集团化教育格局,越秀区组建了由局督导室、中职教科、小幼教科、综合科、区教研院、区教研联盟、学科中心组、专职督学构成的监测结果应用研究核心团队,建立了定期报告制度、定期解读制度,形成了督导部门、区域相关行政职能部门、教研部门和中小学校"四位一体"的协同治理机制,形成了"一个中心、统一指挥、多方联动、协同推进、层级落实"[①]的联动工作机制。区督导部门牵头,形成专项评价指标,督促各部门联动,把"国测"结果运用到区域、学校日常教育教学改进工作中,每年形成评价结果,供区域绩效评估参考。这避免了"国测"结果运用只是停留在政府履职情况督导的层面,也避免了"国测"结果运用只是学校、教师或者教研部门职责的误解。

2021年对区域内11169名四年级学生和7361名八年级学生开展的义务教育阶段学校"五育并举"工作情况调研,形成了《越秀区义务教育阶段德育、智育、体育与健康、美育、劳动教育调研问卷数据分析报告》,科学制定了区域"五育并举"具体措施及方案。2023年初,越秀区教育局督导室针对广州市第十中学(初中)、知用学校(九年一贯制学校)、大南路小学进行为期两天的联合督导。每学期,越秀区教研院结合日常调研,融合"国测"结果进行专题调研。越秀区每学年基于"国测"结果增值评价开展的体育、艺术素养监测等工作,既发挥了督导部门、教研部门、人事部门、

---

① 肖萍:《区域义务教育质量监测机构运转机制建设》,《现代教育》2020年第14期,第10~12页。

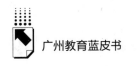
教育装备部门的专项职能，又推动了学校教育教学管理改进、教师课堂教学改进，促进了学生全面发展。

（二）深度解读"国测"报告，优化区域义务教育高质量发展决策思路

深度解读报告，需要读懂监测报告数字背后的问题、隐藏的信息，发现优势与不足。越秀区结合政策、评价标准、区情进行正确归因分析，最终找到发展的突破口，从而实现增值评价的功能，促进学生核心素养提升，促进学生全面发展，促进义务教育优质均衡发展。

广州市对 2019 年"国测"数据结果运用提出了八项任务：向区政府主要领导和分管领导进行一次汇报、制定一个监测结果应用具体工作方案、建立一支监测结果应用核心团队、开展一次监测报告的全面解读、开展一次监测报告的二次解读、遴选一次监测结果应用研究课题、制定一份针对 2019 年监测发现问题的区各职能部门整改方案、开展一次监测整改落实情况的督导检查。同时要求各部门、各区对照任务清单，逐一落实，提升广州市义务教育监测结果应用的效能。这是市级层面对深度解读并运用报告的要求。越秀区的"国测"结果增值评价运用机制要求在广州市的基础上进行补充，增加了两项任务，一是结合区域教研工作常规补充一项"国测"结果运用专项调研内容；二是针对学科学业水平发展短板，每学期设计一项专题活动，开展"青越杯"教师技能大赛，实现以赛促教师专业发展。这十项任务清单有效地促进了"国测"结果增值评价运用机制的建设和实施。

例如，针对越秀区 2020 年的"国测"结果中四年级、八年级科学学科学生的学习兴趣和学习方法未能达到 8 星等级的情况，区教研院针对学生和教师开展专题调研活动，着力建设立足素养发展的科学课堂。组织区域性的研讨活动，更新教师的教学理念，基于学生的"学"进行教师科学实验探究能力研讨，创新实验方式；有意识地以科学小项目促进学生在真实情境中提升实践能力，发展科学思维，增强解决真实问题的能力；积极推进科学创新大赛活动、信息技术 2.0 小微课制作活动等，实现学科发展增值，促进学生科学素养发展。

（三）以真实问题为导向，发挥教科研部门的专业引领能力

结合国家评价要求，依据《义务教育课程方案和课程标准（2022年版）》，有效实施学科课程，发挥课程育人功能，离不开教研部门的专业引领。越秀区教育发展研究院秉持"为了每一所学校优质发展，为了每一位教师优势发展，为了每一位学生全面发展"的理念，依照"越秀教育发展的参谋人，越秀教育质量的领头雁，越秀教师成长的助推器，越秀学子发展的护航者"的专业定位服务于全区教育教学教研工作。

在"国测"结果的增值评价运用过程中，越秀区教育发展研究院以问题为导向积极开展专项调研工作，形成了教研、科研、培训、评估一体化的专业引领工作机制。比如，针对2021年的"国测"结果中课堂改进、作业设计、学科建设、教师发展、学生身心健康方面的短板问题，2023年越秀区对第五轮初中教育"强腰"工程进行了迭代升级，基于以生为本、专业发展、素养导向、全面发展的理念，以项目实施方式推进问题解决，形成了精博学科基地建设、精彩教师素养提升、精致作业设计研究、特殊教育融合发展的"三精一融"特色项目。在项目推进过程中，越秀区落实国家"双减"政策、评价改革新要求、新课程标准等，将教育行政部门职能与区教研院的教研、科研、培训、评估职能融为一体，呈现了基于"国测"结果的增值评价区域运用机制建设与实施的新样态。

（四）提升校长治理水平，实现学校教育高质量发展目标

优质学校的校长和教师通常认为，影响中小学教育质量最重要的因素依次是学校领导层治理能力、教师专业素养、课程与教学管理、学校文化与风气、生源质量、家庭与社区支持、物质资源条件。[1] 学校领导的优秀治理能力能将其他要素凝聚成学校发展的强大合力。为此，2022年起，越秀区区

---

① 苏启敏：《中小学教育质量观：误区、反思与重构》，《中国教育学刊》2017年第1期，第3~9页。

域校长培训基于"国测"结果的增值评价，指向学校教育高质量发展的治理能力提升，围绕"五育融合"的协同育人体系、因材施教的深度学习体系、研修一体的专业发展体系、精准高效的技术支持体系①的建构来开展。2023年开展的"越秀区中小学（幼儿园）校级（储备）干部高级研修班"（第一期33人、第二期32人），以习近平新时代中国特色社会主义思想为指导，以探索办学改革、创新管理模式、凝练教育思想、形成办学风格等为主题进行靶向培训，以提升区域干部队伍的治理水平。

（五）提升教师综合素质，增强区域学生增值发展的原动力

1. 构建培训体系，助力教师阶梯发展

区教研院构建了"1+N+1"分层分类、赋能发展的教师培训体系，助力教师阶梯式发展。"1+N+1"中，第一个"1"是目标，关注人的成长，关注人的培养；"N"就是研训课程实施过程的N种途径、方法和手段，包括了宏观层面的体系建设、中观层面的课程开发与实施、微观层面的研训技巧；第二个"1"是回归和结果，是对教师成长、变化的评估。2022年，越秀区组织开设新教师、骨干教师、中层干部、新任校长与正职校长领航班等十多个培训班，举办了30多场专题培训，参训人员1000余人；组织心理健康培训、信息技术2.0培训等，覆盖5000余人次。区域阶梯式的培训体系为各阶段教师成长注入了源源不断的动力，助力教师基于核心素养实施教育教学，更新教育评价观念，创新评价方式方法，促进"教—学—评"有机衔接，为学生全面发展赋能。

2. 创新培训范式，促进教师多元发展

越秀区不断创新培训范式，以项目实施、任务驱动促进教师多元发展，具体范式有：基于赛事培训，搭建展示平台；基于评价培训，完善以评促研；基于联盟培训，实现共治共享；基于课程培训，赋能与时俱进；基于课

---

① 蔡歆：《教育高质量发展视域下中小学教学管理的趋向与实践路径》，《北京教育学院学报》2023年第1期，第8~13页。

题培训,促进问题解决;基于专题培训,满足专项提升。如在学科教研中心组、专项研究组、名师工作室等常规形式的基础上,以"项目驱动、技能大赛、混合研修、导师引领、实践创新"行动设置名师课堂展示、后备研训员队伍建设等项目,助力教学名师队伍发展壮大;以赛促训,助推中青年骨干队伍成长;以学科研训员为核心,引领优秀骨干教师每学期开展"教学评价"专题培训,使一批批教师的科研命题水平与教学评价技能得到提升。

三　思考与展望

中共中央、国务院印发的《深化新时代教育评价改革总体方案》[①] 明确指出,有必要探索增值评价方法的应用研究。教育增值评价是一种指向发展性的评价,它强调发展、重视起点、关注过程,综合考查学生发展的影响因素,且所运用的方法与工具有很强的专业性和技术性,对当前教育评价改革极具参考价值。[②] 教育增值评价,在中国已经经历了近30年的发展,但仍需要不断进行深入研究。越秀区"国测"结果的增值评价有力推动了区域义务教育的优质均衡发展,但在"国测"结果增值评价机制建设的过程中,还需要不断突破瓶颈来转变教学观念,提升教育协同治理能力,基于证据科学改进课堂教学,提升学生的学习兴趣,进一步发展学生的核心素养,实现教育教学的增值效果。

(一)要进一步回归人性的教育过程与结果

中小学教育质量是一个以体现"人性"的过程质量与结果质量为旨归

---

① 《中共中央　国务院印发〈深化新时代教育评价改革总体方案〉》,中华人民共和国教育部政府门户网,http://www.moe.gov.cn/jyb_xxgk/moe_1777/moe_1778/202010/t20201013_494381.html,最后检索时间:2023年5月17日。

② 蔡旻君、刘芸:《教育增值评价的内涵解析及应用探讨》,《上海教育评估研究》2023年第1期,第1~7页。

的概念。① 回归人性的教育过程质量一定会关注教师的"教"和学生的"学",最终目的是促进学生的"学"。所以,基于学生的立场进行课堂教学改进,在学科实践中引导学生去探究、去思考、去合作、去解决问题,设计分层分类的作业,关注学生的个性发展,促进学生深度学习,培养学生核心素养,最终才能实现回归人性的结果质量。

(二)要进一步发挥协同治理的功能

良好的区域教育治理需要厘清政府、学校、社会权责,处理好教育行政、社会参与、民主监督的关系,形成责任明晰、易操作的工作机制,② 进一步发挥教育协同治理的功能,以便实现教育的增值功能。比如,针对区域小学某学科教师配备不足的问题,督导部门要协同人社部门摸查区域教师队伍的配置情况,按照义务教育阶段师生比以及学校发展的实际情况进行人员配备。针对学生课后作业负担重的问题,结合"双减"精神,教研部门可以有针对性地对学生、家长、教师进行问卷调查,归纳整理问卷结果,提出有效解决方案,指导学科教师进行校本化作业设计,从根源上提高作业质量,倡导项目式、开放性作业设计,让作业功能回归育人本真。

(三)要建设一支监测结果运用的团队

在大数据时代,能解读数据,找出数据背后发展的动力因素,无疑会让区域义务教育高质量发展如虎添翼。2022 年 11 月,中华人民共和国教育部发布的《教师数字素养》③ 教育行业标准,包含了数字化意识、数字技术知识与技能、数字化应用、数字社会责任、专业发展等五个维度,其中具体包

---

① 苏启敏:《中小学教育质量观:误区、反思与重构》,《中国教育学刊》2017 年第 1 期,第 3~9 页。

② 肖巧玲:《基于区域教育治理的义务教育质量监测结果运用研究》,《福建基础教育研究》2021 年第 4 期,第 7~11 页。

③ 《教育部关于发布〈教师数字素养〉教育行业标准的通知》,中华人民共和国教育部政府门户网站,http://www.moe.gov.cn/srcsite/A16/s3342/202302/t20230214_ 1044634.html,最后检索时间:2023 年 5 月 17 日。

括能够运用数字评价工具对学生的学习情况进行分析，应用智能测评系统对学生知识准备、学习能力、学习风格进行分析；能够利用数字技术资源发现学生学习差异，开展针对性指导等。因此，打通"国测"结果增值评价运用的最后一公里，一定要建设专业的数据化团队，这样才能更科学地解读数据，指导运用监测结果来服务决策、引领教研、改进教学，精准发挥增值作用。如深圳福田区作为"国测"数据试点区，从2013年开始就建立了一支由不同学科、学段、职称的教师组成的基础教育质量监测核心团队——"数据玩家"。[①] 这支队伍对深圳福田区"国测"结果的运用发挥了至关重要的作用，为区域教育增值发展提供了强劲的动力。

（四）要进一步厘清学校自我改进的责任

"国测"结果反馈机制要求分省、市、区进行层级解读，但并没有要求落实到学校层面。这往往会导致数据反馈形式单一、运用效果不佳，尤其是学校层面要根据问题进行教育教学实践的改进比较困难。而这恰恰是区域运用"国测"结果促进教育高质量发展的瓶颈。如何推进解决"国测"结果运用"最后一公里"的问题、充分发挥"国测"数据的增值功能、促进学生真实发展、促进义务教育阶段学校优质均衡发展，这需要学校领导、中层干部、年级组长、学科组长、教师个人积极树立"基于数据、运用数据改进教育教学"的理念，建设基于结果应用的学校共同体，形成合力，充分发挥学校课程改革与实施、教研落实、课堂改进、教师培养、评价改革的主阵地作用，实现校与校之间的示范引领和辐射带动，提升学校自我改进的动力。[②]

基于"国测"结果的增值评价区域机制研究，就是要寻找到一把合适的"尺子"，运用评价教育质量和均衡发展的科学标准；摸准自己的"位

---

① 肖萍：《区域义务教育质量监测机构运转机制建设》，《现代教育》2020年第7期，第10~12页。

② 庄海燕：《基于质量监测结果应用的学校共同体建设路径》，《现代教育》2020年第7期，第19~21页。

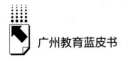
子",即在全国、全省、全市的坐标系中找到自己相对应的位置;寻找突破的"口子",明白自己的优势与不足,针对问题查找潜在原因,拿出切实可行的整改方案,为提升教育质量提供科学的依据;搭建合适的"梯子",注重发展性原则,将增值性评价与结果性评价相结合,着眼于学生的未来,培养全面发展的人。

参考文献

张丹慧、张生、刘红云:《基础教育质量监测抽样设计与数据分析》,北京师范大学出版社,2015。

广东省教育研究院、广东省义务教育质量监测指标体系研究课题组编著《广东省义务教育质量监测指标体系研究:理论与实践》,广东高等教育出版社,2017。

李凌艳、陈慧娟:《推进我国基础教育质量监测制度建设的基本战略与体系保障》,《中国教育学刊》2020年第3期。

苏建明、魏正伦:《国家义务教育质量监测结果的学校应用"七问"》,《教学与管理》2021年第35期。

孙俊敏:《县域义务教育质量监测的定位和实施路径探索》,《基础教育参考》2022年第2期。

邹良、章勇:《长沙市、区、校三级联动的义务教育质量监测结果应用研究》,《考试研究》2021年第4期。

广州市海珠区小学青年教师成长
联盟的实践探索

曾绮霞 陈海燕 麦珏昉*

摘　要： 广州市海珠区教育发展研究院基于区域调研，对入职5年内的青
年教师群体进行精准分析后，成立项目组规划青年教师专项研训。
项目组以小学青年教师成长联盟为研训共同体，开发了利于青年
教师成长的立德赋能的课程，构建了"双主体同发展"的研训模
式。该模式以"双制"为基础，提供"多选"的个性化研训。海
珠区小学青年教师成长联盟的研训促进了区域青年教师的高质量
成长和骨干教师的"二次成长"。下一步，项目组将优化课程体
系，调整研训方式，对青年教师进行成长追踪并推广研训模式。

关键词： 小学青年教师　成长联盟　教师培训　海珠区

一　项目背景

（一）政策背景

《中共中央　国务院关于全面深化新时代教师队伍建设改革的意见》
提出要建设党和人民满意的高素质专业化创新型教师队伍。在全面提高中小

---

　* 曾绮霞，广州市海珠区教育发展研究院小学部部长，高级讲师，主要研究方向为数学教育教
　学；陈海燕，广州市海珠区教育发展研究院副院长，正高级教师，主要研究方向为语文教育
　教学；麦珏昉，广州市海珠区教育发展研究院小学部教研员，高级教师，主要研究方向为语
　文教育教学。

学教师质量方面，要"改进培训内容，紧密结合教育教学一线实际，组织高质量培训，使教师静心钻研教学，切实提升教学水平"。① 教育部办公厅在发布《中小学幼儿园教师培训课程指导标准（义务教育语文学科教学）》等三个文件的通知上明确要求各地方要设置针对性培训课程，实施五年一周期的教师全员培训。② 《广州市中小学新教师培训指导意见》要求对 0~3 年教龄的新教师实施三年培训，在培训内容、培训模式、学时安排和考核评估方面有明确的要求③。相关文件的出台，为中小学教师培训提供了政策依据，也提出了新要求，推动教师培训向质量提升转型。

（二）现实背景

由于区域教育发展的需要，海珠区每年有不少的新教师入职。这些青年教师的学历都是本科及以上，专业起点和综合素养比较高，他们的专业发展将对本区域未来的教育发展产生长远影响。因此，针对这一群体的培训是提升教师培训质量的重中之重。

1.区域青年教师学科教学知识和学科教学能力亟待提升

针对海珠区入职 5 年内的小学青年教师的课堂教学调研评价结果显示，被评为"优秀"等级的仅占 7.05%；"合格"及以下等级的占 20.91%。④ 可以说青年教师中"尖子"少，"待发展的"不少。课堂观察发现青年教师教学中的主要问题有：对教学内容的理解和把握不到位甚至有偏差；灵活处理和整合教学内容的能力还需进一步加强；对相关知识的前后联系关注不够，沟通新旧知识之间的意识较弱；对教学目标的设计和表述不够准确、具体和规范；教学方式

---

① 《中共中央 国务院关于全面深化新时代教师队伍建设改革的意见》，http://www.gov.cn/zhengce/2018-01/31/content_ 5262659.htm，最后检索时间：2023 年 6 月 9 日。

② 《教育部办公厅关于印发〈中小学幼儿园教师培训课程指导标准（义务教育语文学科教学）〉等 3 个文件的通知》，http://www.moe.gov.cn/srcsite/A10/s7034/201712/t20171228_ 323255.html，最后检索时间：2023 年 6 月 9 日。

③ 《广州市中小学新教师培训指导意见》，http://jyj.gz.gov.cn/yw/tzgg/content/post_ 793091 4.html，最后检索时间：2023 年 6 月 9 日。

④ 资料来源：广州市海珠区教育发展研究院小学部《2018 年海珠区公办小学初入职 5 年青年教师调研统计》。

比较单一等。青年教师的教学设计、批改的作业和访谈记录等资料显示，青年教师独立进行教学设计的能力不足，课后反思不得要领。由此看来，青年教师对教学目标把握的准确度，独立设计、实施教学的能力和反思能力亟须提升。

2. 区域通识课程培训和校本培训未能匹配青年教师专业成长需求

一方面，区级培训侧重通识，未能满足青年教师学科专业发展需求。调查显示，在课堂教学方面，新入职教师最希望在培训活动中学习的六项内容分别为：课堂管理方法与策略、教材分析和处理、对后进生的指导、教学方法的灵活运用、学生评价方法与策略、教学目标的确定与达成。① 而区级中小学新入职教师的培训内容基本是关于师德、班级管理、科研等，涉及教学技能的只有听课评课技术。这些通识课程，未能完全匹配青年教师在学科专业能力提升方面的需求。

另一方面，校本培训水平差异较大，未能完全满足青年教师群体共同发展需求。对教师的访谈和学校的教师培训资料显示，不同的学校对新入职教师培训的重视程度大相径庭。重视教师校本培训的学校能制订培养计划，多数以师徒结对或建立学习坊等形式，通过集体备课、听课和评课等对青年教师进行教学技能训练。但能够做好青年教师发展规划并持续提供发展支持的学校不多，一些学校只是简单安排师徒结对，没有制订教师培训计划，也没有对师徒结对进行管理和效果评估。青年教师不能通过校本研训得到足够的发展支持，自然就影响了教学实践能力提升的速度和程度。

基于区域青年教师的教学现实情况和区域新教师培训、校本培训的不足，结合《教育部关于深化中小学教师培训模式改革全面提升培训质量的指导意见》中教师培训"以满足教师专业发展个性化需求为工作目标"② 的定位，教师培训机构（或教师发展中心）必须在新入职的青年教师培养方面有所作

---

① 资料来源：广州市海珠区教育发展研究院培训部对 2017 年和 2018 年海珠区新教师培训满意度调查统计。

② 《教育部关于深化中小学教师培训模式改革全面提升培训质量的指导意见》，http：//www. moe. gov. cn/srcsite/A10/s7034/201305/t20130508_ 151910. html，最后检索时间：2023 年 5 月 10 日。

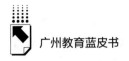
为、主动作为。区域教师培训要开发学科教学研修课程，同时要对原有的新入职教师培养模式进行补充、完善和创新，方能满足青年教师的成长所需。

为解决上述问题，广州市海珠区教育发展研究院成立项目组，科学调配区域研训资源和力量，以小学青年教师联盟为研训共同体实施青年教师专项研训。

二　主要举措

（一）整体设计以小学青年教师成长联盟为共同体的研训规划

项目组依据《关于全面深化新时代教师队伍建设改革的意见》等文件，参考国内外关于教师在职培训模式的理论和实践经验，对以小学青年教师成长联盟为共同体的研训工作进行顶层设计和整体规划。

1. 制定目标

小学青年教师成长联盟研训的主要目标有两个：一是激发青年教师队伍的活力，提升成员的专业能力，为海珠教育培养一批未来的教学骨干和名师；二是探索海珠区青年教师学科研训的新路径，构建青年教师研训的"海珠模式"。

2. 分步实施

项目组根据调研的情况，采用先试点、再有序推进的策略分步实施各学科青年教师成长联盟的研训。以语文、数学两个学科为试点，对实施过程进行调控。一年后再依次推进其他学科的研究。2018~2021年，先后成立了语文、数学、英语、科学、音乐、道德与法治等六个学科的小学青年教师成长联盟并实施研训。

3. 组建联盟

小学青年教师成长联盟由教龄在五年内的优秀青年教师学员和导师构成。基于此项目带有试验性质的考虑，联盟对学员的教学能力有一定的要求。因此，学科教研员负责落实组建联盟的具体工作，即学科教研员牵头，经过自愿报名和学校推荐的程序，再进行课堂教学、无领导小组面试和笔试，遴选出一批有志于专业发展且教学基本功比较扎实的青年教师成为联盟的学员。联盟对导师的要求除了专业能力外，更重视组织能力和指导能力。学科骨干教师经过自荐和教研员考察后，组成导师团队。

4. 培训周期

小学青年教师成长联盟以三年为周期进行研训，包括规划期、实践期和反思评价期。进入联盟的第一学期是规划期，学员主要进行职业规划并在导师指导下进行理论学习。第二学期到第五学期为实践期，学员在教研员和导师指导下开展教学实践与研究，并在真实的任务情境中完善专业知识结构，提升专业能力。第六学期是反思评价期，导师和学员对个人的研修表现和专业发展进行总结、反思和评价。

5. 考核评价

项目组设计小学青年教师成长联盟的导师评价表和学员评价表，组织每一位成员进行周期性的自我评价和他评。过程性评价是由导师根据培训情况对本组学员的出勤以及培训业绩进行考核。

（二）开发以提升青年教师学科教学能力为核心的研训课程

《教师教育课程标准（试行）》以"育人为本""实践取向""终身学习"为基本理念，建议在职教师教育课程设置框架根据"课程功能指向"划分出加深专业理解、解决实际问题和提升自身经验等三个维度。[①]

项目组据此构建了立德赋能的课程体系框架。课程框架包括"规划专业发展""加深专业理解""解决实际问题"三大模块。每个模块包含若干课程。

模块一"规划专业发展"包含了教师职业规划、名师成长规律等课程，引导学员强化对职业的认同，对职业目标进行系统的计划和分解，分析个人

---

① 《教育部关于大力推进教师教育课程改革的意见》，http://www.moe.gov.cn/srcsite/A10/s6991/201110/t20111008_ 145604. html，最后检索时间：2023 年 5 月 10 日。

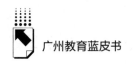
潜能与不足，明确专业发展的方向和路径。

模块二"加深专业理解"以提升青年教师的学科教学知识为核心。包含学科知识、学科教学理论、课程标准和教学知识等课程，从理念层面提升青年教师对教育、教学和本学科的认识，为实践夯实基础。

模块三"解决实际问题"以提高教学实践、反思和研究能力为目标，包括学科教学目标与教学设计、学科教学专题实践和研究、科研小课题等方面的课程。通过课程学习，学员对本学科教学目标和学生的学情会有更精准的把握，能掌握本学科主要课型的特点，在教学实践中提升教学设计和实施能力。科研小课题课程则从青年教师的教学出发，以个人教学中的困惑或者兴趣作为小课题，通过小课题研究，促进青年教师的教学反思和研究。

根据项目组构建的课程体系三大模块，教研员进行学科课程方案的具体设计，完善课程体系。例如，小学数学青年教师联盟参照教育部 2017 年发布的《中小学幼儿园教师培训课程指导标准（义务教育数学学科教学）》，设计了培训课程框架，在实践中不断充盈。

课程内容既有理论也有实践，课程的实施方式也是多元的。理论课程的实施以专题讲座、读书沙龙等方式进行；教学实践的课程主要由教研员和导师带领学员进行学习实践。

（三）实施"双主体同发展"模式的组合研训

小学青年教师成长联盟以"双主体同发展"模式推进研训。"双主体同发展"模式即学员和导师都是专业成长的主体，双方联结成一个专业发展的学习共同体；学员要实现职业初期的专业成长，导师也要实现专业意义上的"二次成长"。这是小学青年教师成长联盟的一大特色。李海林教授认为，"教师成长有三个阶段：第一次成长期，高原期，第二次成长期"。[1] 青年教师是成长联盟的主体之一，他们在成长联盟中是学习者的身份，通过三

---

[1] 李海林：《教师二次成长论——卓越型教师的成长规律与成长方式》，《今日教育》2015 年第 1 期。

年周期的研训，实现在第一次成长期的高质量、专业化的发展。导师是成长联盟的另一主体。他们已经实现了第一次成长期的高速发展，成长为区级骨干，但必须突破高原期的瓶颈，才能进入第二次成长期，成为卓越型教师。为此，促进担任导师的骨干教师成为卓越型教师，也是研训的目的之一。这些教师已经具有较强的专业水平，他们自身也需要一个契机，突破个人发展的高原期。在联盟的培训过程中，学科导师带领学员读书、研课、做小课题研究等，同时教学相长，形成鲜明的教育教学理念和个人教学风格，实现其个人专业发展中的"二次成长"。

小学青年教师联盟以组合型方式实施研训，即"双制"为主，"多选"为辅。"双制"是指以导师导学制和学习坊轮训制为基础研训方式；"多选"，即以名师工作室、区中心教研组、"联盟+学校"研训、"任务式"研训的多种选择为个性化方式。其中，基础方式是全体学员共同研修的方式，保障学员完成课程内容的学习；个性化方式是学员自选的，更能满足学员在专业发展中的个性化需求（见图1）。

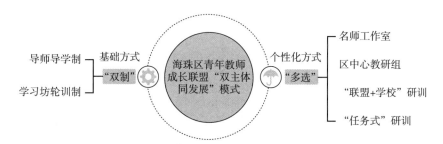

图1　海珠区小学青年教师成长联盟组合型研训模式

1. 运用"双制"型研训方式保证基础研训内容的实施

"双制"型研训方式包括导师导学制和学习坊轮训制。导师导学制是指由2~3名导师带领10名左右的学员一起完成三年周期的培训方式。道德与法治、语文、音乐、科学学科的青年教师成长联盟采用导师导学制。导师与学员结对，与学员一起制定个人成长规划，成为学员职业规划的引领者；带领小组学员开展读书和座谈、讲座等活动，使学员的专业知识体系更加完

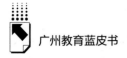
善；为学员提供点对点的教学实践和科研小课题指导，组织开展本年级小组的磨课、观课和议课等，对学员进行有针对性的辅导，让学员在教学实施能力和教学反思能力方面提升。

学习坊轮训制是指由教研员组建不同主题的学习坊，带领若干名导师和10名左右的学员在五个学期里轮流到不同学习坊中参与主题研训。数学、英语青年教师联盟实行学习坊轮训制。比如小学英语青年教师成长联盟，以英语教学中常见的三个课型为主题设定"学习坊"，即"新授课教学学习坊""巩固课教学学习坊""复习课教学学习坊"。学习坊的坊主由两位英语教研员和一位区特约教研员担任，每个学习坊内配3名导师和9~10名学员。在学习坊里，坊主和导师针对相应的课型，组织学员学习对应课型的理论（文献）、分析相关课例、进行课型教学实践和展示。在经历三个学习坊的轮训后，每一个学员对英语教学常用课型能获得较为系统的认识和有针对性的教学实践磨炼，夯实了学员的专业知识基础，提升了专业能力（见图2）。

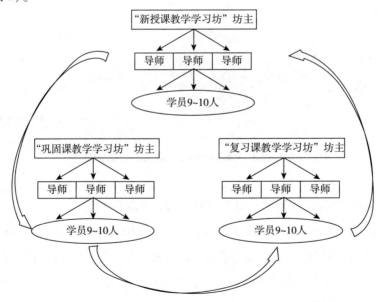

图2　海珠区小学英语青年教师发展联盟学习坊轮训制

2. 运用"多选"型研训方式满足青年教师个性化发展需求

小学青年教师成长联盟为学员提供了四种个性化的可选项，学员可以根据自身的发展需求选择进入不同的学术团队中研修。这是青年教师成长联盟研训方式的亮点之一，也符合《教育部关于深化中小学教师培训模式改革全面提升培训质量的指导意见》中教师培训"以满足教师专业发展个性化需求为工作目标"[1] 的定位。

第一种选择是以学员身份进入名师工作室研修。一部分教研员、坊主和导师是省、市、区名教师工作室主持人，其教学研究已经有一定的高度。他们也选择了部分联盟学员作为工作室入室学员。一方面，学员有机会参与高层次的工作室活动，在开阔视野的同时也提升了专业能力；另一方面，导师扩大了在本区的辐射作用，实现了双赢。

第二种选择是学员在海珠区中心教研组旁听。中心组培训内容主要有本专业前沿理论的学习、教材教学研究、学生学习心理研究和课堂教学研究等。学员可以根据自己任教的年部进入对应的中心组，参加每周一次的教研活动。学员可以获取与中心组成员同样的学习资源，在研究过程中，通过同课异构、议课、辩课、理论学习汇报、作业设计与实施等活动，促进其教学设计、实施能力和反思能力不断提升。

第三种选择是"联盟+学校"研训。青年教师成长联盟与学校教研组联手集体备课、研课，通过这样的新型研训方式，促进不同学校之间青年教师的交流。联盟学员既是学习者，又是带动者，通过他们自身成长的榜样力量，带动学校教师进行更深入的教学研究。导师全过程参与指导，除了专业能力外，其组织、策划、协调等综合能力也得到了锻炼，同时扩大了其在区域的影响力。通过这样的研训，小学青年教师成长联盟的学员把在联盟所学的新理念、新做法带到更多学校，产生良好的辐射作用。"联盟+学校"手拉手共同成长的研训方式，受到全区各学校的广泛关注，打通了一条跨校研

---

[1] 《教育部关于深化中小学教师培训模式改革全面提升培训质量的指导意见》，http：//www. moe. gov. cn/srcsite/A10/s7034/201305/t20130508_ 151910. html，最后检索时间：2023 年 5 月 10 日。

训的新途径。

第四种选择是"任务式"研训。目的是让联盟成员在具体任务中综合运用所学，进一步提高教学设计与实施能力、沟通与合作能力。任务分为两种类型，一种是由个人承担课堂研究的任务，如承担区级公开课。以小学语文青年教师成长联盟为例，75.76%的学员在2019～2021年执教过区级及以上的公开课，其中27.27%的学员执教次数达到2次及以上，为区域教研带来了"鲇鱼效应"，激发了区域教研的新活力，成为引起各方关注的新生力量。另一种是加入广州电视课堂（后期为"广州共享课堂"）的区级研究团队。"广州共享课堂"的备课与录课的过程也是导师和学员共同研训的过程。在此过程中，导师和学员共同谋划课例内容、训练教学语言表达、运用教育技术和及时反思小结，联盟成员的教学实践能力、反思能力和合作能力得到提升。

在不同学术团队中的研修都会涉及三个模块的内容，但每个团队各有不同的研究方向，提供不同的实践体验。其中名师工作室注重专业理念的引领，中心教研组注重专业知识的积淀，"联盟+学校"研训和"任务式"研训团队则更注重专业能力的提升。

一方面，"双主体同发展"研训模式促进了学员的专业成长，学员逐渐成为区域教研生力军。学员在教学竞赛中屡创佳绩，如在广州市第二届中小学青年教师能力大赛获奖的学员多达15人，覆盖语文、数学、英语、音乐、科学五个学科。一大批学员被认定为海珠区"教坛新秀"。另一方面，青年教师联盟也实现了促进导师专业发展的二次成长的目的，成为名师"孵化器"。多位导师被遴选为广州市"百千万人才培养工程"名师培养对象或被评为海珠区名教师。科学、音乐的两位导师分别获得该学科广东省青年教师能力大赛一等奖，成为青年教师身边的最佳榜样。

小学青年教师成长联盟为区域教育输送"教坛新秀"和"名教师"的预备军，使现有的"教坛新秀—骨干教师—名教师—名教师工作室主持人"的教师梯队培养体系更加完善。

三 存在问题和未来展望

小学青年教师成长联盟的课程体系和研训模式有一定的特色，在某些方面具有创新性，例如促进导师的二次成长、为学员提供满足个性化需求的多种研训选择等。但随着实践深入，以下问题亟待解决。一是课程设置的科学性、系统性问题。各学科设计的研训课程基本上是教研员在项目组的框架上进行充实且在实践中进行完善的成果。课程体系是否科学、是否完整，需要在实践中检验，也需要教师培训方面的专家学者进行论证。二是研训模式的应用范围问题。联盟中的学员是通过多轮遴选的有上进心并有一定教学能力的青年教师，研训模式是基于"精英"而设计的，能否推广应用到"普通"的教师群体中有待论证。三是研训成效的量化评价问题。小学青年教师成长联盟三年研训周期结束后，参考成员的周期研训表现和教学业绩，评选出"优秀学员"和"优秀导师"，但对学员和导师的专业发展评估目前还欠缺量化评价的指标体系。

《教育部 2022 年工作要求》指出"把教师作为教育发展的第一资源，打造高素质专业化创新型教师队伍"。[①]《广州市中小学教师队伍建设"十四五"规划》中指出中小学教师进阶式培训"时间上指向教师职业生涯发展的新手、胜任、骨干、专家四阶段全过程"。[②] 2023 年 3 月 26 日，海珠区启动对 0~3 年教龄的新教师实施"导师团引领下三年五阶段岗位浸润"模式的培训。对照新要求，小学青年教师成长联盟研训作为"培优"项目，能促进完成新教师培训任务的优秀学员继续在"专业学术高地和优秀专业团队中成长"，[③] 是帮助教师从新手向胜任进阶的培训，其发展价值更加凸显。因此，要不断完善课程体系、研训方式和考核评估等。

---

① 《教育部 2022 年工作要点》，http：//www. moe. gov. cn/jyb_ sjzl/moe_ 164/202202/t2022020 8_ 597666. html，最后检索时间：2023 年 6 月 9 日。

② 《广州市中小学教师队伍建设"十四五"规划》，http：//jyj. gz. gov. cn/yw2/zcfg/content/ post_ 8065023. html，最后检索时间：2023 年 6 月 9 日。

③ 《广州市中小学新教师培训指导意见》，http：//jyj. gz. gov. cn/yw/tzgg/content/post_ 79309 14. html，最后检索时间：2023 年 6 月 9 日。

（一）进一步优化课程体系

《中小学教师培训课程指导标准（专业发展）》为教师培训课程提供了更科学的标准。其中，核心能力项增加了专业发展评价、信息素养提升等二级指标，更能适应新时代对青年教师提出的要求。本项目在进入第二轮实施时，应与时俱进，进一步完善课程框架。而在《义务教育课程方案（2022年版）》和各学科课程标准公布后，小学青年教师联盟也应增设对学科课程标准的研读、提升跨学科主题学习的统筹设计能力等方面的研训课程。还要增加围绕"双减"工作需求的内容，如作业优化设计与实施的理论与实践等课程。此外，教师沟通能力和合作能力是非常重要的，但相关的课程是空白的，应该补充相关的内容。项目组将通过邀请专家诊断、对学员进行调查及开展周期评估等方式，对课程体系进行进一步的补充和优化。

（二）根据研训内容灵活调整研训方式

在课程体系进一步优化后，研训方式也应随着内容的变化作出灵活调整。一是要改变目前各学科的青年教师成长联盟"各自为政"的局面，适时进行分与合，既有本学科的研训，又有跨学科的研训。根据课程中的相关内容，在"任务式"研训的方式中，相应增设跨学科主题学习的统筹设计等任务。江苏省溧阳市开展的"区域跨学科骨干教师研修共同体的实践探索"值得学习和借鉴。他们的常规研修活动有读书例会、课堂融合和深度交流。其中，课堂融合的形式之一是同一学段的一节课由不同学科的老师共同完成教学，这样的研究能促使教师从不同学科的角度去挖掘教材，也有利于教师以跨学科的眼光挖掘学生的潜能。二是要加强对"联盟+学校"研训方式的研究，从联盟与一所学校共研，到联盟与多所学校甚至多个学区共研，拓宽研训的应用范围，引领更多青年教师的专业发展。

（三）通过长效的评价体系促进学员动态发展

从教师的成长规律来看，学员成为优秀的"胜任"教师后，下一阶段他们将进入骨干教师阶段。学员离开这个成长平台后，将在各自的岗位上继续成长。项目组需要整合更丰富、更优质的资源，如省、市名师工作室的正式成员席位、区中心教研组等，为学员提供后续发展的支持，并对结业后的优秀学员进行每三年一个周期的成长追踪，对标骨干教师和名教师的各项指标，通过量化的指标体系，促进学员的动态发展，让他们更快地成长为骨干教师、名教师。

（四）推广青年教师成长联盟研训模式

青年教师成长联盟"双主体同发展"的模式经过实践的检验，已经有了一定的成效。在继续优化实践的同时，要从理论高度提炼创新点，形成一套可操作、可复制的青年教师培训方案，在更大的范围内进一步发挥项目的影响力。

参考文献

陈飞：《教育现代化视域下基础教育教师队伍建设政策论析》，《教师发展研究》2022 年第 4 期。

宋绍鹏：《青年精英策略引领下的教师专业发展研究——基于深圳市光明区高级中学"精英教师成长营"的探索》，《广东教育》（高中版）2022 年第 2 期。

朱梦华：《不同教研活动样态中的新手教师学习：基于专业发展系统视域》，《教师教育研究》2021 年第 4 期。

朱郁华：《提高区级培训针对性和实效性的探索实践与突破路径——基于区级培训课程建设的视角》，《中小学教师培训》2018 年第 4 期。

B.21
广州市番禺区社区教育改革创新的
探究与实践

曾伟杰 蒋轶菁 吴和清 罗 添*

摘 要: 番禺区社区教育提出"以人为本、资源共享、教育惠民"的服务理念,采取"宏观规划、中观统筹、微观推进"的工作思路,进一步明确了"完善社区教育治理体系、促进社区教育高质量发展"的目标。在改革创新实践中,番禺区从全局规划、队伍建设、课程开发、科研引领和宣传推广等方面发力,初步构建了社区教育"一二四六"模式,积淀了丰富的实践经验和理论成果,加快了番禺区学习型城市建设的步伐。

关键词: 社区教育 终身学习 改革创新 番禺区

社区教育是指在社区这个特定的区域里面,通过开发和利用各种社区资源,对社区全体成员进行的一种有组织、有计划、有积极影响的社区性的教育综合活动,其目的在于提高社区全体居民的生活质量和综合素养,促进社

---

* 曾伟杰,广州市番禺区教育局副局长,主要研究方向为基础教育、民办教育、职业教育、社区教育政策;蒋轶菁,广州市番禺区教育局职成幼民办教育科科长,主要研究方向为学前教育、民办教育、职业教育、社区教育政策;吴和清,广州市番禺区工商职业技术学校(番禺区社区教育中心)办公室主任,中职高级讲师,主要研究方向为社区教育、语文教育、正面教育;罗添,广州市番禺区广播电视大学副校长,高校计算机讲师,主要研究方向为成人教育、社区教育、数字化学习与资源建设。

区居民终身学习，并促进社区自身的可持续发展。① 社区教育作为促进全民终身学习、构建学习型社会的重要抓手，近四十年来得到了长足的发展。各地区对社区教育越来越重视，社区教育工作也取得了显著的成就。广州市番禺区以与国家相关的社区教育政策为指引，以惠民服务为宗旨，立足区域特色，形成了区委领导、政府统筹、教育局牵头、镇街协助、社区参与、家庭配合的社区教育工作特点，为全区居民提供了多元化的社区教育服务，提升了居民的获得感和幸福感。

一 社区教育背景分析

（一）背景分析

1. 社区教育实现了规模化发展

2016 年教育部等九部门《关于进一步推进社区教育发展的意见》提出，至 2020 年我国要初步形成社区教育治理体系，社区教育的内容形式要更加丰富，教育资源要实现融通共享，教育服务的能力要显著提高，发展环境要更加优化，居民参与率和满意度要得到显著提升，基本形成具有中国特色的社区教育发展模式。② 社区教育作为终身教育体系不可或缺的组成部分，在建设学习型社会中承担着重要的使命，其地位和作用越来越多地得到党和政府以及社会各界的重视。经过多年的发展，我国的社区教育已经完成了基础条件建设与规模化发展的任务。教育部先后确定了全国社区教育实验区共 6 批，全国社区教育示范区共 4 批。③ 目前，社区教育形成了从东部沿海发达地区向中西部地区拓展、从经济发达的城市向农村地区延伸的局面。随着人

---

① 侯怀银、宋美霞：《终身教育视野下的社区教育发展：价值意蕴、现实困境与突破路径》，《现代教育管理》2022 年第 12 期，第 16~26 页。

② 教育部：《教育部等九部门关于进一步推进社区教育发展的意见》，http：//www. moe. gov. cn/srcsite/A07/zcs_ cxsh/201607/t20160725_ 272872. html，最后检索时间：2023 年 5 月 21 日。

③ 张志欣：《社区教育高质量发展的时代内涵与实践路径》，《常州工学院学报》（社会科学版）2022 年第 6 期，第 126~133 页。

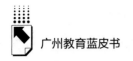

民群众对高质量、多样化、个性化教育的需求日益增加，社区教育工作的重点将不再是扩张规模，而是品位提升与内涵发展。

2. 社区教育取得了丰硕成果

通过多年的实践和不断的创新，社区教育在课程设置、教学模式、管理体制、阵地建设等多方面推陈出新，为学习城市建设提供了重要支撑，赢得了广泛赞誉。在课程设置上，社区教育注重个性化与多元化，针对不同年龄人群的不同需求，差异化设置课程，构建了不同的课程体系；在教学模式上，社区教育强调"以人为本"的理念，注重师生交互体验；在管理体制上，大部分地区构建了多级管理、多元主体参与的模式；在阵地建设上，强化学习地图及学习网络构建。例如，广州市依托广州城市职业学院、广州市电大分别成立了"广州社区教育服务指导中心"和"广州数字化学习服务指导中心"，构建了覆盖全市"市、区、镇（街）"的三级社区教育体系。[①] 社会各界多层面、多主体参与并支持社区教育，既丰富了社区教育的工作思路，又为社区教育的创新发展提供了坚实的基础。

3. 社区教育形成了高质量发展趋势

《中国教育现代化2035》提出通过扩大社区教育资源供给、加快发展城乡社区老年教育等措施，构建服务全民终身学习体系的目标。[②] 2019年，中共中央办公厅、国务院办公厅出台了《加快推进教育现代化实施方案（2018—2022年）》，提出要搭建沟通各级各类教育、衔接多种学习成果的全民终身学习立交桥，加快发展社区教育、老年教育，深入推动学习型组织建设和学习型城市建设。[③] 推动教育高质量发展，已经成为我国各级各类教

---

① 广州市教育局：《广州市教育局关于政协十三届广州市委员会第四次会议第4108号提案答复的函》，http://jyj.gz.gov.cn/gk/zfxxgkml/qt/rddbjyhzxta/content/post_6533763.html，最后检索时间：2023年5月21日。

② 《中共中央、国务院印发〈中国教育现代化2035〉》，https://www.gov.cn/zhengce/2019-02/23/content_5367987.htm，最后检索时间，2023年5月3日。

③ 《中共中央办公厅、国务院办公厅印发〈加快推进教育现代化实施方案（2018—2022年）〉》，https://www.gov.cn/xinwen/2019-02/23/content_5367988.htm，最后检索时间，2023年5月3日。

育主体共同努力和奋斗的目标。社区教育作为我国教育事业的重要组成部分，也面临着高质量发展的时代转向。社区教育高质量发展是社会大发展的必然要求，也是其在社会大发展过程中应该担当的历史使命。

（二）社区教育高质量发展面临的挑战

随着学习型社会建设进程的加快及全民终身学习活动周活动的推进，终身学习观念越来越为社会所接受，社区教育也越来越受到人们的重视。依据不断发展的新形势，广州市番禺区编印了《广州市番禺区社区教育工作指引》，引导并指导全区社区教育工作的具体开展，在课程建设与推广、品牌打造与服务、课题申报与研究等方面也取得了可喜的成绩，得到了区委区政府的支持与肯定。但番禺在建设"亲海智城"的过程中发现，社区教育还面临着一定的困难与挑战。

1. 对社区教育重要性的认识亟待提高

我国社区教育已开展近 40 年，但从整体上看，部分地区对社区教育工作的重要性和必要性认识还不够，对社区教育的相关政策解读不到位，存在不少的困惑，正确的社区教育观还有待进一步树立。[①] 除浙江、江苏等起步较早、发展较好的区域外，我国大部分地区的社区教育仍然停留在初级阶段。[②] 番禺从全国社区教育试验区到全国社区教育示范区，其社区教育在基础阵地、规章制度、组织机构、运作机制、课程建设等方面都取得了明显的成绩，形成了自己的特色。但毋庸讳言，现阶段在社区教育治理体系建设上还需要进一步着力，社区居民还没有充分认识到社区教育对其自身发展的重要意义。社区教育的覆盖范围较为广泛，但参与社区教育的群体相对较为单一，多为青少年和老年人，涵盖面相对狭窄。

2. 社区教育工作队伍建设力度亟待加强

社区教育的稳步推进与高质量发展，离不开高素质、专业化的社区教育

---

① 熊大红、张春燕：《社区教育关键问题研究》，《继续教育研究》2022 年第 12 期，第 11~15 页。

② 张欢、王军霞、吕云汉：《我国社区教育的发展现状和问题解析》，《哈尔滨职业技术学院学报》2022 年第 6 期，第 10~12 页。

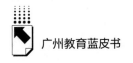

工作队伍。队伍建设，是社区教育不能忽视的一个核心问题。自 20 世纪 80 年代中期始，中央和地方持续致力于社区教育工作队伍的职业化和专业化建设。但从目前的情况看，我国社区教育工作队伍依然存在人员数量不足、层次参差不齐、高学历人才不足、职业认同感低、专业能力偏弱、缺乏晋升通道等问题，番禺也不例外。番禺区以区社区教育中心与区电大为依托，通过核定编制人数、引进专业人才的方式，建立专职队伍；通过聘请、招募等方式，多途径建立兼职教师师资库及志愿者人才库。但从目前的情况来看，队伍的数量、年龄结构、专业水平与社区教育高质量发展要求还存在较大的差距。

3. 社区教育品质建设亟待提升

社区教育从追求项目化到追求品牌化的发展进程，无疑是社区教育由规模向品质转变的重要标志。社区教育品牌应该切合当地实际，具有特色鲜明、居民认可、参与性广的特点，具有普遍推广价值和较强的社会影响力。番禺区"全民终身学习活动周"自 2006 年以来，连续举办了 17 年，荣获全国全民终身学习活动周优秀组织奖，并获得了"全国全民终身学习"品牌称号，在区域产生了非常积极的影响。但在进一步结合区内各镇街发展状况、文化资源及社区居民特点，充分挖掘本土特色，建设具有地域特色的社区教育活动品牌与"独家"课程，打造"一街一品"，以点带面促进全区社区教育高位发展上，仍有不小的努力空间。

二　番禺区社区教育实践与成效

社区教育是构建终身教育体系、实现全民终身学习的重要桥梁与载体。番禺坚持"以人为本"的教育理念，以提高人民群众获得感和幸福感为目标，以社区教育课程及教材开发与建设为抓手，走内涵化发展之路。在区委区政府高度重视和大力支持下，番禺推进社区教育供给侧改革，形成了区委领导、政府统筹、教育局牵头、镇街协作、社区参与、家庭配合的社区教育工作模式；建立了一支业务水平高和工作能力强的社区教育骨干队伍；推进社区学习"课程化",构建了六大课程体系;创建了"线上教学与线下体验"交互的课程模式,满足了社区居民对多元化教育服务的需求。

(一)纳入全局规划,明确社区教育发展方向

为加快社区教育治理体系建设与完善,促进社区教育从注重管理向注重治理转变,番禺从加强领导与引导社区教育制度革新、规划社区教育发展、完善社区教育政策入手,深入开展调研,有效推动社区教育相关部门统筹协调与合作,切实把社区教育作为教育惠民的重要工程纳入番禺区整体建设规划,落实考核评价机制,夯实社区教育的发展基础。根据教育部等九部门《关于进一步推进社区教育发展的意见》的要求,结合打造"亲海智城"的实际,番禺制定了《番禺区教育事业发展"十四五"规划》,进一步明确了社区教育的主要目标和任务:完善社区教育治理体系建设,推动社区教育融入社会治理,"多元同构"整合社会资源,探索构建具有番禺特色的社区教育新模式。

(二)优化队伍建设,保障社区教育高品质推进

作为社区教育中坚力量的社区教育工作者,在社区教育工作推进与社区教育治理体系建设中起着关键性的作用。为破解社区教育工作者发展的瓶颈问题,番禺进一步加大了社区教育工作队伍的建设力度。

1.多措并举打造稳定的工作队伍

为打造稳定的社区教育工作队伍,促进社区教育健康、快速、高质量发展,番禺对社区教育工作队伍建设进行了统筹规划。一是以区社区教育中心、区电大及镇街社区教育学校师资力量为基础班底,结合镇街社管办的力量,着力构建社区教育专业工作者队伍。二是积极为教育系统的社区教育师资,特别是镇街社区教育学校教师谋划发展通道。三是提供展示平台,加强师资交流,借此吸纳社会组织、行业企业、社区、学校等各方面有突出能力的专业人才参与到社区教育中来。四是深入挖掘社区人力资源,构建常态化的社区教育志愿者队伍,充分利用离退休人员、优秀大学生等人才资源为社

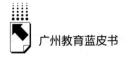

区教育队伍注入新鲜血液。稳定的、初具规模的专兼职社区教育工作队伍，为番禺社区教育持续稳定发展奠定了基础。

2. 多元培训提升队伍专业素养

社区教育工作队伍的素养决定社区教育的质量。为进一步提升队伍的专业素养，番禺多维发力营造社区教育学习氛围。一是加强与高等院校合作，邀请资深专家、学者成立社区教育讲师团，分层建立多元培训体系，系统开展社区教育师资培训。二是加强社区教育教师以 TPACK 为基础进行教学设计的能力，首先，要求教师要形成使用技术进行教育教学的整体观念；其次，教师要利用现代技术手段准备教学计划，形成整合技术的教学策略；最后，教师要学会利用 TPACK 理念开展深入的教学反思，以此促进教师教育教学能力的提升。三是加大对社区教育教师岗位能力培养的力度，采取线上理论熏陶、线下实践锻炼的混合培训方式，为社区教育工作队伍在学历提升和继续教育之间搭建一座"立体交叉桥"，引导社区教育工作者主动进行专业发展。

（三）着力课程建设，促进社区教育内涵发展

1. 开发全覆盖课程资源

番禺区社区教育课程建设依据实际、实用、实效"三实"原则，紧扣主体同构、对象同构、内容同构、评价同构、模式同构"五同"要素，建立了适用、实用、够用、好用、受用"五用"评价标准，探索出了多元同构出品位、扎根本土出品牌、借力融力出品质的"三出"路径，坚持以学习者的需求为导向，以多元联动、协同开发为路径，采用内容分类、难易分层、教学分阶的思路，开发了公民道德、健康教育、技能培训、文化教育、休闲教育、本色番禺文化六大课程模块。六大课程模块共有线下体验课程392 门、线上云课程 1575 集，并配套有社区教育教材及读本 11 本。多样化的课程资源更好地满足了不同年龄段学习者不同的学习需求，呈现纵横交融的样态。纵向上从婴幼儿一直到老年，连接人的一生。横向上涉及社会生活的各个层面，例如，为青少年和家长提供家庭教育指导，促进亲子关系和家

庭和谐；为职场人士提供职业技能培训，提高就业竞争力；为老年人提供养生保健、文化娱乐等方面的学习机会，提高晚年生活品质等。

2. 构建多途径学习模式

番禺区通过多层面的探索与实践，建立了三种学习模式。一是社区教育四级学习网络线下参学模式。区、镇、村、企联动，提供学习资源，开放学习场所，采取专题讲座、主题活动、课程体验等形式，丰富居民的参学方式。二是线上自主学习模式。为实现"人人皆学、时时能学、处处可学"的目的，番禺搭建了多元的线上学习平台，利用数字化信息手段，通过电脑端和手机 App 提供涵盖全国优质社区教育网络学习资源、海量视频的课程供居民自主选择。三是线上预约线下送课学习模式。居民线上预约所需课程，区、镇街、村社区教育学校和企事业学习中心四级学习网络平台送课上门，实现具有针对性的课程学习。番禺全区有 8 所镇街社区教育学校、316个村居辅导站，学习中心遍布全区，构成了线下"十分钟学习圈"。新冠疫情期间积极响应国家"停课不停学"号召，各社区学校通过番禺数字化学习中心平台组织全区居民参与"瑜伽""中医养生""音乐欣赏""形象礼仪"等线上直播课程的学习。2020～2022 年在线参与学习人数达 2 万多人次，累计课程点击量达 5.2 万人次。全覆盖的社区课程与多途径的学习方式，有效地促进了课程与社区的有机融合。

3. 打造高质量品牌项目

社区教育品牌建设是社区教育工作的一个重要抓手。品牌建设是一个系统化的工作，它包括社区调研、资源整合、课程开发、成果凝练、过程管理等多个方面。番禺区通过课程促进品牌建设、品牌带动课程推广的运作模式，建立了"行学驿站""承广绣遗韵·铸社教上品"等多个全国性社区教育品牌项目。例如，区社区教育中心设计的"行学驿站"课程，曾入选全国"十佳优秀乡土课程"，已出版"番禺行学"研学手册，其中包括导学案14 套、手绘地图 1 份、游戏文创 1 套、研学线路 10 条、"菜市场博识"绘本阅读研学 4 套实施方案等；它立足番禺本土文化，通过一砖一瓦一草一木传情达意，让居民感受本土文化的魅力，并因此爱上自己生活的城市。区电

大组织申报的"区域共建高质量智慧助老课程体系探索与实践"项目,成功入选教育部"智慧助老"优质工作案例,"智慧普法,护老同行"项目入选优质教育培训项目。

(四)坚持科研引领,增强社区教育发展动能

科研引领是推动教育发展的一个重要途径。深入的实践探索与全面的理论研究,有利于促进社区教育理念和方法的创新,对于提升社区教育工作水平作用重大。为进一步提升社区教育工作者的综合素质、促进社区教育的新发展,番禺加大了社区教育科研的力度。

1. 坚持理论与实践研究

开展社区教育理论与实践研究有助于快速提升社区教育工作者综合素养。为此,番禺区社区教育委员会要求社区教育工作者加强学习与研究、查阅有关社区教育工作的文献、总结先进经验,以社区教育实验项目或改革项目为实践抓手,以专业理论为指导,采用科学的研究方法,全面、深入地进行专题实践、综合实践等,有效解决在实践中碰到的问题、难题,探索与番禺区城市发展、社会经济发展相适应的社区教育发展理论与工作方法。

2. 坚持项目改革研究

番禺区坚持"教与研、研与用"相结合的教育科研原则,鼓励社区教育工作者积极申报市级以上社区教育研究课题及改革项目,结合工作实际开展研究及实践。同时邀请专家对番禺社区教育研究予以指导,梳理提炼申报社区教育教学成果。2020~2022年,仅区社区教育中心申报的课题就有10项,其中包括中国成人教育协会社区教育专委会重点课题"社区教育专业工作者能力提升研究"、广东省继续教育质量提升工程项目(优质资源进社区项目)"优质本土文化资源进社区的探索与实践"、广州市社区教育指导服务中心重点课题"媒体融合背景下地域文化课程开发的路径探索——以广州市番禺区为例"等。区社区教育中心参与研究的"岭南文化融入社区教育的探索与实践"、区电大参与研究的"基于'五同促五感'教学理念的来穗老年人融入教育的探索与实践"分获2020年广东省教育教学成果(社

区和老年教育）二等奖。

3.坚持教材建设研究

从全国社区教育试验区到全国社区教育示范区，番禺始终以全国实验项目"社区教育课程及教材开发与建设"为主线，通过"多元同构"设计社区教育课程体系，规划并组织开发社区教育教材。基于适用、实用、够用、好用、受用的"五用"评价标准，由区社区教育中心与区电大牵头，开发出了"本色番禺"系列、"美丽人生"系列，以及《行学番禺》《带好孙，教好孙：隔代教育的好方法》《中老年人形象管理与提升攻略》等优质社区教育教材及读本。其中《本色番禺之入乡随俗》于 2022 年获广东省教育评估协会第二届优秀成果奖二等奖，《中老年人形象管理与提升攻略》于 2021 年入选全国老龄委向全国老年人推荐优秀出版物。

（五）加强宣传推广，扩大社区教育影响力

社区教育是全员、全程、全方位的教育。番禺通过线上线下结合开展混合式教学，增加课程实施的频次。同时，通过建设与推广品牌活动，吸引社区居民参与社区教育，提升社区教育的影响力，营造全民终身学习的氛围，促进终身学习观念深入人心。

1.通过活动宣传提高居民对社区教育的认知

社区教育的本质是教育，特性在社区，目的是满足社区人群及社区的高质量发展，服务学习型社会的建设。这就要求社区教育有广泛的覆盖面。番禺通过多途径的宣传，有效扩大了社区教育覆盖面与影响力。一是通过宣传单、广告栏、宣传栏、社区网站、微信公众号等多种方式，对社区教育活动进行广泛宣传，让更多的居民对社区教育有进一步的了解和认识，以此扩大社区教育的知晓率。二是加强与区融媒体中心的合作，通过区融媒体平台将社区教育活动信息、成果及时向社会公布，以便居民主动参与到社区教育中来，扩大社区教育的参与率。三是树立典型，增强替代性强化效应。通过推荐评选区级和国家级"终身学习活动品牌""百姓学习之星"等相关工作，树立典型，以点带面，扩大社区教育影响力。截至 2022 年底，番禺区已培

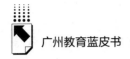

养区级"百姓学习之星"近百人,培育"全民终身学习活动品牌项目"20多个。人才的培养与品牌的打造,不仅提升了社区教育质量,更为番禺学习型社会建设提供了可持续发展的动力。

2. 通过提高活动质量提升居民的获得感

番禺区采用"抓两头带中间"("两头"是指老人和小孩,"中间"是指除老人、小孩之外的其他学习者)的思路,利用社区教育大讲堂、公益暑期课堂、"时光展厅"等活动阵地,精心设计各类适需课程及有创意的活动,加大课程开设的频率,提高课程的质量以满足居民的学习需要。2020~2022年,共开展活动课程395次,参与人数达24497人次,课程满意度均值高达91.60%(见图1)。数据表明社区教育在课程建设和推广方面成果显著,得到了参与者的高度认可。

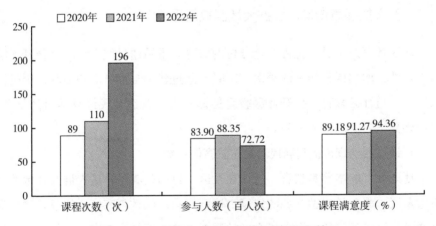

图1 2020~2022年广州市番禺区社区课程情况

三 未来展望

番禺社区教育在区委区政府的统筹指导下,在创新发展方面进行了诸多有益的理论和实践探究,初步构建了社区教育"一二四六"模式("一"是指以高质量教育服务为工作核心;"二"是指以区社区教育中心和区电大为两大抓手；"四"是指由区、镇街、村社区教育学校和企事业学习中心构成的四级学习网络；"六"是指构建公民道德、健康教育、技能培训、文化教育、休闲教育、本色番禺文化等六大课程模块）。但在新时代背景下，如何加快自身建设、实现高质量发展，服务"人民日益增长的美好生活需要"，服务番禺经济发展与社会治理，还需要从以下四个方面发力。

（一）科学规划社区教育发展新格局

国家社会经济发展进入高质量发展阶段的宏观需要，必将对社区教育品质发展提出新的要求。这既是新时代、新发展理念对社区教育提出的客观要求，也是社区教育发展的内在逻辑。番禺在正确研判社区教育品质发展趋势和准确把握社区教育品质发展要求的基础上，应以健全社区教育治理体系为目标，科学规划社区教育新发展；以社区本位、民主、多元的社区教育治理理念为指导，以提高效率、促进居民全面发展和社区治理为目标，以政府、社会组织和居民为多元治理主体，通过构建现代化的社区教育治理体系，制定科学的治理原则和方法，整合各方教育资源。规范课程、教学、师资和教育质量等，采用科学而规范的评价方法对社区教育的治理结果进行评估，最终形成政府主导、主体多元、协同推进、共建共享的番禺社区教育发展新格局。一是制定全面、科学、可操作的社区教育发展规划，明确发展方向、目标和任务。二是优化社区教育管理模式，打通教育服务链条，加强各级教育机构之间的沟通与协作。三是统筹规划社区教育资源，促进资源共享和优化配置，开展跨部门、跨区域的协作，提高资源利用效率和质量。四是完善社区教育评估机制，加强对社区教育质量的监督和检测。五是加强社区教育信息化建设，建立社区教育信息平台和数据中心，提升服务质量和管理效率。

（二）完善社区教育运行机制

社区教育是构建全民终身教育体系中不可替代的重要平台，是建设学习型社会的根基。面对新时代，为满足人民对美好生活的需要，番禺区社区教育工作要始终践行以人民为中心的发展思想，自觉融入全面终身学习体系，不断完善社区教育政策、规章，不断创新体制机制，进一步形成领导有力度、投入有保障、发展有动能、学习有选择、过程有监控、考核有标准的番禺社区教育运行机制，从而实现社区教育的高质量发展。[①] 一是建立社区教育专职领导小组，加强对社区教育的管理和服务。二是建立完善的经费预算机制，增加财政投入，确保社区教育的基础设施和人员配备得到保障。三是进一步优化社区教育供给，为社区民众提供丰富多样的、可自由选择的、富有个性的教育资源和服务。四是建立健全的社区教育考核机制，调控社区教育的运行，保障社区教育可持续发展。

（三）扩大社区教育高品质供给

实现高品质的社区教育供给，应妥善处理社区教育量和质的关系。社区教育的发展不能离开数量的增长，但又不能单纯依靠数量的增长，要充分实现规模效应向品质发展转型。番禺作为全国社区教育示范区，应充分发挥其在资源供给、特色优质、创新发展等方面的引领与示范作用，持续推进社区教育模式创新，锤炼番禺社区教育特色，建设社区教育品牌，扩大社区教育高质量供给，满足番禺社会的学习需求。一是做好顶层设计，形成多元主体有序供给新局面。二是加强社区教育需求调查和分析，充分了解社区居民的实际需求，为社区教育提供个性化服务。三是加强与高校、科研机构等合作，引进优质教育资源。四是借助数字化平台，扩大优质学习资源供给。

（四）加强终身教育理念的渗透

终身教育将个体一生所受的教育视为一个有机的整体，社区教育是更好融入终身教育理念的重要阵地，应该采取多种形式进一步强有力地将终身教育理念融入、渗透进社区建设与发展的各个环节之中。一是加强宣传，组织各类公益活动，如讲座、课程等，在活动中推广终身学习的理念。二是设计

[①] 陈乃林：《"十四五"期间社区教育发展前瞻——一个老教育工作者的思考与建言》，《当代职业教育》2021年第1期，第5页。

和推广终身学习计划，帮助居民规划学习目标，鼓励并支持个人在不同领域学习和发展技能。三是树立终身学习的典型案例，鼓励居民持续不断地学习，提升自己的能力和素质。

参考文献

教育部社区教育研究培训中心编《中国社区教育发展报告（2015—2017 年）》，国家开放大学出版社，2019。

庄西真：《社区治理与社区教育》，苏州大学出版社，2016。

侯怀银主编《社区教育》，北京师范大学出版社，2015。

刘婧、刘利俊：《社区治理现代化视阈下社区教育发展新路径的思考》，《宁波开放大学学报》2022 年第 4 期。

钱旭初：《从社区教育品牌谈社区教育的质量文化构建》，《继续教育研究》2023 年第 2 期。

丁海珍：《教育现代化视域下社区教育发展的路径选择》，《职教论坛》2020 年第 3 期。

Abstract

In 2022, guided by Xi Jinping Thought on Socialism with Chinese Characteristics for a New Era, Guangzhou has fully implemented the spirit of General Secretary Xi Jinping's important speech at the National Education Conference, insisted on educating people for the Party and the Country, implemented the fundamental task of cultivating virtue and cultivating people, and effectively promoted the "double reduction" work; strengthened the construction of the teacher team through internal and external training; paid attention to implementation and strengthen the function of education guarantee; adhered to the people's supremacy, and strived to build a new education system in Guangzhou that is "fair and excellent, dynamic and innovative, open and inclusive".

The "Preschool Education Topics" focuses on conducting a series of surveys inGuangzhou on the curriculum leadership of kindergarten principals, the quality of preschool curriculum plans, the carrying capacity of preschool education environments, and the satisfaction of parents with the quality of preschool education. The survey analyzes existing problems and proposes targeted policy recommendations to promote the high-quality development of preschool education in Guangzhou. The "Topics in 'Double Reduction' Policy Reports" focuses on investigating and researching the construction of black and white list system in the extracurricular training industry in Guangzhou, the implementation status of the "double reduction" policy, and the policy recognition situation. The surveys extract useful experiences and proposes follow-up development suggestions to promote the implementation of the "double reduction" policy in Guangzhou. The "Investigation and Research Reports" conducts empirical surveys on the quality of development planning for primary and secondary schools in Guangzhou, the intention of primary and secondary school students to study abroad, the occupational happiness of primary and secondary school teachers, the development of information technology in basic education in rural areas, the identification of areas with a shortage of school places, and the implementation of education facility planning, etc. The survey explains the beneficial experiences gained, existing problems, and follow-up development suggestions. The "Regional Practice Reports" presents the exploration of various districts in Guangzhou in terms of education reform and practice from multiple perspectives, including the practice of innovative and high-quality promotion of basic education teaching reform in Tianhe district, the exploration of value-added evaluation mechanisms based on "national testing" results in Yuexiu district, the practice of the growth alliance of young primary school teachers in Haizhu district, and the innovation of community education reform in Panyu district, etc.

In view of the imbalance between preschool education development regions and kindergartens, the regional imbalance between the supply and demand of places in the compulsory education stage, the imperfect diversified development ecology of ordinary high schools, the urgent need to improve the conditions for running secondary vocational education, and the obvious insufficient scale of talent training at the postgraduate level of higher education, Guangzhou needs to continue to consolidate the achievements of "5085" preschool education and promote the balanced development of all types of kindergartens; promote the high-quality and balanced development of compulsory education, focus on resolving the imbalance between supply and demand of degrees; coordinate the supply of ordinary high school degrees and promote the diversified development of schools; continue to improve the construction of modern vocational education system, and promote the integration of industry and education with "strong development" and "strong governance"; continue to expand the scale of postgraduate education in institutions of higher learning, and build an international education science and technology talent hub and innovation highland.

Keywords: Guangzhou Education; Preschool Education; "Double Reduction" Policy; Regional Education

Contents

I General Report

Abstract: In 2022, guided by Xi Jinping thought on Socialism with Chinese Characteristics for a New Era, Guangzhou City comprehensively implemented the important speech by General Secretary Xi Jinping at the National Education Conference. We adhered to the fundamental task of cultivating virtue and nurturing talent for the Party and the country, effectively promoted the "dual reduction" work, coordinated the high-quality development of education at all levels and in all types, comprehensively strengthened the construction of the teacher team, enhanced educational guarantee functions, upheld the principle of people's supremacy, and focused on building a new education system in Guangzhou characterized by "fair excellence, vitality and innovation, openness and inclusiveness".

To address the issues of imbalance in the development of early childhood education among regions and schools, imbalance in the supply and demand of compulsory education stage in urban areas, insufficient diversified development of ordinary high schools, inadequate conditions for vocational education, and insufficient scale of postgraduate talent cultivation in higher education, various policy measures were proposed, including promoting balanced development of various kindergartens, focusing on addressing the imbalance in the supply and demand of compulsory education, improving the construction of a modern vocational education system, expanding the scale of postgraduate programs in higher education institutions, and creating an international hub for educational technology talent and innovation.

Keywords: Guangzhou Education; Degree Supply; Modern Vocational Education System; International Education Science and Technology Talent Hub

II Topical Reports

B.2 Development of Preschool Education in Guangzhou
in 2022 and Prospect in 2023   *Liu Xia* / 022

Abstract: In 2021, Guangzhou has taken various measures to implement the main responsibility of the implementation of preschool education in all districts, continuously increase the supply of degrees in public kindergartens, improve the quality of preschool education through multiple channels, and further promote the link between kindergartens and primary schools. Preschool education in Guangzhou has been developing steadily and healthily, but there is still a large gap in regional development, and the development of public and private preschool education is unbalanced. There is also a gap in the development of preschool education in Guangzhou compared with Shenzhen, Beijing, Shanghai and Hangzhou. In order to promote the development of preschool education in Guangzhou, it is necessary to systematically promote the governance of preschool education, continue to consolidate the inclusive level of preschool education, continue to improve the quality of kindergarten teachers, and coordinate the balanced development of all kinds of kindergartens.

Keywords: Preschool Education; the Public Welfare and Inclusive Nature; Guangzhou

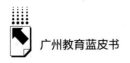
B . 3　Development of Compulsory Education in Guangzhou

　　in 2022 and Prospect in 2023　　　　*Zhang Dan* / 040

　　Abstract：In 2022, Guangzhou will increase the supply of compulsory education degrees, standardize the development of private compulsory education, deepen the governance of after-school training institutions, effectively promote the work of "double reduction", and promote the steady development of compulsory education. In view of the phased and regional shortage of compulsory education degree, and the supply of high quality educational resources still cannot fully meet the growing demand of the people, Guangzhou needs to continue to strengthen the overall planning and coordination, promote the high-quality and balanced development of compulsory education, and continuously promote the high quality development of education in Guangzhou.

　　Keywords：Compulsory Education; High Quality and Balanced; Guangzhou

B . 4　Development of High School Education in Guangzhou

　　in 2022 and Prospect in 2023　　　　*Guo Haiqing* / 053

　　Abstract：In 2022, the overall scale, teaching staff and school-running conditions of ordinary high schools in Guangzhou have maintained stable growth. Through deepening the reform of curriculum teaching and top-notch innovative talent training, explore the reform of ordinary high school education mode. In view of some problems existing in the development of ordinary high schools, suggestions are put forward to strengthen planning and overall planning and degree construction, promote the hierarchical construction of ordinary high schools, strengthen the connotation construction of group education, deepen the reform of personnel training, and build high-quality private ordinary high schools.

　　Keywords：High School Education; Diversity of Characteristics; Guangzhou

Abstract：In 2022, Guangzhou adhered to improving the quality of talent training in vocational schools as the core, strengthened high-level overall guidance, deepened the training of middle and high vocational training, continued to optimize professional layout, accelerated the coordinated integration of industry and education, and solidly promote the reform of "three educations", the scale of secondary vocational schools has been slightly reduced, the structure of the teaching team has been more optimized, and the school-running conditions has been further improved. Compared with the five cities of Beijing, Shanghai, Hangzhou and Chengdu, Guangzhou Secondary Vocational School ranks in the forefront in terms of student size, the teaching staff is at the middle level, and the school-running conditions are behind. For the high-quality development of secondary vocational education in Guangzhou, it is necessary to continue to improve the construction of a modern vocational education system, focus on improving the key school-running capabilities of secondary vocational schools, and optimize the efficiency of the integration of industry and education in vocational education.

Keywords：Secondary Vocational Education；Talent Development；Guangzhou

III　Preschool Education Topics

Abstract：The curriculum leadership of kindergarten principal consists of curriculum cultural leadership, curriculum professional leadership, curriculum team leadership and curriculum resource leadership. The questionnaire survey of 1077 principals in Guangzhou shows that the curriculum leadership of principals is at an average level and the development level of each dimension is unbalanced. There

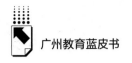

are significant differences in the curriculum leadership of principals in the authorized strength, the highest degree, the professional title. There are significant differences in the curriculum leadership of principals in different properties, different assessment levels and different sizes of kindergartens. Principal's independent learning, participation in special training, teacher's curriculum ability, expert support and guidance, curriculum autonomy can significantly predict principal's curriculum leadership. It is suggested to comprehensively and balanced enhance the curriculum leadership of kindergarten principals, promote the independent learning and sustainable development of kindergarten principals, strengthen the synergistic effect of various supporting factors outside kindergartens, and improve the curriculum ability and professional quality of teachers based on the kindergarten.

Keywords: Curriculum Leadership; Preschool Education; Guangzhou

B.7 Investigation Report on the quality of regional kindergarten curriculum plans-Take Tianhe District of Guangzhou City as an example *Tian Meiping* / 095

Abstract: The kindergarten curriculum plan is the main basis for curriculum implementation; hence the quality of the kindergarten curriculum program directly affects the quality of kindergarten curriculum practice. This study uses the Tianhe Regional Self-developed Kindergarten Curriculum Plan Quality Evaluation Standard to evaluate and analyze the quality of 176 regional kindergarten curriculum plans. The overall quality and each dimension of the kindergarten curriculum plans were not high, and there were significant differences in the quality of the curriculum plans between kindergartens of different nature, evaluation level and scale. It is recommended to take the Standard as a guide to improve the overall quality of regional kindergarten curriculum plans; take teachers as the main body to refine the specific content of the kindergarten curriculum plan; classify and adopt different guidance to different kindergartens to improve pertinence of support.

Keywords: Curriculum Program; Evaluation Standards; Kindergarten; Guangzhou

B.8 Evaluation on the Environmental Carrying Capacity of
　　　Preschool Education in Guangzhou: Empirical Analysis
　　　Based on 2022 Statistical Yearbook Data　　*Chen Zishan* / 110

Abstract: Based on the data of 2022 Guangzhou Statistical Yearbook, principal component analysis was used to evaluate the environmental carrying capacity of preschool education in Guangzhou from five aspects: driving force, pressure, state, impact, and response. The evaluation results show that the driving force, pressure, state, and response level of the environmental carrying capacity of preschool education in Guangzhou are relatively high, while the impact level is relatively low, There are significant differences in the carrying capacity of preschool education environment among 11 districts in Guangzhou. It is suggested to coordinate the dynamic monitoring and warning of personnel and resources to accelerate response speed; improve the regulatory capacity and response level of regional environmental systems and achieve balanced development according to local conditions; continuously increase funding investment and allocate preschool education environmental resources fairly and accurately.

Keywords: Environmental Carrying Mechanics; Preschool Education; Principal Component Analysis Method; Guangzhou

B.9 Investigation report on parents' satisfaction with the quality
　　　of kindergarten care and education in Guangzhou

Ye Qiaoyi, Li Sixian / 126

Abstract: A survey of 975 parents ' satisfaction with kindergarten care and

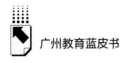

education quality in Guangzhou was conducted. The results showed that the overall satisfaction of parents with kindergarten care and education quality was at an upper-middle level, and the satisfaction of parents in the home-kindergarten communication dimension was relatively low. Among them, the two secondary indicators of kindergarten guidance parenting methods and parent-child activities did not reach the "satisfaction" level; there are significant differences in the overall satisfaction of kindergarten teaching quality among parents with different occupations, educational backgrounds and family incomes. Therefore, it is necessary to strengthen the monitoring of parental satisfaction and continue to pay attention to parental education needs; improve home-kindergarten communication methods and continuously improve parental satisfaction; pay attention to families with low socioeconomic status and guide parents to establish correct educational concepts and reasonable educational expectations.

Keywords: Parental satisfaction; Quality of Kindergarten Care and Education; Preschool Education; Guangzhou

IV   Topics in "Double Reduction" Policy Reports

B.10   Investigation Report on the Status Quo of Black and White
List System Construction of Off-campus Training Industry
in Guangzhou

Zhang Wenwen, Zhang Wenjing and Chen Junrong / 140

Abstract: This study takes the construction of the credit system in the off-campus training industry as the research object. Through various qualitative research methods such as literature research and interview, it finds that there are some problems in the operation of the "black and white" list system, such as the inconsistency between the name of the institution and the "blacklist", the low effectiveness of results, the ineffective effect of publicity and the lack of reward and punishment mechanism in the application of credit results. In order to improve the construction of credit system of off-campus training industry, it is suggested to implement the "black, white and gray" list, give full play to the maximum governance efficiency of the "black, white and gray" list credit system, perfect the publicity mechanism, set up the reward and punishment mechanism of the result application and establish a comprehensive evaluation database of off-campus training institutions.

Keywords: Guangzhou Experience; Off-campus Training; Credit System; Black and White List

Abstract: Based on a survey of 15, 702 junior high school students in Guangzhou, reveals that the implementation of the "Double Reduction" policy has achieved positive results. Both curriculum-based off-campus tutoring courses and tutoring for nonacademic subjects have decreased in terms of subjects, time, and costs, leading to a reduction in students' academic pressure. However, the survey also highlights the impact of hidden burdens imposed by parents, limited post-school services, etc, which have affected the effectiveness of the "Double Reduction" policy. To strengthen the effectiveness of the policy, it is recommended to assist parents in establishing correct educational beliefs, provide psychological counseling services so as to alleviate their educational anxiety; provide a variety of after-school services to meet the individual needs of students; enhance teachers' ability to establish moral education and create a good classroom culture.

Keywords: Junior High School Students; Implementation of the "Double Reduction" Policy; Guangzhou

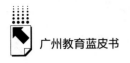

B . 12   Investigation and Research on the Recognition of Parents
of Students in the Compulsory Education Stage on the
"Double Reduction" Policy in Guangzhou   *Li Yuan* / 168

Abstract: Compiled a questionnaire based on the "Double reduction" policy
to carry out a survey and research on the parents' recognition of the "double
reduction" policy in the compulsory education stage in Guangzhou. The study shows
that the attitude of parents of students in the compulsory education stage in
Guangzhou to the "double reduction" policy is generally at a medium level; There
are significant differences in the attitudes of parents with different education levels,
different family annual incomes, different occupations, different education time
investment and parents of public and private schools towards the "double reduction"
policy. Parents' satisfaction with school education, policy understanding and policy
effect perception were positively correlated with parents' recognition of the "double
reduction" policy. Based on this, it is suggested that Guangzhou pay attention to the
differences between students' parents in the implementation of the "double
reduction" policy in the future, and improve the flexibility of local policy
implementation; Promote the quality and balance of basic education and maintain
the stability and sustainability of policies; Strengthen policy publicity and
interpretation, and enhance students' parents' policy participation and initiative.

Keywords: Parents of Students; Agree with the "Double Reduction"
Policy; Guangzhou

V   Investigation and Research Reports

B . 13   Guangzhou Primary and Secondary School Development
Planning Quality Survey Report   *Xiao Xiuping* / 181

Abstract: Planning concept, planning participation, planning content,
planning method and planning implementation are the basic elements that affect the

quality of school development planning. On this basis, the author made a questionnaire to investigate the status quo of development planning quality of primary and secondary schools in Guangzhou. The survey results show that the planning quality of primary and secondary schools in Guangzhou is good on the whole. There are significant differences in the quality of planning among regions, school segments and different positions, while the difference in the quality of planning between public and private schools is not significant. The report suggests that schools improve their planning methods and incorporate the mobilization and training of planning preparation into the organization of planning preparation. Increase the participation in planning, and integrate forces inside and outside the university into the planning team; It is suggested that education authorities should make school development plan as the starting point for non-central urban schools to improve school quality; Focus on specific groups and specific learning segments to explore the educational issues behind the quality of programming.

Keywords: School Development Planning; Quality of Planning Formulation; Guangzhou

B. 14   Research on the Intention to Studying Abroad of Primary and
　　　　Middle school Students in Guangzhou　　　*Du Xinxiu* / 197

Abstract: According to the survey of primary and middle school students' intention to study abroad, primary and middle school students in Guangzhou are not strongly willing to study abroad, the destination countries to study abroad are more diversified, their expected benefits are more rational, and most of them choose to return to China after graduation. The analysis found that the pursuit of quality education and the improvement of personal comprehensive quality are the main driving forces for studying abroad, while safety risk, living ability, academic performance, learning pressure, parents' educational background and family income are the main factors affecting the intention to study abroad. Therefore, it is suggested that Guangzhou should improve the internationalization level of basic

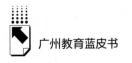

education, strengthen the cultivation of students' safety awareness and related abilities, and strengthen the supervision of overseas study intermediary service agencies, so as to promote the all-round development and healthy growth of primary and middle school students.

Keywords: Intention to Study Abroad; Underage Students; Safety Risk; Guangzhou

B . 15   Investigation on the Status Quo of Teachers' Occupational

Well-being in Primary and Secondary Schools and

Countermeasures and Suggestions   *Yang Jing* / 213

Abstract: Teachers' professional well-being is related to the quality of educational development. Based on a survey of 9, 136 teacher questionnaires, it was found that primary and secondary school teachers' occupational well-being is at a medium level, with a good sense of professional identity, a strong desire for professional development, good interpersonal relationships, social status, salary level satisfaction and occupational achievement needs to be improved, healthy Low sense of well-being; there are significant differences in occupational well-being among primary and secondary school teachers in different genders, ages, titles, educational backgrounds, positions, school stages, political affiliations, whether they are famous teachers, and teachers in different urban and rural areas. Factors such as occupational identity, professional development, interpersonal relationship, mental outlook, physical and mental symptoms and work burden have a significant impact on teachers' occupational well-being; good occupational identity, professional development, interpersonal experience, and positive mental outlook are conducive to improving teachers' professional well-being The level of occupational well-being, while the excessive work burden and physical and mental symptoms will reduce the level of occupational well-being. Therefore, it is necessary to advocate the whole society to respect teachers and value education, further improve teachers' social status and salary, enhance teachers' professional identity and professional ability; create a harmonious and democratic working environment, pay attention to teachers' physical and mental health, and effectively reduce teachers' workload; Pay attention to individual differences and regional differences, meet the individual needs of different teacher groups, and improve the professional well-being of primary and secondary school teachers as a whole.

Keywords: Occupational Identity Well-being; Professional Development Well-being; Interpersonal Well-being; Well-being of Physical and Mental Health; Guangzhou

B.16　The Current Situation and Prospects of Informationization Development of Basic Education in Rural Areas of Guangzhou
　　—*Taking Huadu District, Zengcheng District, and Conghua District of Guangzhou as examples*

Jian Ming'er, Luo Jieming / 231

Abstract: In order to promote balanced regional development, Guangzhou has vigorously promoted the construction and application of educational informatization in recent years. The basic environment construction of educational informatization has made significant progress on the basis of fully realizing the "three connections and two platforms", and is steadily developing towards intelligence, digitization, and inclusiveness. This report analyzes the basic environment construction, digital education resource construction and application, and the construction of education informationization teacher teams in three typical rural areas of Huadu District, Zengcheng District, and Conghua District in Guangzhou. It is found that Guangzhou has made remarkable achievements in these three aspects of work, and also found that the "digital divide" between urban and rural areas still exists, the distribution of digital education resources is uneven, and the information literacy rural teachers is still insufficient. It is suggested that

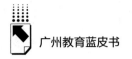
Guangzhou should vigorously promote the upgrading of the backbone network of the education private network, further promote the co construction and sharing of high-quality digital education resources, strengthen the improvement of teachers' digital literacy, so as to further promote the construction and application of education informatization, and realize the Digital transformation and upgrading of education in Guangzhou.

Keywords: Educational Informationization; Digital Education Resources; Guangzhou

B.17 Identification of School Seat Shortage Areas and Suggestions for the Implementation and Optimization of Educational Facilities Planning in Guangzhou Based on Multi-Source Data

Chen Xiaoming, Li Boyang and Cai Taicheng / 249

Abstract: This study presents a "school-population" matching model that utilizes data from basic education facilities and demographic census to analyze the allocation of school places in Guangzhou. The findings indicate that, in 2022, schools in Guangzhou could generally accommodate the nearby school-age population. However, the analysis reveals an imbalance, with more than 30% of districts facing a significant load of over 1.50. The study predicts that the issue of insufficient school places will improve by 2025, except for Yuexiu District and Liwan District, where limited land availability will result in inadequate school places. Furthermore, certain peripheral areas surrounding these districts will struggle to meet the educational demand of nearby school-age population due to the population siphon effect in the district center. To address these issues, the study suggests optimizing Guangzhou's future education facility planning in four aspects: increasing financial investment in education, mobilizing existing educational resources, improving school standards and conditions, and ensuring effective implementation of education planning. These measures aim to effectively enhance education facilities in Guangzhou.

Keywords: School Seat Shortage Areas; Educational Facilities; Shortfall Investigation; Spatial Layout; Guangzhou

Ⅵ Regional Practice Reports

B. 18　A Report on the Innovation Practice of High Quality Development of Basic Education Reform in Tianhe District, Guangzhou

Ge Hongxia, Zhu Yunzhi and He Fan / 264

Abstract: In order to actively respond to the background of national education and teaching reform, implement the fundamental task of cultivating morality and educating people, and solve the difficult problems in basic education, Tianhe District officially launched the Curriculum and Teaching Quality Improvement Project in March 2021. At the administrative management level, a top-level plan for the teaching reform in Tianhe is formed by anchoring the direction, selecting seed schools, and following a three-stage path. At the level of teaching management, efforts are made to enhance the four areas of trainings, teaching research, scientific research and competitions, so as to actively promote the teaching innovation and education reform in the district. At the school practice level, each school in the district carries out the integrated curriculum design and planning, and pushes forward the school teaching reform closely in line with the direction of national education reform. Tianhe District will adhere to the use of innovation as the first driving force to optimize the implementation of teaching reform, and guarantee the right direction of development, scientific practice and systematic mechanisms, so as to boost the high-quality development of education in the district, create a "Tianhe paradigm" of curriculum education, and run education to the satisfaction of the people.

Keywords: Basic Education; Teaching Reform; Learning Plan; Tianhe District

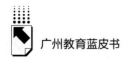

B . 19　Research on Value-added Evaluation Mechanism in Yuexiu

District, Guangzhou Based on "National Test" Results

Zheng Hong, Zeng Haigang / 278

Abstract：The "National Test" results in Yuexiu District show that the overall academic level of students ranks among the top in the country, leading in Guangdong Province and Guangzhou City. The difference between regional schoolsis small, and the quality of compulsory education is in good balance. The overall development of the regional students is good, and the academic level of the subject increases obviously, but there is still room for improvement in the comprehensive competitiveness of the subject. Based on the "National Test" results, Yuexiu District actively construct and apply the value-added evaluation mechanism, focusing on top-level design according to the shortcomings in subject development, making scientific decisions and giving full play to the professional leadership of educational and research departments. It improved the governance ability of school leaders and the overall quality of teachers, effectively utilizing the value-added function of the "National Test" results, and continuously improving the quality of compulsory education and the physical and mental health of students. In the future, it is necessary to further return to the human-oriented education process and results, further enhance the function of collaborative governance, build a team to monitor the application of results, and further clarify the responsibility for school self-improvement.

Keywords："National Test" Results; Value-added Evaluation; Regional Evaluation Mechanism; Yuexiu District

B.20 Practical Exploration and Research of "Primary School Junior

Teachers' Growth Alliance" in Haizhu District, Guangzhou

Zeng Qixia, Chen Haiyan and Mai Juefang / 291

Abstract: Based on regional investigation and survey, the Educational Development and Research Institute of Haizhu District, Guangzhou (the "Institute") conducted a precise analysis on a group of junior teachers with less than 5-year experience, and found a project team to plan for training targeting these junior teachers. With the " Primary School Junior Teachers' Growth Alliance" (the "Growth Alliance") as a training community, the project team launched a new curriculum system to enhance the teaching capabilities and develop virtues of these teachers, and introduced a training model of "Dual Subjects and Development". This training model uses " Dual Systems " as fundamental training, and offers personalized "Multi-Choices" course training. The training under the Growth Alliance effectively facilitated the high-quality growth of junior teachers and the further development of core teachers in the region. In the next stage, the project team will further optimize the curriculum, modify training methods, continuously track the development of the junior teachers, and promote the training model.

Keywords: Primary School Junior Teachers; Growth Alliance; Teacher Training; Haizhu District

B.21 The Exploration and Practice of Community Educative

Reform and Innovation in Panyu District, Guangzhou

Zeng Weijie, Jiang Yijing, Wu Heqing and Luo Tian / 304

Abstract: The community education in Panyu District put forward the service concept of "people-oriented, resource sharing and education benefiting the people", adopted the working idea of "macro planning, medium planning and

335

micro promotion", and made clear the goal of further improving the governance system of community education and promoting the high-quality development of community education. In the practice of reform and innovation, Panyu District initially established the community educational model "One Two Four Six", accumulated rich practical experience and theoretical achievements, and accelerated the pace of building a learning city in Panyu District from working hard in the aspects of the overall planning, team building, curriculum development, scientific research guidance and publicity etc.

Keywords: Community Education; Lifelong Learning; Reform and Innovation; Panyu District

皮 书

智库成果出版与传播平台

❖ 皮书定义 ❖

皮书是对中国与世界发展状况和热点问题进行年度监测，以专业的角度、专家的视野和实证研究方法，针对某一领域或区域现状与发展态势展开分析和预测，具备前沿性、原创性、实证性、连续性、时效性等特点的公开出版物，由一系列权威研究报告组成。

❖ 皮书作者 ❖

皮书系列报告作者以国内外一流研究机构、知名高校等重点智库的研究人员为主，多为相关领域一流专家学者，他们的观点代表了当下学界对中国与世界的现实和未来最高水平的解读与分析。截至2022年底，皮书研创机构逾千家，报告作者累计超过10万人。

❖ 皮书荣誉 ❖

皮书作为中国社会科学院基础理论研究与应用对策研究融合发展的代表性成果，不仅是哲学社会科学工作者服务中国特色社会主义现代化建设的重要成果，更是助力中国特色新型智库建设、构建中国特色哲学社会科学"三大体系"的重要平台。皮书系列先后被列入"十二五""十三五""十四五"时期国家重点出版物出版专项规划项目；2013~2023年，重点皮书列入中国社会科学院国家哲学社会科学创新工程项目。

皮书网

（网址：www.pishu.cn）

发布皮书研创资讯，传播皮书精彩内容
引领皮书出版潮流，打造皮书服务平台

栏目设置

◆ 关于皮书

何谓皮书、皮书分类、皮书大事记、
皮书荣誉、皮书出版第一人、皮书编辑部

◆ 最新资讯

通知公告、新闻动态、媒体聚焦、
网站专题、视频直播、下载专区

◆ 皮书研创

皮书规范、皮书选题、皮书出版、
皮书研究、研创团队

◆ 皮书评奖评价

指标体系、皮书评价、皮书评奖

◆ 皮书研究院理事会

理事会章程、理事单位、个人理事、高级
研究员、理事会秘书处、入会指南

所获荣誉

◆ 2008年、2011年、2014年，皮书网均
在全国新闻出版业网站荣誉评选中获得
"最具商业价值网站"称号；

◆ 2012年，获得"出版业网站百强"称号。

网库合一

2014年，皮书网与皮书数据库端口合
一，实现资源共享，搭建智库成果融合创
新平台。

皮书网　　　"皮书说"　　　皮书微博
　　　　　微信公众号

权威报告·连续出版·独家资源

皮书数据库
ANNUAL REPORT(YEARBOOK)
DATABASE

分析解读当下中国发展变迁的高端智库平台

所获荣誉

● 2020年，入选全国新闻出版深度融合发展创新案例

● 2019年，入选国家新闻出版署数字出版精品遴选推荐计划

● 2016年，入选"十三五"国家重点电子出版物出版规划骨干工程

● 2013年，荣获"中国出版政府奖·网络出版物奖"提名奖

● 连续多年荣获中国数字出版博览会"数字出版·优秀品牌"奖

皮书数据库

"社科数托邦"
微信公众号

成为用户

　　登录网址www.pishu.com.cn访问皮书数据库网站或下载皮书数据库APP，通过手机号码验证或邮箱验证即可成为皮书数据库用户。

用户福利

● 已注册用户购书后可免费获赠100元皮书数据库充值卡。刮开充值卡涂层获取充值密码，登录并进入"会员中心"—"在线充值"—"充值卡充值"，充值成功即可购买和查看数据库内容。

● 用户福利最终解释权归社会科学文献出版社所有。

数据库服务热线：400-008-6695

数据库服务QQ：2475522410

数据库服务邮箱：database@ssap.cn

图书销售热线：010-59367070/7028

图书服务QQ：1265056568

图书服务邮箱：duzhe@ssap.cn

社会科学文献出版社 皮书系列
SOCIAL SCIENCES ACADEMIC PRESS (CHINA)

卡号：638346994141

密码：

S 基本子库
SUB DATABASE

中国社会发展数据库（下设 12 个专题子库）

紧扣人口、政治、外交、法律、教育、医疗卫生、资源环境等 12 个社会发展领域的前沿和热点，全面整合专业著作、智库报告、学术资讯、调研数据等类型资源，帮助用户追踪中国社会发展动态、研究社会发展战略与政策、了解社会热点问题、分析社会发展趋势。

中国经济发展数据库（下设 12 专题子库）

内容涵盖宏观经济、产业经济、工业经济、农业经济、财政金融、房地产经济、城市经济、商业贸易等 12 个重点经济领域，为把握经济运行态势、洞察经济发展规律、研判经济发展趋势、进行经济调控决策提供参考和依据。

中国行业发展数据库（下设 17 个专题子库）

以中国国民经济行业分类为依据，覆盖金融业、旅游业、交通运输业、能源矿产业、制造业等 100 多个行业，跟踪分析国民经济相关行业市场运行状况和政策导向，汇集行业发展前沿资讯，为投资、从业及各种经济决策提供理论支撑和实践指导。

中国区域发展数据库（下设 4 个专题子库）

对中国特定区域内的经济、社会、文化等领域现状与发展情况进行深度分析和预测，涉及省级行政区、城市群、城市、农村等不同维度，研究层级至县及县以下行政区，为学者研究地方经济社会宏观态势、经验模式、发展案例提供支撑，为地方政府决策提供参考。

中国文化传媒数据库（下设 18 个专题子库）

内容覆盖文化产业、新闻传播、电影娱乐、文学艺术、群众文化、图书情报等 18 个重点研究领域，聚焦文化传媒领域发展前沿、热点话题、行业实践，服务用户的教学科研、文化投资、企业规划等需要。

世界经济与国际关系数据库（下设 6 个专题子库）

整合世界经济、国际政治、世界文化与科技、全球性问题、国际组织与国际法、区域研究 6 大领域研究成果，对世界经济形势、国际形势进行连续性深度分析，对年度热点问题进行专题解读，为研判全球发展趋势提供事实和数据支持。

法律声明

"皮书系列"（含蓝皮书、绿皮书、黄皮书）之品牌由社会科学文献出版社最早使用并持续至今，现已被中国图书行业所熟知。"皮书系列"的相关商标已在国家商标管理部门商标局注册，包括但不限于LOGO（ ）、皮书、Pishu、经济蓝皮书、社会蓝皮书等。"皮书系列"图书的注册商标专用权及封面设计、版式设计的著作权均为社会科学文献出版社所有。未经社会科学文献出版社书面授权许可，任何使用与"皮书系列"图书注册商标、封面设计、版式设计相同或者近似的文字、图形或其组合的行为均系侵权行为。

经作者授权，本书的专有出版权及信息网络传播权等为社会科学文献出版社享有。未经社会科学文献出版社书面授权许可，任何就本书内容的复制、发行或以数字形式进行网络传播的行为均系侵权行为。

社会科学文献出版社将通过法律途径追究上述侵权行为的法律责任，维护自身合法权益。

欢迎社会各界人士对侵犯社会科学文献出版社上述权利的侵权行为进行举报。电话：010-59367121，电子邮箱：fawubu@ssap.cn。

社会科学文献出版社